Mechthild Seithe/Corinna Wiesner-Rau (Hg.)

»Das kann ich nicht mehr verantworten!«

Stimmen zur Lage der Sozialen Arbeit

Paranus

Die Herausgeberinnen:

MECHTHILD SEITHE

Dipl. Psychologin, Dipl. Sozialarbeiterin; 18 Jahre Praxis in der Sozialen Arbeit, seit 1993 Hochschullehrerin (FH Jena), 2011 emeritiert, Schwerpunkte: Beratung, Hilfe zur Erziehung, Kritik der Sozialen Arbeit in der 2. Moderne, Autorin u.a. des Buches »Schwarzbuch Soziale Arbeit«, Mitgründerin des »Unabhängigen Forums kritische Soziale Arbeit«.
Kontakt: mech.seithe@googlemail.com

CORINNA WIESNER-RAU

Dipl. Psychologin, Sozialarbeiterin (BA); bis 1998 Wissenschaftliche Mitarbeiterin (Psychologisches Institut, FU-Berlin), seitdem in verschiedenen Praxisfeldern der Sozialen Arbeit tätig. Schwerpunkte: Praxisforschung, Rassismus / Diskriminierung, Migration, aktiv im »Unabhängigen Forum kritische Soziale Arbeit«.

Mechthild Seithe/Corinna Wiesner-Rau (Hg.)

»Das kann ich nicht mehr verantworten!«

Stimmen zur Lage der Sozialen Arbeit

Kritische Berichte aus den Arbeitsfeldern:

Allgemeiner Sozialer Dienst, Ambulante Psychiatrie,
Arbeit mit Asylbewerberinnen und Asylbewerbern,
Arbeit mit behinderten Menschen, Berufsberatung,
Einzelhilfe mit behinderten Erwachsenen u.a., Erziehungsberatung,
Jugendamt, Kinderschutzarbeit,
Krisenwohnung, Migrationsberatung,
Mobile Jugendarbeit, Randgruppenarbeit,
Schulsozialarbeit, Soziale Gruppenarbeit,
Sozialpädagogische Familienhilfe, Sozialpsychiatrie,
Stationäre Unterbringung von Kindern und Jugendlichen,
Suchtberatung, Wohnungslosenhilfe,
Zugehende Berufsberatung

Paranus verlag

Der PARANUS-Verlag ist integrierter Bestandteil
der gemeinnützigen »Brücke Neumünster gGmbH«.
An Redaktion, Herstellung, Werbung und Vertrieb unserer Bücher und Zeitschriften sind alle Betriebsangehörigen – Lektoren, Teilnehmerinnen und Teilnehmer der Einrichtung, Setzerinnen, Drucker und Betreuende – gemeinschaftlich beteiligt.
Wir danken herzlich allen Menschen und Institutionen,
die im Förderkreis PARANUS-Verlag unsere Arbeit unterstützen.

Das Erscheinen dieses Buches wurde vor allem ermöglicht durch eine Förderung aus Mitteln des Landes Schleswig-Holstein über den PARITÄTISCHEN Wohlfahrtsverband Schleswig-Holstein e.V. und durch die Förderung der Eckhard Busch Stiftung, Köln.

Bibliografische Information Der Deutschen Nationalbibliothek
Die Deutsche Nationalbibliothek verzeichnet diese Publikation in der Deutschen Nationalbibliografie; detaillierte bibliografische Daten sind im Internet über http://dnb.d-nb.de abrufbar.

Postfach 1264, 24502 Neumünster
Telefon (04321) 2004-500, Telefax (04321) 2004-411
www.paranus.de

Lektorat: Hartwig Hansen, Hamburg
Umschlaggestaltung: druckwerk der Brücke Neumünster gGmbH
unter Verwendung eines Fotos von Corinna Wiesner-Rau
Druck und Bindung: druckwerk der Brücke Neumünster gGmbH

ISBN 978-3-940636-28-7

Kapitelübersicht

Die Titel der Einzelbeiträge finden sich dann auf den Kapiteleinstiegsseiten.

Vorwort

Bei dem vorliegenden Buch handelt es sich um eine Sammlung von ca. 60 aktuellen Texten aus dem Alltag in der Sozialen Arbeit. Diese Erfahrungsberichte wurden uns anvertraut, um endlich die Zumutungen öffentlich zu machen, denen die Erzählerinnen und Erzähler bei ihrer Arbeit alltäglich ausgesetzt sind.

Dieses Buch richtet sich an alle Vertreterinnen und Vertreter der Sozialen Arbeit, seien sie in der Praxis, in der Wissenschaft oder auch in der Leitung von Einrichtungen tätig. Es wendet sich außerdem an die Studierenden, die mit den Problemen, wie sie die Praktikerinnen und Praktiker in den Texten beschreiben, schon morgen konfrontiert sein werden.

Darüber hinaus ist das Buch für alle diejenigen von Interesse, die im Sozialen, im Gesundheitsbereich, in der Bildung oder im Pflegebereich arbeiten und in der einen oder anderen Art von den Folgen der neoliberalen Umsteuerung der früheren Nonprofit-Bereiche betroffen sind.

Nicht zuletzt aber möchten wir diesen Band und seine Botschaft jenen vor Augen halten, die in Verwaltung und Politik die Soziale Arbeit steuern. Die Wirklichkeit hinter den Kulissen der neoliberal gewendeten Sozialen Arbeit sollte zu denken geben.

Die Idee zu diesem Buch entstand bei einem Gespräch von Praktikerinnen und Praktikern mit einer Journalistin darüber, wie die Öffentlichkeit endlich darauf aufmerksam gemacht werden könne, was in den einzelnen Arbeitsfeldern hinter den Kulissen passiert. Der Journalistin waren einige Beispiele geschildert worden, ganz alltägliche Beispiele, die die Anwesenden am gleichen Tag erlebt und die sie empört hatten. »Schreiben Sie das auf, was Sie eben erzählt haben, genau so, so konkret und so spontan. Das ist die einzige Möglichkeit, dass Sie gehört werden und dass man Ihnen auch glauben wird«, war die Antwort.

Die vorliegenden Texte entstanden über einen Zeitraum von etwa einem Jahr. Einige wurden uns zugeschickt, nachdem wir in verschiedenen Gruppen, Organisationen und Initiativen darum gebeten und für dieses Buch und seine Entstehung geworben hatten. Ein besonderer Dank gilt den Mitstreiterinnen und Mitstreitern aus dem Unabhängigen Forum kritische Soziale Arbeit (UFo)[1] und dem Arbeitskreis Kritische Soziale

Arbeit (AKS) Berlin[2]. Ein Dank gebührt an dieser Stelle auch der Gewerkschaft ver.di, die uns einige von ihnen gesammelte Berichte, insbesondere zu prekären Arbeitsbedingungen in der Sozialen Arbeit, zur Verfügung gestellt hat.

In den meisten Fällen jedoch führten wir mit Kolleginnen und Kollegen auf deren Wunsch hin ausführliche Interviews. Viele erzählten zunächst nur zögernd von ihren Erfahrungen. Man merkte, dass sie es ganz und gar verlernt hatten, offen über ihre Situation am Arbeitsplatz zu sprechen und ihre Kritik laut zu äußern. Aber je länger wir sprachen, umso offener wurde das Gespräch und umso mehr gaben sie von den eigentlichen Problemen ihrer Arbeit preis.

Im Anschluss an das Interview stellten wir dann aus Ausschnitten des Erzählten einen Text zusammen und schickten ihn an die Erzählerinnen und Erzähler. Diese gaben uns dann die von ihnen verbesserten und ergänzten Texte für die Veröffentlichung frei. An dieser Stelle bedanken wir uns bei all jenen Sozialarbeiterinnen und Sozialarbeitern, die mit ihren mutigen und kritischen Texten zur Entstehung dieses Bandes beigetragen haben!

Während die Mehrheit der Praktikerinnen und Praktiker der Sozialen Arbeit sich vielleicht ärgert und leidet, aber schweigt, waren die, die im vorliegenden Buch berichten, zu einem Gespräch oder der Einsendung eines Textes bereit, weil sie das Bedürfnis hatten, endlich die Wahrheit zu sagen, im Sinne des Buchtitels »Ich kann das nicht mehr verantworten!« Klartext zu reden und ihr Schweigen zu brechen. Es gibt sehr wohl kritische Sozialarbeiterinnen und -arbeiter an der Basis. Und wir hoffen, dass es immer mehr werden.

Bei den Texten handelt es sich nicht um einen wissenschaftlichen Ansatz. Die Texte sind subjektiv geprägt, sie entsprechen dem jeweils ganz persönlichen Erleben der oder des Einzelnen. Sie sind konkret und unmittelbar. Und genau das sollen sie sein.

Um den Leserinnen und Leser die Texte besser zu erschließen, haben wir sie in Kapitel eingeteilt und bestimmten Themen oder Problemstellungen zugeordnet. Die Kapitelthemen sind aber nicht als trennscharfe

1 Das UFo ist ein Zusammenschluss von Vertreterinnen und Vertretern der Sozialen Arbeit aus Praxis und Hochschule (weitere Informationen unter www.einmischen.com).

2 Der AKS Berlin ist einer von ca. 20 Arbeitskreisen kritischer Sozialarbeit in Deutschland (weitere Informationen unter www.berlin-aks.de).

wissenschaftliche Kategorien zu verstehen. Tatsächlich überschneiden sich die Themen, hängen zusammen und mancher Text würde zu Recht auch in einem anderen Kapitel stehen können, weil er die andere Thematik genauso berührt.

An das Ende jedes Kapitels haben wir einige Informationen und Anmerkungen gestellt, die für das Einordnen der Texte und das Verstehen der Zusammenhänge wichtig sein können. Außerdem wird versucht, die im Kapitel im Vordergrund stehende Thematik beziehungsweise Problematik und ihre Hintergründe noch einmal zusammenfassend zu erläutern.

Alle Geschichten und Berichte sind von uns anonymisiert oder auch pseudonymisiert worden. Dass zu tun, war der ausdrückliche Wunsch der meisten Befragten. Ohne eine vollständige Anonymisierung beziehungsweise Pseudonymisierung hätte man uns höchstens eine Handvoll Texte zur Verfügung gestellt. Unter den Praktikerinnen und Praktikern der Sozialen Arbeit herrscht eine große Angst, dass sie selbst, ihre Träger oder gar ihre Klientinnen und Klienten erkannt werden könnten. Nur wenigen wäre es egal gewesen, wenn auch ihr Name genannt worden wäre. Das hat damit zu tun, dass im Rahmen dieser Erzählungen tatsächlich Tabubrüche stattfinden. »Eigentlich dürfte man darüber gar nicht reden«, wurde oft gesagt.

Sozialarbeitende müssen sich heute mit ihrem Träger identifizieren, denn ihr persönliches Schicksal hängt vom Schicksal des Unternehmens ab. Wenn das Unternehmen Personalkosten sparen muss, also Lohnkürzungen, Stellenstreichungen oder eine noch schlechtere Bezahlung einleitet, um auf dem Markt zu überleben, wird dies notgedrungen hingenommen. Wird nach außen so getan, als wäre alles wunderbar und die Arbeit, die geleistet wird, in hohem Maße professionell, müssen die Mitarbeiterinnen und Mitarbeiter schweigen, um ihrem Träger keinen Schaden zuzufügen, denn dieser befindet sich stets in existenzieller Konkurrenz zu anderen Anbietern. Wenn die anderen billiger sind oder er in Misskredit gerät, hat er keine Chance mehr, Aufträge zu bekommen.

Mitarbeiterinnen und Mitarbeiter in der Sozialen Arbeit nehmen diese Situation seit Langem auf sich ohne zu protestieren und oft auch, ohne zu erkennen, was hier passiert. Oft halten sie sich selbst für diejenigen, die versagen und die nicht stark genug sind, all das auszuhalten, was ihnen und der Klientel zugemutet wird. So erzählte uns eine Sozialarbeiterin, die in der stationären Arbeit mit alten Menschen tätig ist, dass sie seit einem Jahr eine Zuspitzung ökonomisch orientierter Effizienzmechanismen beobachte. Diese sollen sie und ihre Kollegen zum einen zu mehr Output ihrer Arbeit bewegen und sie zugleich kontrollieren. Alle würden zunehmend darunter leiden, dass die eigentliche fachliche Arbeit erschwert werde und gleichzeitig die Verwaltungstätigkeiten unter Verweis auf eine zukünftige Erleichterung der Arbeit stetig anwachsen würden.

Nun aber sei sie für sich zu einer guten Lösung gekommen: Sie habe eine neue Psycho-Methode gefunden, die ihr dazu verhelfe, diese Prozesse gelassener zu betrachten und sich von den negativen Gefühlen besser distanzieren zu können.

Auf unsere Nachfrage, was sie und ihr Team denn vorhätten, um sich gegen die dargestellte Negativentwicklung zu wehren, war ihre Antwort: »Ich bin einfach zu müde, um mich über meinen Arbeitsauftrag hinaus noch mit solchen Dingen auseinanderzusetzen.«

Diese und ähnliche Fluchten nach innen, ein Psychologisieren und Individualisieren sozialer Verwerfungen, aber auch eine massive Erschöpfung durch die Arbeit, scheinen uns ein Hintergrund für das Schweigen vieler Kolleginnen und Kollegen zu sein und durchaus gewollt im Sinne derer, die diese Gesellschaft entpolitisieren und ökonomisieren wollen.

Dass die Erzählerinnen und Erzähler trotz ermüdender Arbeitsbedingungen und eines »verordneten Schweigens« zu reden anfangen, hängt damit zusammen, dass in vielen Fällen inzwischen die Schmerzgrenze der eigenen Belastbarkeit erreicht ist. Und so manchem und mancher wird immer deutlicher, für eine Soziale Arbeit missbraucht zu werden, die sich fachlich wie ethisch weit von den eigenen Ansprüchen entfernt hat und die man nicht mehr verantworten will.

Vielleicht kann dieser Band dazu beitragen, dass immer mehr Kolleginnen und Kollegen aus der Sozialen Arbeit ihr Schweigen brechen und wir gemeinsam Wege finden, uns gegen die neoliberalen Zumutungen zu wehren.

Mechthild Seithe und Corinna Wiesner-Rau

PS: Natürlich freuen wir uns über Ihre Rückmeldungen und weitere Erfahrungsberichte im Sinne einer Vernetzung. Ihre Nachrichten richten Sie bitte an: mech.seithe@googlemail.com

1. Die Soziale Arbeit wird Zug um Zug zu einer neoliberal gekennzeichneten Dienstleistung umfunktioniert

Prolog: »Es sieht so aus, als sei es gelungen, uns zu angepassten und unkritischen Studierenden zu machen.«

Hauptsache effizient? Gespräch mit Studierenden einer Fachhochschule zu der Frage, für welche Art von Praxis der Sozialen Arbeit sie eigentlich ausgebildet werden

Charlotte: Welche Haltungen uns hier beigebracht werden? Man muss hier im Studium immer sehen, wie man sich gut organisiert, wie man sich strukturiert, wie man mit dem geringsten Aufwand sozusagen das bestmögliche Ergebnis rausholt – wie bei so'nem Putzlappen, den man immer wieder auswringt und auswringt und schaut, was da noch so rauskommt. Hauptsache effizient und trotzdem auch irgendwie effektiv.

Ich habe den Eindruck, wir werden bestens darauf vorbereitet, dass wir später in der Praxis mit einem defizitären System, mit defizitären Rahmenbedingungen auskommen müssen. Wir sollen lernen, mit diesen defizitären Bedingungen so gut wie es eben geht umgehen zu können, anstatt diese zu hinterfragen und sie womöglich ändern zu wollen. Darauf werden wir hier also abgerichtet. Wir sollen uns nicht beirren lassen, sondern voller Tatendrang in die Hände klatschen und sagen: »O.k., da haben wir jetzt das Defizit. O.k., wir machen jetzt das Beste draus.«

Henrik: Und da ist dann Management gefragt, und Struktur und natürlich vor allem Effizienz nach dem Motto: »Wie kann ich mit den knappen finanziellen Mitteln, die ich halt habe, wie kann ich da das Beste für die Klientel rausholen und wie kann ich damit das Beste für unsere Einrichtung und unser Team erreichen?« Wir sind die Bewältiger. Wir kriegen das schon hin, irgendwie?

Charlotte: Klar, ich bin immer am Laufen, am Rennen, am Bewältigen.

Und ich lerne ganz schnell, dass mir das Hinterfragen nichts einbringen wird. Wenn mich was stört, dann kann ich das sagen. Aber es ändert sich nichts. Denn es heißt: »Das ist jetzt so«. Man lernt also: Ich muss mich in den Verhältnissen einrichten, weil es nichts bringt, sich darüber aufzuregen.

Jessica: Und du hast im Studium und sicher später in der Praxis auch überhaupt nicht die Zeit und auch nicht die notwendigen Kraftressourcen, um reflektieren zu können, um etwas erst groß zu hinterfragen. Das ist zumindest der Eindruck, der uns im Studium vermittelt wird.

Lisa: Wobei ja auch diese Kraftlosigkeit provoziert wird. Es wird meiner Meinung nach ganz klar die Botschaft vermittelt: »Pass dich an, dann kommst du besser durch, als wenn du deinen eigenen Kopf hast, denn dann kriegst du erst richtig Stress. In der Praxis bekommst du, denke ich, auch den Text zwischen den Zeilen zu hören: »Pass übrigens auf, mach's lieber gleich so, wie man es erwartet, lerne, dich da anzupassen, krieg lieber 'ne neue Stressbeule, aber versuch bloß nicht eigene Wege zu gehen!«

Henrik: Und das ist ja dann am Ende noch stressiger: dann kommt man in diese Burnout-Schiene rein, und dass will ja niemand.

Lisa: Also, was mir zu Effektivität noch einfällt: Ich habe hier Sternstunden erlebt und viele Kommilitonen haben das genauso empfunden, und das war, wenn mal in einem Seminar wirklich diskutiert wurde. Da sitzt du da und denkst, endlich können wir mal diskutieren! Ich frage mich, warum bleiben wir eigentlich nie an einem Thema richtig dran, wenn es uns beschäftigt?

Unsere Lehrinhalte werden eigentlich nur durchgepeitscht. Da wird dann irgendein Text durchdekliniert, da wird ein Referat gehalten – aber sich wirklich mal über die Inhalte austauschen, das findet eigentlich fast nie statt. Und mir kommt es dann oft so vor, als ob das auch gedeckelt werden soll. Warum ist da so wenig Raum?

Katja: Ja, das ist die Frage: Nimmt man sich nicht genug Raum? Gibt uns der Dozent nicht genug Raum und setzt sich da einfach durch, will seine Inhalte durchziehen?

Oder wie kommt es dazu? Eigentlich weiß doch jeder, dass gerade Diskutieren dazu führt, dass man zu den Themen eine reflektierte Haltung entwickelt, oder auch, dass man andere Standpunkte wahrnimmt. Das wäre ja auch eine Grundkompetenz Sozialer Arbeit! Aber das liegt nicht nur an den Profs. Denn wenn es wirklich mal zur Diskussion kommt, dann gibt es genügend Leute, die lieber weiter Vorlesung haben wollen, die meinen, sie verlören zu viel Zeit durch eine Diskussion, es gingen ihnen irgendwelche Fakten und Lerninhalte dadurch durch die Lappen. Die sind einfach nur dankbar, wenn sie etwas Konkretes zum Festhalten bekommen, dass sie endlich wieder dasitzen wie in der Schule und schön was markieren, und sagen können: »Ich hab was gelernt.«

Charlotte: Aber wenn man mal wirklich so weit kommt, dass man diskutiert, dann passiert immer wieder Folgendes: Wir haben dann schließlich alle am Ende den Eindruck: »Es ist alles schlecht, es ist alles doof, aber wir können eh nichts dagegen machen« – und dann ist das Seminar aber schon zu Ende. Und dann sehen wir uns nächste Woche wieder zu einem anderen Thema.

Man kommt also gar nicht über diesen Punkt hinaus. Wir kommen nie so weit, dass wir sagen: »Aber wo sind denn trotzdem noch Spielräume?«

Im Seminar bleibt es immer auf dieser Stufe stehen. Aber es gibt ja auch am Fachbereich keine Aushandlungsspielräume. Unser Fazit ist immer das gleiche: »O.k., das ist der Istzustand. Der Istzustand ist scheiße. O.k. Wir können nichts machen. O.k., nächster Punkt«. Aber die Frage, ob wir denn da wirklich nichts machen können, die kommt gar nicht auf.

Katja: Was mich bewegt, ist da noch was anderes, aber es passt dazu: Ich habe mich gefragt: Was ist eigentlich der Anspruch des Studiums? Ich frage mich zum Beispiel: Wann bin ich so, wie ich als Sozialarbeiterin sein sollte? Oder: Was habe ich mir vor dem Studium vorgestellt unter Sozialer Arbeit und wie wurde sie mir dann vermittelt? Ich habe, wenn ich darüber nachdenke, gar nicht den Eindruck, dass der Fachbereich mir beibringen will, was Soziale Arbeit ist. Ich habe nicht den Eindruck, dass es da irgendeine gemeinsame Definition von Sozialer Arbeit gibt. Und da wird auch kein Anspruch, keine bestimmte Vorstellung von Sozialer Arbeit an die Studierenden weitergegeben. Vielmehr habe ich das Gefühl, dass der Fachbereich, dass das Kollegium aus ganz, ganz vielen einzelnen, unverbundenen Facetten besteht.

Themen wie Ethik, Haltungen in der Sozialen Arbeit, die stehen noch in unseren Modulen, aber sie spielen faktisch überhaupt keine Rolle. Vielleicht sind sie interessant, aber wenn du zum Beispiel die Rechtsklausur nachschreiben musst, dann kannst du dich um so was nicht kümmern.

Das sind ja keine Pflichtveranstaltungen. Bei Pflichtveranstaltungen sind alle da. Alles wird hier nur ernst genommen, wenn es prüfungsrelevant ist.

Henrik: Und wenn du von BAföG abhängig bist, dann hast du für solche Seminare, und wenn du sie tausendmal interessant findest, schon gar keine Zeit, denn dann musst du im Semester eine bestimmte Anzahl von Prüfungen bestehen. Alles andere muss weggeschoben werden.

Charlotte: Ja, da gibt es so eine Tendenz zu sagen: »Das wird nicht benotet, dann muss ich mich auch nicht anstrengen. Oder: Ich brauche hier keine gute Note mehr, dann mach ich das eben nur so neben bei.«

Lisa: So viele unserer Kommilitonen haben nur *ein* Interesse an ihrem Studium: Wo kann ich mich in die Vorlesung setzen und das Ganze dann möglichst schnell abhaken? Ich habe bei meinen Kommilitonen oft so etwas wie ein Rufen nach Struktur erlebt. Sie meinen, Soziale Arbeit sei so unübersichtlich, so ein weites Feld, eine Riesensumme von Einzelfällen. Es wirkt auf mich, als hätten sie das Gefühl, hilflos mitten im Raum zu schweben. Und sie schreien nach fertigen Lösungen, nach Rezepten, sogar nach vielen Prüfungen ... das gibt ihnen scheinbar mehr Sicherheit.

Jan: Und es geht sogar so weit: Wenn man weiß, welche Position der Prof vertritt, dann sollte man ihm nach dem Munde reden, denn dann bekommt man eine gute Note. Da spielt es keine Rolle, wie man wirklich denkt. Hier kommen das Anpassen und dieses totale Desinteresse für Inhalte zusammen – ja auch der Sinn für Effizienz natürlich.

Jessica: Genau. Und bei Bewerbungsverfahren für neue Professorinnen und Professoren setzen sich Studierende in die Kommission und entscheiden sich für den Kandidaten, der am anspruchslosestes zu sein scheint, der möglicherweise nicht viel verlangen wird, vielleicht sogar für den, der unkritisch ist und mich am wenigsten fordern wird, der nicht erwarten wird, dass ich mich mit irgendwas ernsthaft auseinandersetze.

Charlotte: Es sieht so aus, als sei der Versuch gelungen, uns zu angepassten, nur noch in Kategorien von Effizienz und Pragmatismus denkenden und zu unkritischen Studierenden zu machen. So werden wir also für die zukünftige defizitäre Praxis sehr geeignet sein.

Henrik: Aber nicht alle von uns machen da mit.

»Was dransteht, ist nicht drin!«

Von der Scheinheiligkeit in unserer Gesellschaft und in der Jugendhilfe

Sie fragen, was mir hier stinkt? Vieles, um es vorwegzusagen.

Trotzdem, wenn die Arbeit keinen Spaß mehr machen würde, wäre ich nicht mehr hier. Die Inhalte und die Vielfältigkeit, das sind schon echte Herausforderungen, die sind gut. Man wächst daran. Außerdem arbeite ich gerne mit Menschen.

Aber vieles geht zu weit und wir fangen an, daran zu zerbrechen. Der Druck, das ständige Rechtfertigen und Kämpfenmüssen, die Verantwortung, mit der man uns letztlich doch alleine lässt, die zu knappen Ressourcen, wo man hinblickt, die Leitungen, die sich nicht um die Sache und nicht um die Menschen, sondern nur um die Zahlen kümmern. Man kann hier nur einigermaßen klarkommen, wenn man sich ins Zeug legt und für die Klienten und für bessere Arbeitsbedingungen streitet. Aber ein Streiten für bessere Bedingungen braucht ein gutes Team, braucht viel Kraft und mutige Leitungen. Bei mir ist das gegeben. Deshalb bin ich noch dabei. Aber viele haben das nicht.

Bei uns im Team wird viel gelacht. Bei uns sind die Türen offen und wir sind ständig im Gespräch miteinander. Und wir sorgen für unsere Klientinnen und Klienten. Bei uns soll das Soziale nach außen dringen und sichtbar werden.

Vor acht Jahren war ich noch bei einem freien Träger. Damals war so vieles noch anders, menschlicher vielleicht. Zum Beispiel das Handgeld, eine Kleinigkeit, aber symptomatisch: Man hatte damals noch ein bisschen Geld zur Verfügung, um einem Kind eine Geburtstagsüberraschung zu machen oder mal mit einem Jugendlichen ein Eis essen zu gehen. Solche Spielräume sind heute nicht mehr vorgesehen. Die Jugendhilfe hat dafür weder die Mittel noch die Zeit. Das ist letztlich unmenschlich.

Mich entsetzt immer wieder diese Verlogenheit, nicht nur bei uns in der Jugendhilfe, sondern auch in der ganzen Gesellschaft. Ich möchte es mal so bezeichnen: »Was draufsteht, ist nicht drin.« Es wird ständig und immer lauter von Bürgerfreundlichkeit, von Toleranz und Kulturoffenheit geredet und geschrieben, doch das ist eine Mogelpackung und wird nicht gelebt. Es gibt so viel Scheindemokratie bei uns. Da wird man aufgefordert, seine Meinung zu sagen, an Arbeitsgruppen mitzuarbeiten, Vorschläge zu machen oder Kritik zu üben, aber am Ende wird dann doch etwas entschieden, was weder erarbeitet noch empfohlen worden ist. Alles vorher geschieht nur, um uns zu beschwichtigen.

Für Verwaltungen, und dazu gehören wir als Allgemeiner Sozialer Dienst offenbar auch, werden Klienten immer mehr zu Nebensächlichkeiten. Jeder schaut lieber danach, wie es ihm selber geht, wie er selber gerne arbeiten will. Vom Klienten auszugehen, zu überlegen, wann er Zeit und Kraft hat, uns aufzusuchen, das scheint nicht mehr üblich zu sein. Natürlich gibt es sehr unterschiedliche Kolleginnen und Kollegen. Für die Klienten ist es eine Glückssache, wo sie landen. Bei dem einen werden Hilfen einfach beendet oder knapp gehalten, bei dem anderen werden sie großzügiger gewährt. Für Außenstehende ist oft nicht erkennbar, wonach entschieden wird.

Wir hier in unserer Gruppe, wir kämpfen um die notwendigen Hilfen, und im Zweifelsfalle auch um eine teure Mehrfachhilfe, einfach deshalb, weil wir sie für notwendig halten. Das kann nicht jeder. Viele lassen es zu, dass so lange geredet wird, bis alles nicht mehr notwendig erscheint. Aber ohne Kampf geht das nicht ab und wir kämpfen auch. Aber grundsätzlich finde ich es unmöglich, dass man so sehr dafür kämpfen muss, dass man seine Arbeit machen und den Bürgerinnen und Bürgern helfen darf!

Wenn es um Hilfen zur Erziehung geht, läuft auch bei uns diese Kontrolllawine ab, denn die kosten ja Geld. Bevor so eine Hilfe genehmigt wird, muss ich vier, fünf, sechs, sieben Personen überzeugen und mich rechtfertigen.

Wenn es um die angeblich zu teuren Hilfen zur Erziehung geht, reicht plötzlich unsere Fachlichkeit nicht aus zu entscheiden. Hier muss die Verwaltung das letzte Wort haben und wir sind die Leute, die die Verwaltung quasi anbetteln müssen und die froh sind, wenn wenigstens ein Bruchteil unserer Forderungen für die Klienten erfüllt wird.

Ich frage mich oft, warum sich die Leitungen nicht wehren. Sie hätten doch die besseren Möglichkeiten dazu und könnten sich direkt an die politische Ebene wenden. Ich fürchte, ich weiß den Grund: Sie wollen weiter hoch. Wenn sie sich wehren, steigen sie ab. Wenn sie nach außen hin nicht moderat auftreten, wenn sie laut und deutlich sagen: »Unter solchen Bedingungen können wir keinen Kinderschutz leisten und keine gute Kinder- und Jugendhilfe machen«, dann sind sie draußen. Sie haben keine Wahl, denke ich, wenn sie Karriere machen wollen, dann müssen sie auch mitmachen. Und wirklich, ich habe in meiner langen Berufstätigkeit nur eine einzige Leitungspersönlichkeit kennengelernt, die ihren Mitarbeiterinnen und Mitarbeitern gegenüber wenigstens aufrichtig und ehrlich war. Manchmal frage ich mich, was die Leitungen eigentlich den ganzen Tag machen. Ich denke, die sind vor allem mit Zahlen beschäftigt. Die Zahlen müssen stimmen. Sie haben Druck und ich glaube ihnen ja gerne den 10-Stundentag. Aber leider engagieren sie sich an der falschen Stelle!

»Was ist bloß aus unserer Arbeit im RSD geworden?!«

Verschärfung der »Neuen Steuerung« unter dem Decknamen »Sozialraumorientierung«

Du hast mich gefragt, was denn so schlimm geworden sei in unserer Arbeit, und ich habe dir versprochen, dir meine Gedanken dazu aufzuschreiben. Es ist mir ziemlich schwergefallen, denn ständig geht dabei durch meinen Kopf: Aber wieso denn, das ist doch ganz normal, das ist eben so, sie versuchen eben gute Sozialarbeit durch ihre Vorgaben zu erzwingen, versuchen Schlamperei und Bequemlichkeit zu verhindern, das ist doch eigentlich verantwortlich gedacht, oder? Sie wollen doch nur das Beste für die Familien, sie wollen das Beste für uns Sozialarbeiterinnen und Sozialarbeiter. Zumindest sagen sie das ständig und es steht in der Präambel all ihrer Verfügungen und Anweisungen.

Aber so ist es nicht. Ich bin jetzt mehr als 20 Jahre im Regionalen Sozialpädagogischen Dienst (RSD[3]) hier in der Stadt und habe viele Veränderungen und Tendenzen miterlebt. Aber was heute so läuft, das ist einfach nur falsch, das läuft gegen die Wand. Das ist in meinen Augen keine Sozialarbeit mehr. Das geht schon seit 2005 so, denn damals ereilte uns unter dem Stichwort »Sozialraumorientierung[4]« eine neue, als absolut verbindlich zu sehende Verfahrensstruktur, ohne die inzwischen weder Kinderschutzabläufe noch Hilfen zur Erziehung überhaupt möglich sind. Dabei handelt es sich letztlich eigentlich nur um eine weitere Verschärfung der schon 1990 eingeführten Neuen Steuerung[5], die der Ökonomisierung[6] und der Verbetriebswirtschaftlichung direkt in die Hand arbeitete.

Damals wurden wir tagelang geschult. Und seit dieser Zeit heißt es für uns im Kinderschutzbereich nun immer:

Jeder Fall, bei dem eine Hilfe zur Erziehung notwendig scheint, muss ins Fall-Team. Fall-Team, das ist keine kollegiale Fallbesprechung mehr, sondern ein durchstrukturiertes, zielgerichtetes Gremium zur Sammlung von Ideen in Form von »Blumensträußen«. Zunächst wird dort kategorisiert: Seit den neuen Verfahrensregeln muss jeder Fall in eine der folgenden drei Kategorien eingeordnet werden: Kindeswohlgefährdung, Grauzone (wo dieser Verdacht besteht, aber noch nicht erhärtet werden kann) oder Leistungsbereich (wo es noch nicht um eine Kindeswohlgefährdung geht, aber wo Hilfe nach § 27 Kinder- und Jugendhilfegesetz oder SGB VIII[7], so wie man dieses Gesetz heute lieber nennt, sehr wohl angezeigt wäre).

3 RDS ist im Prinzip das Gleiche wie Allgemeiner Sozialer Dienst oder auch Bezirkssozialdienst. Die Sozialarbeiter/innen sind innerhalb der öffentlichen Jugendhilfe (Jugendamt) zuständig für Familien und einzelne Minderjährige je eines Bezirkes (meist organisiert in regionalen Arbeitsgruppen) und arbeiten im Wesentlichen im Rahmen des Kinder- und Jugendhilfegesetzes (KJHG)

4 Sozialraumorientierung ist eigentlich ein altes sozialpädagogisches Handlungsprinzip, das immer auch die Lebenswelt und die sozialen und räumlichen Bedingungen in die Arbeit mit Gruppen und einzelnen Menschen einbezieht. Heute wird es als Vehikel für ein finanzielles Steuerungssystem der Budgets genutzt.

5 Neue Steuerung wurde und wird der Einzug betriebswirtschaftlicher Verfahren und betriebswirtschaftlichen Denkens in die Soziale Arbeit genannt (New Social Management), das Anfang der 90er-Jahre flächendeckend und verbindlich eingeführt wurde.

6 Ökonomisierung bezeichnet den Prozess der Unterwerfung fachlicher, menschlicher und sozialer Inhalte unter das Wirtschaftsprinzip der Effizienz.

7 SGB VIII ist das KJHG, das Kinder- und Jugendhilfegesetz

Es geht im Fall-Team nur um die eine Frage, nämlich welche Hilfe geleistet werden soll. Gegen diese Fragestellung ist ja an und für sich nicht viel zu sagen. Ich vermisse nur, dass der Fall erst einmal angesehen wird, dass man versucht, Hintergründe aufzudecken, Ursachen festzumachen. Das alles findet nicht statt. Es geht nur um die Bereitstellung einer Hilfe – oder eben auch keiner Hilfe.

Alle Fälle müssen dieses Fall-Team durchlaufen, auch wenn man selber weiß, welche Hilfen angebracht wären und welche man mit der Familie durchsprechen will.

Als nächster Schritt nach dem Fall-Team folgt das Hilfekonstrukt-Team, bei ambulanten Hilfen[8] mit der Teamleitung, bei stationären Hilfen mit der Regionalleitung. Hier geht es dann nur noch um die Frage: Wer bietet die anvisierte Hilfe am kostengünstigsten an und welcher Träger hat derzeit entsprechende Kapazitäten? Da wird dann gar nicht mehr vom Fall her gedacht, da denkt nur noch Verwaltung.

Seit der Einführung dieser neuen Strukturen sind im Falle einer Kindeswohlgefährdung seitenweise Erfassungsbögen auszufüllen, bei einer Familie mit drei Kindern sind das zum Beispiel schon mal über 40 Seiten, und das soll passieren, noch bevor man die Familie kennengelernt hat. Auf diese Weise wird überprüfbar gemacht, ob ich die vorgeschriebenen Verfahrensschritte alle genau einhalte. Nur schützt das die Kinder nicht, sondern dient ausschließlich der angeblich »eigenen« Absicherung, wenn mal was passiert.

Was das alles mit Sozialraumorientierung zu tun haben soll, das kann ich nicht nachvollziehen. Ich merke aber deutlich, dass das alles keine Anregungen sind, die mich beim eigenen Denken unterstützen sollen. Dagegen hätte ich nichts. Aber hier muss ich stur einem festgelegten Ablaufschema folgen. Man versucht den sozialpädagogischen Prozess durchschaubar, planbar und damit steuerbar zu machen, und kontrolliert ihn entsprechend. Und wenn meine Akte zum Beispiel mal von der Staatsanwaltschaft eingezogen würde und dann diese ca. 40 Seiten fehlen, dann wäre ich dran. Egal, wie gut ich ansonsten gearbeitet hätte.

8 Ambulante Hilfen sind diejenigen Hilfen, bei denen der Minderjährige weiter in seiner Familie bzw. ein Erwachsener weiterhin in seiner eigenen Wohnung wohnt. Der Lebensmittelpunkt und das soziale Umfeld bleiben erhalten. Die Hilfe findet entweder innerhalb der direkten Lebenswelt der Klientinnen oder Klienten statt oder aber die Klienten suchen eine Einrichtung (z.B. eine Beratungsstelle) auf, wo die Hilfe geleistet wird.

Und eine Hilfe zur Erziehung bekomme ich sowieso nicht durch, wenn die entsprechenden Bögen fehlen. Wir fühlen uns dadurch als professionelle Sozialarbeiterinnen und Sozialarbeiter Stück für Stück fachlich entmachtet. Hier sollen wir ganz offenbar am eigenen Denken gehindert werden, sollen nach ihren Vorstellungen von fachlicher Arbeit »erzogen« werden, aber ohne unsere aktive Beteiligung. Man könnte also eigentlich sagen: Wir werden dressiert.

Was soll man da tun? Gut, ich vollziehe hier also Arbeitsschritte, auch wenn ich sie im konkreten Fall für überflüssig halte. Ich muss das tun, weil sie mir angewiesen werden. Das ist alles. So muss ich zum Beispiel als alter Hase im RSD immer mit einer AMR (Aufmerksamkeitsrichtung[9]) im Fall-Team erscheinen, auch wenn ich gar keine Frage habe. Das alles nimmt Zeit weg, die ich eigentlich dringend für die Familien bräuchte. In der Kinderschutzarbeit ist das A und O die Beziehungsarbeit mit den Eltern und der restlichen Familie. Beziehungsarbeit lässt sich aber so kaum noch verwirklichen. Das Ganze ist denkbar umständlich, unflexibel und standardisiert mein Tun immer mehr. Der Blick auf den einzelnen Menschen geht verloren. Eine Analyse der Problemhintergründe findet nicht statt – schon gar nicht in all diesen wichtigen, angeblich unverzichtbaren Gremien und Dokumenten. Ich frage mich, warum eigentlich keine Analyse der Probleme stattfinden soll. Ich fürchte, bisher hat sich noch keiner diese Frage gestellt. Vielleicht, so denke ich manchmal, will man die Hintergründe einfach nicht anpacken, sie gar nicht wissen. Möglicherweise wäre ihre Bearbeitung zu teuer. Oder sind sie vielleicht zu heiß?

Das Allerschlimmste an diesen aufwendigen Geschichten ist:

- Sie verbessern weder die Zusammenarbeit mit den Klienten noch unter uns Kollegen.
- Sie erhöhen die Motivation unserer Adressaten mitzuarbeiten nicht.
- Sie verhindern keine Kindeswohlgefährdung.
- Und sie machen es uns immer schwerer, unsere Arbeit – trotzdem – im fachlichen und menschlichen Sinne gut zu machen.

All das diene nur zu unserer Absicherung, heißt es immer wieder. Ich denke, es dient vielleicht zur Absicherung der Leitungen, der Träger selbst. Wir als praktizierende Sozialarbeiterinnen und Sozialarbeiter sind

9 AMR – Aufmerksamkeitsrichtung bedeutet: Fokus, auf den die Aufmerksamkeit des Mitarbeiters in einem Fall gerichtet ist

sowieso nicht über unsere Arbeitgeber versichert. Wir müssen so was dann alleine und auf unsere eigenen Kosten durchstehen. Den Letzten beißen eben die Hunde.

Vielleicht verstehst du jetzt, warum ich all das als wirklich schlimm empfinde?

Wie geht Kinderschutz?

Dokumentieren oder Helfen?

Ich bin seit vielen Jahren Mitarbeiterin im Allgemeinen Sozialdienst (ASD) einer mittleren Großstadt. Wir haben in letzter Zeit immer mehr mit Kinderschutzmeldungen[10] zu tun. Aber ich habe durchaus nicht das Gefühl, dass wir das gut machen. Heute mal wieder eine ganz typische Situation:

Als ich heute früh mein Büro betrat, sah ich auf meinem Schreibtisch unübersehbar, genau auf der Tastatur platziert, die Gesprächsnotiz über eine Kinderschutzmeldung, natürlich auf dem dafür vorgesehenen Formular, dem »Erstcheck«, dem für unsere Stadt einheitlichen ersten Check für eine Mitteilung bei eventueller Kindeswohlgefährdung (vgl. Ausführungsvorschriften Kinderschutz Jug Ges Nr. 5 Abs. 1 und 5).

Ich brauchte eine Weile, bis ich die Fakten für mich richtig sortiert hatte:

Eine Nachbarin hatte heute in den frühen Morgenstunden bei der Kinderschutz-Hotline angerufen, nachdem sie nebenan in der Wohnung die ganze Nacht über die älteste, achtjährige Tochter einer Frau Quade hatte weinen und schluchzen hören. Schließlich hatte sie um 3.00 Uhr an die Wohnungstür geklopft und mit dem Mädchen gesprochen. Sie dürfe die Tür nicht aufmachen, das hätte die Mutter verboten. Und die Mutter sei gestern Abend mit der kleinen Schwester ins Krankenhaus gefahren, weil die so viel gebrochen hatte. Aber seitdem hätte sie noch nichts wieder von ihrer Mutter gehört. Als morgens um 7.00 Uhr das Kind immer noch weinte, hatte die Nachbarin dann bei der Hotline angerufen. Das musste sie tun, meinte sie, schließlich sei so was nun schon mehrfach vorgekommen.

10 Eine Kinderschutzmeldung kann jeder machen, wenn er sich um das Wohl eines Kindes sorgt. Das Jugendamt muss auf jede Meldung mit einem standardisierten Verfahren reagieren.

Dies alles hatte die Kollegin für mich notiert.

Noch während ich las, klingelte das Telefon: Es war ein Krankenhaus, die Kinderstation. Es meldete sich der Stationsarzt, der herausgefunden hatte, dass eine Frau Quade, die heute Nacht mit einem durchfallkranken Baby in die Klinik gekommen war und die zurzeit hier bei ihm säße und seit Stunden nur weine, noch ein zweites Kind hat, das sie in ihrer Not und Aufregung – oder vielleicht auch, weil sie sich gar nichts dabei gedacht hatte, so der Arzt – einfach alleine zu Hause gelassen hatte. Die Polizei habe er daraufhin gleich benachrichtigt. Da Frau Quade so aufgelöst sei, wolle man sie in etwa einer Stunde per Taxi nach Hause bringen lassen. Der Kleinen gehe es jetzt besser, sie müsse allerdings noch ein paar Tage in der Klinik bleiben. Die Mutter aber könne jetzt heim. Und ja, mich im Jugendamt, habe er angerufen, weil er sich denken könne, dass wir wegen des Kindes zu Hause sicher schon informiert worden seien.

Da saß ich nun. Unwillkürlich drängten sich mir Bilder auf:

Ein verängstigtes Kind, alleine gelassen, zurückgelassen, aber trotz ihrer bitteren Enttäuschung über ihre Mutter noch immer loyal zu ihr. Die Tür machte sie nicht auf. Die Mutter hatte es verboten.

Und eine Frau, die ihr eines Kind verantwortungsvoll versorgen wollte, dabei aber ihr anderes Kind einfach vergessen zu haben schien …

Was tun? Die Kollegin, die die Kinderschutzmeldung heute früh angenommen hatte, kam herein und legte mir – ironisch lächelnd – einen Stapel Papiere auf den Tisch: Das Formular-Set (Erstcheck sechs Seiten, Risikoeinschätzung sechs Seiten, Statistik Gefährdungseinschätzungen drei Seiten, Statistikbogen Kinderschutz eine Seite), das es nun auszufüllen galt. Bei zwei Kindern sind das 32 Seiten. Das würde bedeuten: mindestens zwei Stunden Arbeit am Schreibtisch. Dabei würde ich die meisten Fragen noch gar nicht beantworten können.

Um die uns vorgeschriebenen Kinderschutzstandards[11] einzuhalten, berief ich eine sofortige Fallbesprechung mit dem Team ein. Hier muss entschieden werden, ob eine Gefährdung vorliegt und ob eine sofortige Kontaktaufnahme notwendig ist. Jeder Schritt, jede Entscheidung muss

11 Es gibt zahlreiche vorgeschriebene Kinderschutzstandards zur Bearbeitung der jeweiligen Kinderschutzmeldung, z.B., dass umgehend eine kollegiale Fallberatung stattfinden muss, um die weiteren Schritte einzuleiten.

schriftlich begründet werden. Die Mehrheit der Teamkolleginnen sprach sich für eine Kontaktaufnahme mit der Mutter aus. Einige dagegen verwiesen mich auf den Papierkram.

Was also sollte ich zuerst tun? Ich musste wieder an diese Mutter denken: Jetzt, in wenigen Minuten würde sie also nach Hause gebracht und träfe ihre allein gelassene Älteste.

»Aber nein«, sagten die Kolleginnen, die mich an die Papierarbeit schicken wollten, »sicher hat die schon jemand in Obhut genommen[12]. Die Polizei hat doch sicher heute Nacht den Bereitschaftsdienst informiert. Ganz sicher sogar: Das Kind wurde ja alleine gelassen und deshalb muss es jetzt geschützt werden. Die Mutter hat sich disqualifiziert. Das läuft jetzt alles nach Plan ab. Das Kind ist längst in einer Kinderschutzeinrichtung. Es gibt nichts für die Frau zu tun.«

»Und für das Kind?«, fragte ich.

»Das ist in guten Händen«, war die Antwort und ich dachte spontan: »Hoffentlich ist sie nicht in der Einrichtung, wo am Vormittag nur die Reinigungskraft auf die wenigen Kinder aufpassen kann, die nicht in der Schule sind!«

Aber vielleicht hatten die Kolleginnen Recht: Auch hier gab es für mich nichts mehr zu tun. Außer, die Bögen gewissenhaft auszufüllen.

Oder vielleicht doch? Plötzlich sah ich wieder die Mutter nach Hause kommen, die Wohnung leer, Schuldgefühle überfallen sie, Angst, ihr Kind nicht wiederzubekommen, Angst vor alldem, was jetzt auf sie zukommen wird. Oder ist ihr das alles wirklich egal? Ist sie einfach nur überfordert gewesen und jetzt sogar froh, dass sie mal ihre Ruhe hat? ›Das alles muss ich doch wissen‹, schoss es mir durch den Kopf, ›wenn ich weiter mit ihr arbeiten muss, wenn es dann um Erziehungshilfe[13] geht für das Kind, vielleicht ja auch um eine ambulante Hilfe mit Mutter und Kind. Was wird sie sagen, wenn ich dann eines Tages doch bei ihr auftauche und mich vorstelle: »Ich bin die zuständige Sozialarbeiterin vom

12 Inobhutnahme nach § 42 KJHG bedeutet, dass Minderjährige unter den Schutz der Jugendhilfe gestellt werden. Das kann dann der Fall sein, wenn Minderjährige selbst um diesen Schutz bitten (Selbstmelder) oder aber auch, wenn dieser Schritt wegen einer akuten oder unmittelbar drohenden Kindeswohlgefährdung erforderlich erscheint.

13 In der Regel folgt einer Inobhutnahme eine Hilfe zur Erziehung – dies kann eine ambulante Hilfe sein, d.h. die Minderjährigen kommen zurück in ihr Elternhaus und die Hilfe findet dort statt – oder aber es muss eine stationäre Hilfe zum Schutz der Minderjährigen eingeleitet werden, weil die Gefährdung sonst nicht auszuschließen ist.

Jugendamt und möchte Ihnen und Ihrem Kind helfen …« Sie wird es mir kaum glauben können. Sie wird natürlich denken, dass auch ich sie verurteile und sie für eine schlechte Mutter halte. Und was weiß ich denn schon? Ich kenne dann doch nur ihre Akte und die verdammten Formulare.‹

Und die lagen jetzt immer noch unberührt vor mir.

›Ich muss da jetzt hin«, dachte ich, »ich muss sehen, wie sie mit der Situation umgeht und fertig wird, ich muss versuchen, mit ihr zu reden über das, was passiert ist. Ich muss es jetzt tun, noch bevor diese ganze ›Maschinerie Kinderschutz‹ angelaufen und nicht mehr zu stoppen ist.‹

Ich bin also ins Auto gestiegen und kam gerade an, als das Taxi mit der Mutter vorfuhr. Frau Quade weinte immer noch leise vor sich hin und wirkte sehr verängstigt. Ich ging mit ihr nach oben. Die Wohnung war leer. Nach einiger Zeit, die wir zusammen schwiegen und in der ich mich bemühte, ihr Zeit zu lassen und sie nicht unter Druck zu setzen, fing sie stockend an zu reden. Sie sprach über all ihre Probleme: der Vater war über alle Berge, das Geld reichte nicht, sie bekam wegen der Kleinen nicht mehr genug Schlaf, war immer nervös und völlig kaputt, die Große hörte nicht mehr auf sie und warf ihr vor, das Baby lieber zu haben. Außerdem war sie schon seit zwei Monaten die Miete schuldig und letzten Freitag hatte sie von Lidl die Kündigung bekommen, weil sie mehrfach nicht pünktlich zu ihrer Arbeit erschienen war. Sie hatte dort im Lager gearbeitet, stundenweise. Und dann jetzt die Kleine mit diesem entsetzlichen Durchfall! Was bloß hatte sie wieder falsch gemacht? Sie war in Panik zum Krankenhaus gefahren. Vielleicht würde sie ja auch wiederkommen, bevor die Große aufwacht, hatte sie gedacht. Die könne sich doch auch selber ein Brot machen und fernsehen und dann schlafen gehen, oder? Ja, ja sie weiß ja, dass das falsch war. Sie hätte wenigstens noch jemanden anrufen sollen oder Maria zu ihrer Freundin bringen. »Sie wird mich hassen«, sagte sie resigniert. »Sie ist sowieso auf mich böse. Man wird sie mir wegnehmen.«

Maria befand sich tatsächlich inzwischen im Kindernotdienst. Wir fuhren zusammen dort hin. Mir erschien das jetzt wichtiger. Die blöden Papiere sollten warten! Die Mutter hatte große Angst vor dem Wiedersehen mit ihrer Tochter. Am liebsten wäre sie aus dem Auto gesprungen. »Was soll ich ihr denn sagen?«, fragte sie mich immer wieder.

Es hat mich einige Überredungskünste gekostet, dass das Kind schließlich doch bereit war, seine Mutter zu sehen. Dann standen sie sich gegenüber und schwiegen beharrlich, trotzig das Kind, hilflos die Mutter.

»Maria, deine Mama ist hier, um dir zu sagen, dass es ihr leidtut!«, sagte ich schließlich mitten in die Stille hinein. Schweigen. »Frau Quade, bitte sagen Sie es jetzt Ihrer Tochter selbst. Sagen Sie ihr: Es tut mir leid, Maria.« Dann kam es. Frau Quade sagte es, ganz leise. Maria sah sie zweifelnd, aber auch betroffen an.

Ich ließ die beiden alleine. Ich weiß nicht, was noch gesprochen wurde. Als ich nach fünf Minuten wieder reinkam, saßen sie nebeneinander und hielten sich in den Armen.

Ich glaube, jetzt haben die beiden eine echte Chance zusammen, eine Chance, die ich verspielt hätte, wenn ich nicht da gewesen wäre und den beiden geholfen hätte, sich zu verzeihen. Und jetzt, so hoffte ich, würde es auch möglich sein, Mutter und Tochter weiterzuhelfen, denn wirklich »erledigt« ist hier natürlich noch nichts.

Ich musste an die Kinderschutzbögen denken, die 32 Seiten auf meinem Schreibtisch. Nach den Gefühlen des Kindes oder gar nach den Gefühlen der Mutter wurde dort nicht gefragt.

Zurück im Büro erwartete mich die Chefin. »Wie ist der Fall denn nun einzusortieren, fragte sie mich: Kindeswohlgefährdung, Grauzone oder Leistungsbereich[14]?« Ich finde diese Aufteilung von Menschenschicksalen so was von unprofessionell. Als könne man Menschen und ihre Situation so eindeutig kategorisieren. Aber tatsächlich hängt davon laut Weisung von oben ab, ob sie Hilfe bekommen oder nicht. Ich kenne ja diese Weisung und sagte deshalb vorsichtig: »Kindeswohlgefährdung ja, aber gute Chancen, dass die Gefahr sich nicht wiederholt, wenn man weiter mit ihnen arbeitet«, ich wollte nichts verderben. Diese Frau brauchte doch weiter Hilfe, das war für mich klar. »Die Mutter ist offenbar mit den zwei Kindern überfordert. Das ältere Kind ist seelisch gefährdet. Die Mutter-Tochter-Beziehung instabil. Wenn da nichts mehr passiert, wird die Lage eskalieren«, erläuterte ich.

»Ist das Kindeswohl akut in Gefahr, wenn die Tochter zur Mutter zurückkommt?«, fragte meine Chefin. Und ich antwortete ganz ehrlich: »Eigentlich jetzt unmittelbar wohl nicht mehr. Ich glaube, die Mutter wird achtsamer sein nach diesen Erfahrungen.«

14 Die Einteilung potenzieller Fälle für Hilfe zur Erziehung in Leistungsbereich (hier wird Hilfe zur Erziehung durchgeführt als reine Leistung des KJHG im Sinne des § 27), Graubereich (hier kann eine Gefährdung noch nicht ausgeschlossen werden, man ist noch unentschieden) und in den Kindeswohlgefährdungsbereich ist nicht im KJHG vorgesehen. Diese Unterteilung wird vor allem dadurch problematisch, dass für den sogenannten Leistungsbereich Hilfen nur noch in Ausnahmefällen gewährt werden.

Aber damit lag der Fall für meine Chefin klar zutage: »Also ist es keine Kindeswohlgefährdung, noch nicht mal Grauzone, es ist einfach nur Leistungsbereich, also der Bereich, der zurzeit kaum bedient werden kann, weil dafür das Geld fehlt.«

Das hatte ich nun davon: Jetzt wird es also auch noch schwierig, für die Familie Quade eine adäquate Hilfe durchgesetzt zu bekommen. Ich muss endlich diese Bögen ausfüllen, sonst geht überhaupt nichts mehr. Wenn die in der Akte fehlen, kann es mir auf »die Füße fallen«. Soll ich jetzt den Fall noch dramatisieren, damit die Familie die Hilfe doch bekommt? War es also wieder einmal nicht schlimm genug?

Ich frage mich: Wieso ist eine geschehene Kindeswohlgefährdung dann nicht mehr Anlass genug für Hilfe zur Erziehung, wenn eine gute Chance besteht, dass sie sich – mit Unterstützung dieser Hilfe – nicht wiederholen wird? Ist das nicht völlig verdreht? Wenn wir nur noch da Hilfe leisten und gewähren, wo die Gefährdung nicht mehr wirklich zu stoppen ist, wozu um Himmels willen sind wir dann eigentlich hier als Sozialarbeiter eingestellt? Da würden doch Vollzugsbeamte auch reichen!

Was ist Qualität?

Vom Bauen Potemkinscher Dörfer

Ich arbeite gerne in der Migrationsberatungsstelle in der Stadt H. Mit meinen drei Kolleginnen und Kollegen bilden wir ein super Team und obwohl in den letzten Jahren unsere Arbeitsmöglichkeiten durch Kürzungen (der fünfte Kollege fehlt uns sehr) und einengende Vorgaben eingeschränkt wurden, können wir hier noch relativ frei und, wie wir meinen, fachlich angemessen arbeiten. Offiziell soll es nach dem neuen Konzept jetzt vor allem darum gehen, die Migranten so schnell wie möglich in einen Sprachkurs und dann in Arbeit zu bringen (Letzteres ist allerdings oft utopisch und jenseits unserer Möglichkeit ...). Alles andere interessiert den Zuwender nur am Rande. Letztlich aber können wir in der konkreten Arbeit vor Ort noch parteilich sein für unsere Klientel, die Menschen kommen freiwillig zu uns, wir können für sie offen eintreten und uns vor sie stellen – obwohl das dann letztlich unter den gegebenen Bedingungen auch nicht unbedingt immer zum Erfolg führt.

Aber immerhin: wenn ich unsere Arbeitssituation mit der meiner Freundin vergleiche, die hier in der Stadt im Allgemeinen Sozialdienst arbeitet, bin ich wirklich froh, hier in der Migrationsberatungsstelle als Sozialarbeiter tätig zu sein. Und ich denke auch, wir arbeiten gut, wir erreichen auch noch manches für unsere Leute. Sie gewinnen zu uns Vertrauen und bei uns geht es nicht nur um das Thema »Arbeitsfähigkeit[15]«. Das ginge auch gar nicht. Als wären damit alle Probleme erledigt! Wir nehmen die Migranten mit all ihren Anliegen ernst und versuchen ihnen zu helfen und sie zu stärken.

Dennoch spüren wir alle: Da ist immer mehr subtiler Druck, der uns in unserer Arbeit begegnet, und ich merke, dass ich selbst immer mehr anfange, meine Arbeit doch nach den offiziellen Maßgaben auszurichten.

Ein Punkt, der mich belastet, ist auch die Einführung des QMs, des Qualitätsmanagements.

Das QM dient meines Erachtens weniger der wirklichen Verbesserung der Qualität, als dazu, unsere Arbeit zu kontrollieren, zu steuern, einzugrenzen und sie damit kalkulierbar zu machen. Wir stecken darüber hinaus viel Zeit und Kraft in etwas, was weder den Klienten noch uns als Fachmitarbeiterinnen und -mitarbeitern wirklich nützt.

Im Grunde weiß bei diesen Geschichten jeder, dass es vor allem darum geht, dass man das QM und vor allem die Zertifizierung[16] braucht, um als Träger weiter finanziert zu werden. Wir wissen das, der Chef weiß das, der Träger weiß das. Man könnte sich eigentlich darüber amüsieren, über diese Potemkinschen Dörfer, die wir da gemeinsam bauen und mit viel Energie ihren Schein aufrechterhalten – zumindest so lange, bis wir wieder zum normalen, eigentlichen sozialpädagogischen Alltag zurückkehren können und das tun, was unseren Klientinnen und Klienten hilft und was uns aus fachlicher Sicht angemessen erscheint.

15 »Arbeitsfähigkeit«, bzw. »Employability« ist das zentrale und eigentlich einzige Ziel des Fallmanagements. In den Jobcentern und innerhalb der Jugendhilfe strahlt diese eingeengte Sicht auf die Zielperspektive Sozialer Arbeit entsprechend aus.

16 Zertifizierung bedeutet die Qualitätsbewertung einer Einrichtung bzw. eines Angebotes durch eine außenstehende »neutrale« Instanz. Diese Zertifizierung hängt eng zusammen mit dem Qualitätsmanagement und trifft in ihrem formalen, betriebswirtschaftlichen Verständnis von Qualität genau wie dieses nicht die entscheidenden fachlichen und ethischen Aspekte sozialarbeiterischer Ansätze.

Aber das ist leider nur die eine Seite der Medaille. Die ganze Geschichte ist eben nicht nur etwas absurd, sie hat auch andere Absichten und Folgen: Wir alle werden auf diese Weise tendenziell dahin gebracht, unsere Arbeit in der Sprache des QM zu besprechen: Wir reden mehr darüber, welche Listen wir noch ausfüllen müssen, anstatt darüber, was uns für unsere Arbeit fehlt und welche Rahmenbedingungen nicht ausreichen und warum.

Wenn wir etwas in der Arbeit gut machen, dann ganz sicher nicht unbedingt wegen des QM und der hier entwickelten Standardisierungen! Im Gegenteil: Heute habe ich mich mal wieder den ganzen Tag im Qualitätszirkel[17] mit QM beschäftigen dürfen und kostbare Zeit für meine Klienten verloren. Aber so dürfe man das nicht sehen, heißt es, denn »Qualitätsmanagement« zahle sich letztlich aus. Aber ich frage mich, für wen?

Natürlich, wir machen halt mit, es bleibt uns auch gar nichts anderes übrig. Ohne das Zertifikat kann unser Träger dichtmachen und wir müssten uns einen neuen Job suchen. Also machen wir uns Gedanken, wie wir die Aufgaben, die das QM vorgibt, erfüllen können und wie wir das »Audit« bestehen. Auch so ein Wort, das es bis vor Kurzem nicht gab: Es kommen Leute von Agenturen, die uns prüfen und dann entscheiden, ob unser Träger die Zertifizierung bekommt.

Unsere sozialpädagogische Arbeit wird aber von den ganzen Listen, Formularen und Programmen, Kriterien und Flussdiagrammen, an denen wir sie messen sollen, nur ansatzweise abgebildet. Vieles ist fern von der praktischen Arbeit, denn was nutzt es unseren Klientinnen und Klienten zum Beispiel, wenn alle unsere Aktenordner gleich aussehen? Wir haken bei vielen Punkten formal ab, dass wir dies oder das getan haben, und vor allem die Dokumentation ist wichtig. Aber danach, wie die inhaltliche Arbeit wirklich aussieht, wird eher nicht gefragt: wie die Klientinnen und Klienten beteiligt wurden, wie die Beziehung zu ihnen aussah, ob sie wirklich motiviert waren und warum, welches ihre persönlichen Ziele bei der Beratung waren, und vor allem auch, warum wir ihnen helfen konnten und was die Hilfe behindert hat. Das Qualitätsmanagement bleibt meistens bei den formalen Abläufen und Aspekten stehen. Es erfasst kei-

17 Qualitätszirkel sind Gremien für Mitarbeiterinnen und Mitarbeiter, in denen die Methoden und Vorgehensweisen des Qualitätsmanagements für die jeweilige Arbeitsaufgabe erarbeitet werden.

ne Prozesse, keine widersprüchlichen Verläufe, eben all das nicht, was Arbeit mit Menschen unterscheidet vom Umgang mit Maschinen.

Aber dass das QM die eigentliche Frage nach der Qualität verpasst, ist nur das eine Problem: Tatsächlich definiert das QM unsere Arbeit richtungsweisend um, definiert sie als einen formalen Prozess, als oberflächliche Interventionen, die sich inhaltlich dahingehend orientieren, wie der Geldgeber sie heute haben möchte.

Und die wirkliche sozialpädagogische Qualität? Es fehlt, wie gesagt, an Orten und Zeit, ausführlicher über die vielen inhaltlichen Fragen und die wirklichen Arbeitsprobleme und Schwächen zu sprechen. Wir würden für manches Problem gerne Lösungen finden und Unterstützung!

Da gibt es zum Beispiel das Problem, dass für Migrantinnen und Migranten, wie für alle hier Lebenden, die deutsche Krankenversicherungspflicht gilt, wenn sie sich in Deutschland anmelden, worüber aber nicht offiziell informiert wird. Gut, der Krankenversicherungsbeitrag ist für viele sowieso oft unbezahlbar. Kommt bei einem späteren Eintritt in die deutsche Krankenversicherung heraus, dass man seit der Anmeldung in Deutschland ohne Krankenversicherung war, müssen die Beiträge rückwirkend gezahlt werden und die Menschen stehen manchmal unversehens vor einem riesigen Schuldenberg.

Oder auch die Situation der vielen akademisch ausgebildeten ausländischen Arbeitslosen, die in den deutschen Restaurantküchen ohne Vertrag für wenige Euro arbeiten und damit nicht nur illegal und ohne Krankenversicherung arbeiten müssen, sondern auch keine Dokumente über ein Einkommen unter dem Existenzminimum haben, mit denen sie soziale Hilfen oder auch den Kostenerlass für den Integrationskurs beantragen können.

Unsere Hilfe ist da ein Tropfen auf den heißen Stein ... und Tage wie heute im Qualitätszirkel würde ich deshalb lieber mit der Frage verbringen, wie wir als Professionelle dazu beitragen können, solche und ähnliche Zustände zu überwinden!

»Sie haben das Ziel nicht erreicht. Also keine Verlängerung.«

Erfolg ist in der ambulanten Psychiatrie, wenn es weniger kostet

Als Sozialtherapeutin betreue ich in einer ostdeutschen Großstadt seit einem Jahr neben anderen Klientinnen eine psychisch kranke Frau. Ich bin Einzelfallhelferin in der ambulanten Psychiatrie und bei einem Träger angestellt, der mir die Fälle zuweist. Meine Therapiestunden werden von der Krankenkasse genehmigt und finanziert, ähnlich wie bei ambulant tätigen Psychotherapeuten. (Bis heute ist mir nicht klar, was die bei meiner Klientin zum Beispiel anderes machen könnten. Aber da ich »nur« Sozialarbeiterin bin, bekomme ich deutlich weniger für die Stunde.)

Aber das ist nicht die Schweinerei, um die es mir hier geht. Was ich hier erzählen möchte, finde ich weitaus schlimmer! Es geht um eine junge Frau, Adriane M., die ich betreue und mit der ich sozialtherapeutisch arbeite. Sie ist seit ihrer Kindheit psychisch auffällig, hat die Schule nicht abgeschlossen und war auch nie berufstätig. Sie hat eine manische Depression und darüber hinaus eine massive Medikamentensucht entwickelt. Immer wieder war sie für mehrere Monate stationär in psychiatrischer Behandlung. Die Krankenhausaufenthalte haben nicht viel bewegt. Aber ich denke, die Beweggründe der Krankenkasse, dieser Frau eine ambulante Therapie zu genehmigen, sind nicht, eine Alternative zum eher wirkungslosen stationären Aufenthalt zu unterstützen, sondern vor allem Geld einzusparen, indem sie so weitere, teure stationäre Aufenthalte vermeiden.

Ich kenne Adriane M. inzwischen sehr gut. Die Arbeit mit ihr ist ein einziges Auf und Ab. Immerhin ist im Verlauf des Jahres ein gewisses Vertrauensverhältnis entstanden. Ich hatte mir, das heißt wir beide haben uns zum Ziel gesetzt, dass Adriane es schaffen soll, in eine eigene Wohnung zu ziehen oder in eine Wohngemeinschaft. Denn der Aufenthalt bei ihren Eltern tut ihr gar nicht gut und das hat sie inzwischen begriffen. Gleichzeitig möchte vor allem ich erreichen, dass die junge Frau selbstständig einkaufen kann, dass sich ihre Kontakte zu den wenigen Freunden und Bekannten wieder stabilisieren und dass sie lernt, ihre Zeit sinnvoll und vor allem nicht nur mit Essen zu verbringen. Adriane akzeptiert diese Ziele, auch wenn sie hier weniger motiviert ist als bei der Frage der eigenen Wohnung.

Einiges war in diesem Jahr zu bewegen. Wir haben den Absprung von den Eltern gewagt. Das ging eine Weile auch gut, aber nach zwei Monaten geriet Adriane in eine Krise und drohte mit Selbstmord, was zu einer erneuten, vorübergehenden stationären Unterbringung führte. Nach vier Wochen konnte sie wieder nach Hause und ich nahm die Arbeit mit ihr wieder auf. Es gelang uns dann gemeinsam, die neue, eigenständige Wohnsituation Schritt für Schritt zu stabilisieren.

Als das genehmigte Jahr fast herum war, schrieb ich den üblichen Bericht für die Krankenkasse und beantragte natürlich auch die Verlängerung der Hilfemaßnahme. Ich selber bin mit meinen Ergebnissen eigentlich zufrieden, besonders, weil es gelungen ist, nach der Krise sozusagen auf einem besseren Niveau weiterzumachen. So konnten wir endlich auch gemeinsam mit dem Arzt die Medikamentensucht etwas eindämmen und ich habe sogar erreicht, dass die junge Frau jetzt einmal in der Woche mit mir ins Schwimmbad geht und sich dort sogar mit ein paar anderen Leuten angefreundet hat. Gegen die Esssucht konnte ich freilich bisher noch nicht ankommen. Auch die selbstständige Wohnsituation ist immer noch ab und an Auslöser für Krisen, aber allmählich reagiert Adriane viel seltener mit Panikattacken und Depressionen. Wir waren also zwar recht gut vorangekommen, aber noch lange nicht über den Berg. Das selbstständige Einkaufen klappt bisher nur dann, wenn es der Klientin einigermaßen gut geht, aber es gab auch hier bereits Erfolge, auf die die junge Frau mit Stolz und Freude reagiert hat. Das war etwas sehr Neues, denn bisher zeigte Adriane auch bei eigenen Erfolgen und geglückten Versuchen eher nur ein resigniertes und höfliches Lächeln, mehr nicht. Für mich war dieses neue, stolze Lächeln übrigens ein deutlicher Beweis dafür, dass sie endlich anfing, sich aktiv zu sich selber zu verhalten. Und ich wusste, dass das die Voraussetzung für sie ist, in Zukunft motivierter und aktiver mitzuarbeiten.

Ich bin gestern fast auf den Rücken gefallen, als die Mitteilung von der Krankenkasse kam: Sie lehnen in Rücksprache mit dem Sozialamt den Verlängerungsantrag mit der Begründung ab, Adriane M. sei ja doch wieder und trotz der Sozialtherapie vier Wochen in stationärer Behandlung gewesen. Damit sei ein Erfolg aus ihrer Sicht nicht erreicht. Das Ergebnis zeige vielmehr, dass meine Arbeit nicht wirklich weiterhelfe. Ich könne froh sein, dass sie die Bewilligung nicht schon vor Monaten, sofort nach der stationären Einweisung, zurückgezogen hätten.

Ich kann es gar nicht glauben! All unsere kleinen und großen Erfolge spielen für die Auftraggeber keine Rolle! Für sie geht es wirklich nur darum, die stationären Aufenthalte zu reduzieren – und das sei eben nicht gelungen. Mit vier Wochen hätte die Patientin genauso lange im Krankenhaus gelegen wie im Vorjahr, als sie keine begleitende Hilfe hatte.

Was ist das fachlich gesehen für eine lächerliche Sichtweise!? Als wäre Adriane eine Maschine, in die ich nur fleißig Inputs reinstecken muss, damit sie brav und genau funktioniert. Haben die denn noch nie was davon gehört, dass solche therapeutischen Prozesse widersprüchlich, in Auf- und Ab-Bewegungen und manchmal äußerst zäh verlaufen? Haben die noch nie davon gehört, dass sich Menschen nicht von heute auf morgen stabilisieren können, dass dazu viel Vertrauen gehört, auch Selbstvertrauen, das erst langsam entstehen kann? Haben die noch nie davon gehört, dass alle Probleme gerade bei psychisch Kranken zusammenhängen und zusammenwirken und man auf all den verschiedenen Ebenen versuchen muss, geduldig und Schritt für Schritt voranzukommen?

Und was wird aus Adriane? Alle ihre Schritte zu einem neuen, selbstständigen Leben sind für die Katz? Haben die sich überlegt, was das für eine psychisch kranke junge Frau bedeuten kann, wenn unsere Kontakte auf einmal aufhören müssen? Haben die denn nicht begriffen, dass sie Adriane damit hochgradig gefährden?

Und was soll ich tun? Es ist nicht so, als hätte ich keine anderen Fälle. Ich könnte froh sein, dass ich jetzt für den jungen Drogenabhängigen Zeit haben werde, den ich bisher immer mit nur einem Termin in 14 Tagen vertrösten muss. Aber ich kann doch Adriane nicht so hängen lassen.

Was also soll ich tun? An die Krankenkasse schreiben? Protest einlegen? Widerspruch gegen den Bescheid? Ich bin ziemlich schockiert und geladen. Tatsächlich habe ich gestern, gleich nachdem ich den Brief gelesen hatte, bei der Sachbearbeiterin angerufen. Sie hat sich meine aufgeregten Einwände angehört und dann gesagt: »Sie müssen das auch mal von der Seite sehen: Vielleicht ist es doch auch ganz gut, wenn die junge Frau mal keine Betreuung hat. Manche legen sich eben einfach auf die faule Haut und entwickeln keine eigene Initiative. Wir warten es einfach mal ab.« Da hab ich den Hörer aufgelegt. Was sollte ich dazu sagen? Heute früh rief mich mein Träger an, er hätte gehört, der Fall Adriane M. würde nicht weiter verlängert. Das sei doch super, denn dann könnte ich jetzt endlich bei Roger, dem Drogenabhängigen, richtig einsteigen. Das Jobcenter läge ihnen schon seit Tagen im Ohr, weil der junge, drogenabhängige Mann erneut eingewiesen werden solle. »Sie haben doch schon Kontakt zu ihm aufgenommen, oder? Na sehen Sie, dann können Sie doch da jetzt endlich richtig was machen, das ist doch auch ein Vorteil!«

Da werde ich also wieder einen betreuen und therapieren, bei dem nur dann von Erfolg gesprochen werden darf, wenn er endlich und sicher keine weiteren Kosten mehr verursacht. Ist das eigentlich wirklich mein Job? Ich hatte mir das irgendwie anders vorgestellt.

»Ihre Berufsberatung ist ineffektiv, Frau Körber!«

Nicht das ist effektiv, was den Bedürfnissen der Klientinnen und Klienten entspricht, sondern das, was den Zweck des Auftraggebers erfüllt

Du glaubst es nicht, was mir gestern passiert ist! Ich kann es selber noch nicht glauben. Und du weißt, nach 28 Jahren als Sozialarbeiterin in der Berufsberatung kann mich so schnell nichts mehr umhauen.

Bisher dachte ich immer, dass es mir bei meiner Arbeit zum Glück gelungen sei, dem ganzen Hartz IV-Wahnsinn von der Schippe zu springen, sozusagen in eine Nische, wo wir weiterhin gute Arbeit machen können. Uns war bisher möglich, mit den jungen Leuten, die ja in der Regel eine sehr krause Biografie und meist eine gescheiterte Bildungsbiografie hinter sich haben, wirkliche Beratung zu machen, also mit ihnen in Ruhe und gründlich zu erarbeiten, was sie in ihrem Leben leisten, arbeiten, erreichen wollen, was sie können, wo ihre Interessen liegen, welche Schwierigkeiten sie bei einer Ausbildung oder einem bestimmten Beruf bei sich selber glauben überwinden zu müssen und wie das gehen kann. Und wenn es mal andere Probleme gab, die sich in ihrem Leben gerade heftig in den Vordergrund schoben, die aber nicht unmittelbar mit ihrer beruflichen Zukunft zusammenhingen, dann sprachen wir natürlich auch darüber. Denn was nutzt mir ein junger Mann, der die ganze

Zeit über seinen Liebeskummer oder seine Handyschulden nachdenkt, während ich versuche, ihm irgendwelche Ausbildungswege aufzuzeigen?

Und das war alles gut so und auch im Team erwünscht und gewürdigt. Klar, ich habe schon gesehen, dass die Leitung immer deutlicher auf Erfolgsmeldungen, schnelle Durchgänge und flotte Ergebnisse zählt. Aber bisher konnte ich meine Professionalität dagegenstellen. Ich habe weiter so gearbeitet, wie ich das gelernt, in meiner Berufspraxis immer wieder erfolgreich praktiziert und in vielen Fortbildungen vertieft habe.

Gestern früh wurde ich zur neuen Chefin gerufen. Das ist eine ganz junge Frau, sie hat einen Master in Sozialmanagement, soweit ich weiß. Ob sie je mit unserer Klientel gearbeitet hat, weiß ich nicht. Ich wage es zu bezweifeln. Ich war ihr bisher nur bei ihrer Einführung und auf dem Flur begegnet. Neulich hat sie sich Akten von mir bringen lassen. Ich habe das für eine Routinesache gehalten. Sie will sich halt einarbeiten, dachte ich.

Schon als ich das Büro betrat, wurde mir mulmig. Sie saß da in einem neuen, super designten Chefsessel – jedenfalls habe ich dieses Teil bei uns vorher noch nie gesehen und bot mir weit weg von sich selbst einen bescheidenen Platz an. Und dann ging es los: Sie müsse mit mir sprechen. Da müsse sich dringend was bei mir ändern. Sie hätte gehört und sich jetzt auch persönlich anhand meiner Akten davon überzeugen können, dass ich meine Jugendlichen nicht effektiv und schon gar nicht effizient berate. Kurzum, es gäbe Zweifel an meiner Beratungskompetenz.

Ich dachte, ich höre nicht richtig, habe sie fassungslos angesehen und nur gefragt: »Wie kommen Sie denn darauf?« Sie konterte mit einem Fall, bei dem ich vor wenigen Tagen mit dem Jugendlichen zusammen entschieden hatte, dass der vom Jobcenter angebotene Fortbildungskurs in seinem Fall nicht sinnvoll sei und wir etwas ganz anderes brauchen.

»Aber genauso ist es doch«, habe ich noch eingewandt, »der Junge wäre einfach völlig falsch in diesem Kurs und es ginge wertvolle Zeit für ihn verloren. Ich arbeite mit ihm im Moment daran, dass er sich selber aktiv um Ausbildungsmöglichkeiten in dem Bereich bemüht, der für ihn interessant ist und nachdem er – nach langer Beratung – jetzt etwas gefunden hat, was ihn motiviert.«

»Das interessiert hier nicht, Frau Körber«, war die Antwort. »Sie arbeiten ineffektiv. Sie wissen genau, dass es darum geht, den Kurs AC12 noch bis Ende dieses Monats vollzukriegen. Das ist der Auftrag.«

»Aber wenn das doch für den Klienten nichts bringt?« »Das haben Sie hier nicht zu entscheiden, verstehen Sie?«

Ich ging völlig verdattert aus dem Büro. Mittags in der Kantine habe ich dann die Kolleginnen und Kollegen informiert. Alle fanden das dreist und unmöglich und bis zum Gehtnichtmehr fachlich daneben.

Ich bin noch am Nachmittag zum Personalrat gegangen, der sehr verständnisvoll reagiert hat und mir helfen wollte, vorausgesetzt, ich bekäme meine Kolleginnen und Kollegen hinter mich und wir würden sozusagen als Team gegen dieses Vorgehen und Ansinnen gemeinsam mit dem Personalrat Protest einlegen.

Heute früh habe ich gleich die Kollegen zusammengetrommelt und sie gebeten, einen Text zu unterschreiben, den ich mit dem Personalrat aufgesetzt hatte. Sie drucksten alle vier herum: »Du hast ja recht. Aber ich kann mir Ärger hier nicht leisten. Ich muss den Job behalten. Du weißt, seit Klaus weg ist, ernähre ich meine drei Kids allein.« – »Es ist unmöglich, was sie mit uns und den Klienten machen, aber sie sitzen nun mal am längeren Hebel.« – »Ich glaube, es ist am sinnvollsten, wir versuchen einfach trotzdem das Beste daraus zu machen. Sie muss ja nicht alles mitkriegen.« – »Tut mir leid, Marianne, aber das ist mir zu riskant ...«

So ist das also. Der Personalrat hat mit den Achseln gezuckt und meinte, wenn ich alleine was unternehmen würde, würde man mich gegen die anderen ausspielen und die würden vermutlich die Klappe nicht aufmachen.

Was soll ich tun. Ich muss das noch sieben Jahre bis zur Rente durchhalten! Kann ich das? Soll ich mir meinen Beruf kaputt machen lassen und soll ich es akzeptieren, dass man mich als inkompetent bezeichnet, einfach deshalb, weil meine Arbeit deren »Soll« nicht erfüllt, ihnen zu lange dauert und damit zu teuer ist? Soll ich das, worauf ich bisher stolz war und was ich für wertvoll halte, nun einfach vergessen?

Wie kann so jemand mit so einem Managementgehabe so eine Macht kriegen? Was ist mit unserer Erfahrung, unserem Erfolg, unserer Kompetenz. Alles nur Schrott?

Weißt du, ich denke ernsthaft darüber nach, ob ich nicht früher in Rente gehen kann. Welche Alternativen hätte ich denn sonst: Berufswechsel, in meinem Alter? Und die große Kampfansage mit lauter feigen und übervorsichtigen Kolleginnen und Kollegen im Rücken, das schaffe ich, weiß Gott, heute auch nicht mehr. Oder anpassen, einfach sagen: O.k., es ist zwar unsinnig, albern und sogar kontraproduktiv. Aber wenn ihr es so wollt und mich dafür bezahlt, dann mach ich es eben auch so?

Was kann ich tun? Was würdest du tun?

Nase voll bis zum Erbrechen!

Nach der Privatisierung eines psychiatrischen Krankenhauses gilt Soziale Arbeit dort nicht mehr viel

Frühmorgens erwachte ich wie immer, in Erwartung auf die interessanten Gespräche mit den Klienten und Angehörigen. Ich freute mich auf meine Arbeit in der psychiatrischen Klinik. Auf dem Weg dorthin über eine triste Autobahn heute ein hinreißender Sonnenaufgang. Die Ambivalenz des Lebens, dachte ich fast vergnügt, eigentlich konnte nichts schiefgehen. Ich hatte seit nunmehr fast zehn Jahren meine ganze Arbeit auf die systemische Familientherapie und ein gutes Case Management fokussiert und war damit sehr zufrieden. Ein guter Job für eine Sozialarbeiterin. Nichts gegen normale Sozialarbeiteraufgaben, aber das hier war besonders reiz-, aber auch anspruchsvoll: es war nicht leicht mit Klientinnen und Klienten zu arbeiten, die traumatische Erlebnisse zu verarbeiten hatten und wieder halbwegs normal ihren Alltag gestalten wollten. Sie waren vor allem sehr »zeitintensiv«. Aber die Klinik hatte sich in ihrem Leitbild zu einer Betonung psychotherapeutischer Angebote bekannt, um der Wirksamkeit von Gesprächen einen gebührenden Raum zu geben. Und als Sozialarbeiterin mit Zusatzausbildung wurde ich bislang genauso ernst genommen wie die anderen therapeutischen Mitarbeiterinnen und Mitarbeiter.

Ich hätte es trotzdem ahnen können, denn ich wusste nur zu gut, dass die gerade erfolgte Privatisierung der Klinik ihre Folgen haben würde. Aber zunächst war da nur der ganz normale Morgenstress: ein Tee, Visite, Terminabstimmungen, E-Mails …

Da war eine Nachricht von dem Neuen … dem neuen Chefarzt der nun privatisierten Klinik. Ich solle zum Gespräch erscheinen.

Nun auf einmal war mir die Gefahr ganz bewusst: Es rumorte schließlich schon seit geraumer Zeit … Mein bisheriger Chefarzt hatte bereits gekündigt. Und man munkelte, Hintergrund der Kündigung sei sein unter den neuen Bedingungen nicht mehr zu erfüllender Anspruch gewesen, das bisherige Leitbild der Klinik zu sichern. Dieses Leitbild war: Menschen bestmöglich zu unterstützen, aber auch ambulante Wege zu eröffnen, um den unterschiedlichen Ausgangssituationen und Erwartungen der Patienten gerecht zu werden. Solchen Vorstellungen stand jetzt seit der Privatisierung die neue rein ökonomische Ausrichtung der Klinik gegenüber.

Der Neue war im Übrigen gleich für drei Kliniken der Eigentümergruppe zuständig – das heißt: zweimal Personalkosten gespart! Außerdem wurden Neueinstellungen über eine Personaltochtergesellschaft zu Dumpinglöhnen durchgeführt. Die Landespolitik nahm dies billigend in Kauf und schaute zu.

Ich fühlte auf dem Weg zum Chefbüro, wie plötzlich meine Beine schwach wurden.

Dann kam es knüppeldick: Nach den ersten drei Sätzen hörte ich den vor mir thronenden Chefarzt nur noch, als würde er am Ende eines dunklen Tunnels irgendetwas Belangloses vor sich hinbrabbeln, was garantiert nichts mit mir zu tun haben konnte. »Wir haben einen Mangel an Sozialarbeitern in der Klinik, wie Sie ja wissen … bitte kümmern Sie sich deshalb um die Soziale Arbeit, ab sofort …«

Wie gelähmt verließ ich den Raum.

Natürlich, ich sollte die Löcher stopfen, die im Laufe der Zeit entstanden waren: Eine Sozialarbeiter-Kollegin war in den Ruhestand gegangen, eine Kollegin war seit der Privatisierung der Klinik krank, zwei andere hatten bereits gekündigt.

Und noch etwas wurde mir jetzt immer klarer: Die Klinik änderte wirklich rasant ihre Konzeption: Die Station füllte sich innerhalb der nächsten Tage mit zunehmend älteren Patientinnen und Patienten, ich sah auf einmal so häufig wie noch nie zuvor Medizintechnik, und das Pflegepersonal hatte deutlich mehr Medikamente aufzuschreiben als bisher. Hier ging es nur noch um Quantität, um schnelle und durchorganisierte Behandlung, nicht mehr um die Menschen. Ein therapeutischer Umgang mit Trauma-Patienten war nicht mehr gewünscht und schon gar nicht, wenn er von einer Sozialarbeiterin praktiziert wurde, die schließlich viel besser für Anträge und Verwaltungsaufgaben genutzt werden konnte.

In meinem Büro angekommen, sagte ich den anstehenden Gesprächstermin ab, weil ich mich vor Wut und Verzweiflung über dieses »Teilberufsverbot« nicht in der Lage sah, ein distanziert-sachliches Gespräch zu führen. In mir drehten sich die Fragen: »Was mache ich bloß mit den über siebzehn ambulanten Patientinnen und Patienten … unter ihnen viele Trauma-Patienten, mit denen ich mitunter zwei Jahre gearbeitet hatte ...? Nun also wieder das, was inzwischen Sozialarbeiterinnen und -arbeiter in der Klinik üblicherweise machen: Formalkram. Wie soll ich denn da nach zehn Jahren wieder hineinkommen, wo sich alle Nase lang etwas änderte? Hatte ich meine teure dreijährige Zusatzausbildung, die sich erst jetzt in den nächsten Jahren amortisiert hätte, umsonst absolviert? Und ich wusste ja auch genau, wie sehr die Kolleginnen und Kollegen in der Klinik unter dem Zeitdruck und den inhaltlichen Einschränkungen zu leiden hatten. Was stellte sich eigentlich der Neue unter klinischer Sozialarbeit vor? Was bedeutete für diesen Chef eigentlich Soziale Arbeit: Putzen, waschen, kochen? Wohin sollte ich jetzt mit meiner Wut? Was sollte ich machen ... den Hut nehmen?

Ich sprach am anderen Morgen mit meiner Oberärztin, zu der ich eine gute Arbeitsbeziehung hatte. Die empfahl mir, sofern ich den Mut dazu aufbringen könne, dem Chefarzt diese Fragen per Mail zu schicken und ihm auch mitzuteilen, was ich bräuchte, damit ich meine Arbeit angemessen machen könne. Noch während ich an meiner E-Mail an den Chefarzt formulierte, klopfte es an der Zimmertür. Eine Trauma-Patientin trat völlig fassungslos und aufgelöst in den Raum: »Frau Müller, Sie werden es nicht glauben, aber ich war gerade bei dem neuen Psychologen, von dem ich weiß, dass er ursprünglich aus der Pathologie kommt. Ich hatte ihm über mein Kopfschmerzproblem erzählt, und was hat er geantwortet: »Tja, da hilft nur Kopf ab ...« Dann sank sie auf den Stuhl, fluchte und weinte ...

Bereits am anderen Morgen hatte ich die Antwort auf meine Mail. Demnach verstand der Chefarzt Soziale Arbeit als Antragsarbeit, vor allem bei nicht hinreichend versicherten Patienten etc. Über meine siebzehn ambulanten Patientinnen und Patienten solle ich mir mal nicht den Kopf zerbrechen, sondern zügig mit der »Abwicklung« der Gespräche beginnen. Er setzte dabei für die Beendigung eine Frist, die mir keinerlei Zeit ließ, irgendwelche Alternativen mit den Betroffenen zu besprechen. Gleichzeitig wurde mir eine Einarbeitung von drei Monaten in die, wie er sich ausdrückte, »reine Sozialarbeit« durch die als Einzige übrig gebliebene Kollegin S. in Aussicht gestellt, von der ich wusste, dass sie diese ganzen Beschränkungen auf Formalkram gut fand, weil wenig Nerven aufreibend. Diesmal sank ich selbst in den Stuhl und hätte am liebsten in die Tischkante gebissen ...

Jeden Tag hatte ich nun mindestens ein Gespräch zu absolvieren, wo ich den Patientinnen und Patienten mitteilen musste, dass die Beratung und

Therapie hier für sie endete. Bereits vor dem zweiten dieser Gespräche wurde mir am Morgen übel, im Spiegel sah ich ein bleiches Gesicht mit geröteten Augen und laufender Nase. Meine Loyalität gegenüber meinem Arbeitgeber war aufgebraucht. Ich sprach unmissverständlich und offen mit den Betroffenen darüber, wer das Interesse ihrer Nicht-Weiter-Behandlung verfolgte und verwies auf die Folgen der Privatisierung der Klinik. Mit ihren Fragen sollten sie sich vehement an die Klinikleitung wenden oder andere Wege der Beschwerde suchen. Mir selber half das wenig. Ich bekam eine mächtige Erkältung. Die Resistenz des Infekts überwand zwei Antibiotikaphasen und ich stand kurz vor der Nasennebenhöhlenvereiterung. Morgens war mir nicht nur schlecht, sondern ich erbrach bisweilen und rief in den Eimer: »Jawohl, das ganze hier ist nur noch zum Kotzen!«

Ich kündigte. Ich brauchte danach länger als ein Jahr, um wieder einigermaßen beschwerdefrei zu sein. Während sich andere versuchten eine goldene Nase zu verdienen, fielen mir die Verantwortungsgefühle für meine ehemaligen, jetzt nicht mehr hinreichend versorgten Patientinnen und Patienten, als schwere Gewissensbisse auf die Füße.

Das Ganze ist heute fünf Jahre her. Diese Erfahrung jedoch steckt mir immer noch in den Knochen.

Gelernt habe ich daraus aber, dass man sich als Sozialarbeiterin gegen solche und andere Zumutungen wehren und gemeinsam mit anderen einen Weg heraus aus diesem neoliberalen Irrsinn finden muss.

»Das kann nicht gut ausgehen!«

Der Träger, der das günstigste Angebot macht, bekommt den Leistungsvertrag – egal, wie er diese Leistung erbringt

Heute habe ich wieder mal ziemlich Bauschmerzen gehabt. Der Fall Lydia D. ist vom Träger »Rückenwind« übernommen worden. Das hat das Hilfe-Konstrukt-Team[18] so bestimmt. Ich war dagegen, aber sie haben mich überstimmt und es gab kein Entrinnen: dort war Kapazität frei und die gewünschte Hilfe wird von diesem Träger am weitaus kostengünstigsten angeboten. Was sollte ich dagegen sagen? Es stimmt ja, sie sind nun mal die Billigsten, die Sozialpädagogische Familienhilfe bei uns anbieten.

Aber ich kann das kaum ertragen: Ich weiß so ziemlich genau, wie schlecht da gearbeitet wird. Mit vier Stunden pro Woche inklusive Vor- und Nachbereitung kann das nicht anders sein. Und die Zeit zur Reflexion und Verbesserung der eigenen Arbeit werden die eingesetzten Kräfte wohl gar nicht für sich in Anspruch nehmen, fürchte ich. Es sind unausgebildete Kräfte, zwei sind Erzieherinnen, es gibt keine Sozialarbeiterinnen und Sozialarbeiter. Sie alle werden allerdings von einem Sozialarbeiter angeleitet und das muss reichen. Offenbar reicht es auch unserem Jugendamt.

Und was macht eine nicht sozialpädagogisch ausgebildete Kraft in diesen Familien? Ich fürchte, sie predigt dort, wie es sein müsste, stellt Forderungen an die Familie, gibt Anweisungen, prangert die Missstände an. Bei solchen Rahmenbedingungen kann man kaum Professionalität erwarten. Aber um die Familien und um die Qualität der Sozialen Arbeit geht es im Jugendamt schon lange nicht mehr, es müssen vielmehr die KLR-Zahlen stimmen. Wie ich diesen Begriff hasse: Kostenleistungsrechnung! Und dann wird gefragt: »Wozu brauchen wir überhaupt ausgebildete Sozialarbeiter? Es klappt doch!« Wie perfide das alles ist!

18 Im Hilfe-Konstrukt-Team wird geklärt, durch wen und zu welchen Preisen eine Hilfe durchgeführt werden soll.

Ich habe nach dem Hilfe-Konstrukt-Team noch mal mit unserer Chefin gesprochen. Ich konnte das alles einfach nicht hinnehmen. Da läuft man mit offenen Augen in eine Situation, die die Lage in der Familie verschärfen wird und dazu führen wird, dass Lydia in Zukunft noch weniger Vertrauen in uns Helfer hat. Meine Chefin hat nur die Augen verdreht und gesagt: »Du machst dir einfach zu viele Sorgen.« Außerdem hätte »Rückenwind« nun mal den Leistungsvertrag mit dem Stadtrat abgeschlossen und damit sei nach außen hin alles paletti. Punkt. Trotzdem, ich habe es weiter versucht, habe ihr noch einmal all meine Bedenken genannt, auch, dass die Mitarbeiter bei »Rückenwind« extrem defizitorientiert sind und mit den Familien in einer Art Hauruck-Verfahren umgehen. »Aber das ist doch bei acht Familien pro Vollzeitkraft auch kein Wunder«, hat die Chefin geantwortet.

›Stimmt‹, dachte ich. ›Das ist ja das Absurde!‹

»Wie kannst du das so gelassen sagen?«, platzte es aus mir heraus. »Da ist doch null Beziehungsarbeit möglich. Das ist alles Wahnsinn und du weißt so gut wie ich, dass Lydias Familie bei so was nicht mitziehen wird.«

Wir müssten einfach mal abwarten, meinte die Chefin nur. Träger würden nun mal vom Stadtrat beauftragt und was sie und wie sie dann konkret arbeiten, das interessiere nicht wirklich: Hauptsache billig. Sie wusste es also ganz genau, aber sie zuckte die Achseln. Ich sah sie ungläubig an. Ich konnte mir das Wort »Scheiße« nicht verkneifen. Sie ließ mich einfach stehen.

Meine Güte, wir vom Allgemeinen Sozialen Dienst haben so viel Verantwortung für die Familien. Aber wir müssen immer öfter zusehen, dass die Arbeit mit unseren Klientinnen und Klienten von Leuten gemacht wird, denen wir fachlich nicht trauen können und die von irgendeinem geldgierigen Geschäftsführer, der außerdem oft sogar null Ahnung hat von Sozialer Arbeit, mit minimalem Aufwand und fachlich unerträglichen Methoden durch diese Aufgabe hindurchgehetzt werden.

Was soll ich dazu bloß Lydias Mutter sagen, wenn sie morgen kommt? Ich hatte ihr die Chancen einer Sozialpädagogischen Familienhilfe positiv geschildert. Und ich sehe das auch wirklich so. Aber eben nicht bei »Rückenwind«, da wirklich nicht. Und alle wissen das im Amt so gut wie ich. Lydias Mutter wird sich nun auch von mir verarscht fühlen. Höchstens zwei Kontakte pro Woche, und was für Kontakte – und ich habe was von »in Ruhe besprechen, vorsichtig versuchen, Schritt für Schritt an den Problemen arbeiten« gesagt, davon, dass sie erst mal Vertrauen gewinnen müsse ...

Das wird sie jetzt ganz und gar anders erfahren. Aber ich werde da nicht tatenlos zusehen.

»Aus für unser Jugendzentrum.«

Die Stadt spart sich immer weiter durch die Jugendarbeitsszene

Ich bin seit einiger Zeit im Kontext »Jugend verschwindet« politisch engagiert, um etwas gegen die Demontage insbesondere der Jugendarbeit für Jugendliche und junge Erwachsene zu tun. Denn dieser Bereich, so ist mein Eindruck, leidet am meisten unter dem Sparkurs in der offenen Jugendarbeit.

Seit Kurzem bin ich nun auch selbst betroffen. Mein Jugendzentrum, bisher von städtischen Mitarbeiterinnen und Mitarbeitern geführt, soll in absehbarer Zeit an einen nichtstädtischen Träger gehen, der jetzt schon die Kinderarbeit im gleichen Gebäude macht. Das klingt erst mal logisch. Fakt ist aber, dass der Träger unsere Arbeit einfach mal mitmachen soll. Es wird keine weiteren Stellen, keine Sachmittel, keine Honorarmittel geben. Die spart die Stadt bei dieser Gelegenheit ein. Und der Träger wird die Aufgabe übernehmen und irgendwie – in der Hoffnung auf Synergieeffekte – mitmachen. So kann man nach außen so tun, als ob alles weiter geht. Tatsächlich aber ist das das Aus für unsere Arbeit, für dieses konkrete Angebot und seine Nutzerinnen und Nutzer.

Und so spart sich die Stadt immer weiter durch die Jugendarbeitsszene. Wir hatten in unserem Bezirk ja schon immer eine Personalausstattung, die unter dem Mindeststandard lag. Seit 15 Jahren hat die Stadt einen Einstellungsstopp in der kommunalen Jugendarbeit gefahren. Nun wurde auf dem letzten Jugendhilfeausschuss mitgeteilt, dass demnächst drei Jugendzentren geschlossen werden. Außer uns ist das auch das bekannte »ABC«, das ehemals fünf Mitarbeiterinnen und Mitarbeiter hatte und jetzt schon länger mit zwei Mitarbeitern klarkommen musste. Die schaffen dann kaum mehr, als im offenen Bereich präsent zu sein.

Attraktive Angebote fehlen. Dann heißt es schnell: ›Es kommt ja sowieso keiner mehr‹. Und schon wird der ganze Laden eingespart.

Und immer wird mit dem Totschlagargument gearbeitet, Jugendarbeit sei gar keine Pflichtleistung, sondern nur eine Sollleistung. Dazu gibt es in der Fachwelt und unter Juristinnen und Juristen ganz andere Meinungen. Aber man bringt das Argument immer wieder. ›Jugendarbeit ist eben gar nicht zwingend nötig‹, heißt es da. ›Wenn wir Geld hätten, gerne, aber so? Leider fressen die Mussleistungen der Hilfe zur Erziehung das ganze Budget auf. Sehr bedauerlich, aber wir können da nichts machen.‹

Im Ausführungsgesetz (AG KJHG) des Landes Berlin ist davon die Rede, dass die offene Jugendarbeit 10% der gesamten Jugendhilfemittel erhalten muss. Daran hält sich seit Langem kein Mensch mehr.

Man hat vor 14 Jahren in der Jugendhilfe die Türen für alle möglichen Anbieter politisch und rechtlich weit aufgemacht, damit man mit Jugendhilfe Geld verdienen kann, durchaus viel Geld, wie man sieht. Das hat Folgen. Die Träger machen mit, denn sie sind inzwischen Unternehmer, denken wie Unternehmer und müssen sich wie Unternehmer verhalten: Gewinn einfahren, das Image sichern, sich rechnen und irgendwo das Geld einsparen, das sie gewinnen wollen. Die Bezirke in Berlin werden untereinander in Konkurrenz gebracht und in eine Abwärtsspirale hineingedrängt.

Dann gibt es seit einiger Zeit auch im Bereich der Offenen Jugendarbeit den Versuch, die Auslastung und den Erfolg einer Einrichtung zu messen. Man hat die sogenannte »Angebotsstunde« erfunden. Jede Angebotsstunde pro Jugendlichem wird festgehalten und statistisch erfasst. Wenn wir zu locker sind beim Statistikführen, Abhaken und Dokumentieren, fällt uns das auf die Füße. Schnell sieht es so aus, als seien wir nicht ausgelastet. Und schon sind wir weg. Jugendarbeit ist heute ohnehin schwer sichtbar. Das Personal »läuft auf knirsch« und es bleibt einfach keine Zeit und kein Platz mehr für Aktionen, die nach außen gehen.

Es werden insgesamt gesehen ca. 50% der Jugendarbeitsangebote eingespart. Der Rest arbeitet unter angespannten und unzureichend ausgestatteten Bedingungen.

Und wer entscheidet über all das? Der neue für uns zuständige Jugendstadtrat kommt aus dem Gleisbau. Weichen wird er also stellen können. Wir aber werden mit unseren Protesten und Argumenten nicht gehört. Ich sage mal, wenn sich jetzt nichts ändert, dann machen sie die Strukturen der Jugendarbeit endgültig kaputt.

Ich bin es gründlich satt, mich ständig dem Verdacht auszusetzen, mit meinen Protesten für die Jugendlichen und die Jugendarbeit nur meinen Arbeitsplatz sichern zu wollen. Meine Zeit in der Jugendarbeit ist mit der Übergabe meiner Einrichtung an den besagten Träger vorbei. Ich werde mich nach etwas anderem umsehen. Ich weiß, es ist auch in den anderen Feldern nicht viel besser. Sozialarbeiter zu sein macht heute immer weniger Spaß. Schade, eigentlich ist das ein toller Beruf.

Informationen und Anmerkungen

Die Soziale Arbeit hat sich nach dem Zweiten Weltkrieg aus der traditionellen Fürsorge entwickelt und zu einer wissenschaftlich orientierten Profession herausgebildet, die man an Hochschulen studiert. Seit den 1970er-Jahren entstanden umfassende theoretische wie handlungsleitende Konzeptionen (vgl. z.B. die Lebensweltorientierung nach Thiersch). Soziale Arbeit hat danach die Aufgabe, Menschen bei der Bewältigung ihres Lebens zu unterstützen und für ihre Rechte einzutreten. Sie hat humanistische Wurzeln und ist auf die Würde des Menschen und die grundsätzliche Einhaltung der Menschenrechte ausgerichtet.

Soziale Arbeit ist ihrem Selbstverständnis nach eine für die Menschen engagierte und parteiliche Profession, die auf Grundlage ihrer wissenschaftlich hergeleiteten Fachlichkeit Menschen helfen und sie in die Lage versetzen kann, ihre Probleme selbst zu bewältigen. Dabei behält sie die gesellschaftlichen, politischen und wirtschaftlichen Hintergründe und Ursachen im Blick, die die Problemlagen der Menschen sehr oft mitbedingen. Sie fühlt sich mitverantwortlich für eine Verbesserung der Lebenslagen, insbesondere auch der sozial benachteiligten Teile der Bevölkerung. Das bedeutet auch, dass sie sich mit Forderungen und Vorschlägen in die politischen Diskussionen einmischen muss.

Soziale Arbeit ist natürlich immer auch dem Staat verpflichtet. Solange dieser jedoch selbst nicht menschenfeindlich eingestellt ist, kann sie ihre Arbeit durchaus angemessen umsetzen.

Ende der 1980er-Jahre wurde auf der Grundlage des entsprechenden Reformkonzepts der KGSt[19] in der Sozialen Arbeit die »Neue Steuerung« eingeführt. Die Folge war ihre schrittweise »Verbetriebswirtschaftlichung« hin zu einer Sozialen Arbeit, die ihre eigentlichen Aufgaben, ihre Fachlichkeit und ihre ethischen Werte zunehmend aus dem Blick verlor.

Hintergrund dieser Entwicklungen waren politische Entscheidungen für eine gesamtgesellschaftliche Umsteuerung im neoliberalen Sinne. Dies bedeutete die Vermarktlichung auch der Teile der Gesellschaft, die bisher als Nonprofit-Bereiche galten, wie Soziales, Gesundheitswesen, Bildung und Kultur. Alle diese Bereiche wurden nun unter die Gesetze von Ökonomie und Effektivität gestellt. In dieser Zeit wurde unter anderem auch

19 KGSt = Kommunale Gesellschaft für Verwaltungsvereinfachung

eine Novellierung des Kinder- und Jugendhilfegesetzes verabschiedet, die die Gleichstellung von gewinnorientierten Trägern der Jugendhilfe mit den bisherigen gemeinnützigen Trägern besiegelte[20].

Angefangen bei Art und Umfang der Finanzierung[21], über eine gewaltige Einsparungswelle[22] und eine finanzielle Prekarisierung der Sozialen Arbeit und der dortigen Arbeitsverhältnisse[23], über die fachfremde Neudefinition der Aufgabenstellung Sozialer Arbeit bis hin zu einem praktizierten neuen Menschenbild, Menschen auszugrenzen, wenn sie nicht als nützlich erscheinen und sich nicht darum bemühen, nützlich zu sein[24] – wurde die Soziale Arbeit Zug um Zug zu einer neoliberal gekennzeichneten Dienstleistung umfunktioniert.

20 § 78b 93 KJHG

21 Finanziert wird die Soziale Arbeit heute nicht mehr im Sinne einer Bereitstellung der erfahrungsgemäß benötigten Summen, sondern im Rahmen einer prospektiven Finanzierung, bei der im Voraus festgelegt und verhandelt wird, wie viel Geld für bestimmte Aufgaben zur Verfügung gestellt werden soll. Auf diese Weise unterbieten sich die Leistungserbringer, also die Träger, hinsichtlich ihrer Kostenansprüche und es wird nicht der beste Anbieter, sondern tendenziell der preisgünstigste mit der Aufgabe betraut. Es werden außerdem Budgets definiert, die selbst dann gedeckelt sind, wenn die Rechtslage (wie zum Beispiel der individuelle Rechtsanspruch auf Hilfen zur Erziehung nach § 27 KJHG) eine Deckelung ausschließt.

22 In einigen Bereichen der Sozialen Arbeit wurde in den letzten fünf Jahren ein hoher Anteil der Kosten eingespart. Bis auf den Kindertagesstättenbereich, die Schulsozialarbeit, das Fallmanagement bei der Arbeitsagentur und den Altenhilfebereich folgt der Stellenausbau nicht einem qualitativen Ausbau (neuer) sozialer und pflegerischer Dienste. In der Kinder- und Jugendarbeit hat sich die Zahl der Beschäftigten (Vollzeitäquivalente) von 1998 bis 2006 um rund 40% reduziert. Diese Entwicklung setzt sich weiter fort.

23 Prekäre Arbeitsplätze (niedrige Bezahlung, befristete Stellen, Teilzeitstellen, wo Vollzeitstellen gebraucht würden, Leiharbeit, Honorarkräfte, keine Entlohnung für Praktikantinnen und Praktikanten, die 40 Stunden in den Einrichtungen pro Woche arbeiten usw.) sind in der Sozialen Arbeit an der Tagesordnung (s. das folgende Kapitel 2). Unter solchen Bedingungen ist eine kontinuierliche, engagierte und qualifizierte Arbeit kaum möglich.

24 Der aktivierende Staat wurde 2003 von der Regierung Schröder/Fischer ausgerufen und mit der Hartz IV- Gesetzgebung umgesetzt. Er markierte das Ende des bisherigen Sozialstaates. Ab da gelten die Prinzipien, dass jeder Mensch selbst schuld ist an seinen Problemlagen und, dass er von der Gesellschaft keine Unterstützungsleistung ohne eine entsprechende Gegenleistung mehr zu erwarten hat. Geld für Menschen wird nicht mehr ausgegeben, um sie zu unterstützen, sondern um sie dazu zu bringen, wieder in der Lage zu sein, sich irgendwie selbst ernähren zu können.

Trotz der erwiesenen Kollateralschäden der Neuen Steuerung wird der Trend zu einer verschärften Vermarktlichung des Sozialen jedoch nicht korrigiert, sondern weiter verfolgt und ausgebaut (vgl. Protokoll der Jugendministerkonferenz, 1. 6. 2012 Hannover).

Was bedeuten diese Entwicklungen in der Praxis der Sozialen Arbeit? Die Vermarktlichung des Sozialen führt unweigerlich immer mehr zu einer anderen Denkweise. Nicht mehr Qualität gilt, sondern Quantität, alles muss schnell gehen, effizient sein und mit möglichst offensichtlichem Output daherkommen. Alles wird vermessen und nach ökonomischen Gesichtspunkten bewertet. Reflexion und Hinterfragen des Üblichen sind die Ausnahme, der Blick auf gesellschaftliche, politische und wirtschaftliche Ursachen von Problemlagen ist tabu. Alles ist knapp, die Zeit wie das Geld. Das hat Folgen für die Soziale Arbeit: Sie verliert die Kontinuität[25], sie kann nicht mehr auf Beziehung und Vertrauen, auf nachhaltige Lernprozesse, auf Entwicklung und Entfaltung bauen. Das betriebswirtschaftliche Denken verdrängt das ganzheitlich-systemische und fachliche Denken

Bei der Finanzierung der Sozialen Arbeit steht immer mehr die Überlegung im Vordergrund, ob sich die geplanten Interventionen für diese und jene Bevölkerungsgruppe auch rechnen werden. Menschen werden nicht mehr in ihrer Bedürftigkeit gesehen, sondern nach ihrer Nützlichkeit für die Gesellschaft bewertet.

Kontrolle und Bürokratie nehmen einen großen Raum ein und ein zweckrationales Handeln greift Platz in der Sozialen Arbeit, das mit den jeweiligen Interessen und Bedürfnissen der Klienten oft wenig zu tun hat.

Die Praxisberichte in diesem Kapitel beschreiben Erscheinungsweisen und Folgen der Neuen Steuerung. Sie handeln von der gesellschaftlichen Scheinheiligkeit[26], von unsinnigem bürokratischem Aufwand[27], zeitrau-

25 In der Sozialen Arbeit ist Kontinuität eine der wichtigsten Voraussetzungen dafür, dass nachhaltige Erfolge erreicht werden können.

26 Träger, Politik und Verwaltungen stellen nach außen die real existierende Soziale Arbeit in Glanzbroschüren und vollmundigen Präsentationen als attraktiv und erfolgreich dar. Die Wirklichkeit an der Basis, so wie sie in den hier veröffentlichten Texten erkennbar wird, wird »übertüncht«.

27 Zum Sozialarbeiter-Alltag gehört heute eine immer umfassender werdende Dokumentation, die viel Zeit in Anspruch nimmt, Zeit, die dann für die Arbeit mit den Menschen fehlt.

benden Bemühungen um ein Qualitätsmanagement[28], das aber den Kern der Sozialen Arbeit überhaupt nicht berührt, von einer Finanzierung, die sich am sogenannten Erfolg misst, wobei der Erfolg betriebswirtschaftlich und keineswegs sozialpädagogisch definiert wird[29]. Letztlich handelt es sich damit um Deprofessionalisierungstendenzen, die die Soziale Arbeit zu einer reinen Verwaltungs- und Vermittlungsarbeit degradieren[30] und um die Verunmöglichung von qualitativ guter Arbeit bis hin zur Schließung von Einrichtungen, weil sie Geld kosten, das man nicht mehr auszugeben bereit ist.

Auch die folgenden Kapitel und die dort beschriebenen Probleme sind im Kontext der Neuen Steuerung zu sehen und greifen jeweils ausgewählte Erscheinungsweisen und Folgen der Vermarktlichung des Sozialen auf.

28 Qualitätsmanagement ist eine aus der Betriebswirtschaft kommende Methode, Inhalte und Prozesse von »Produkten« auf einer messtheoretischen Ebene zu erfassen und zu steuern. Für die hochkomplexen Prozesse und Zusammenhänge in der Sozialen Arbeit greift dieses Qualitätsmanagement zu kurz und erfasst eher nur äußerliche und formale Aspekte.

29 Die Betriebswirtschaft spricht von Output. Effektivität ist für sie das Erreichen eines messbaren und sichtbaren Zieles, z.B.: »Das Kind geht wieder zur Schule«. Für Sozialarbeiterinnen und Sozialarbeiter wäre das nur ein Aspekt. Für sie wäre es erst ein Erfolg, wenn das Kind z.B. den Schulbesuch positiv für sich und seine Entwicklung verwerten kann, also wenn es jetzt weiß, wozu es Wissen brauchen kann usw.

30 Soziale Arbeit ist Arbeit mit Menschen. Sie hat immer auch mit Verwaltung und Bürokratie zu tun. Aber sie selbst ist keine verwaltende oder bürokratische Instanz. Vielmehr ist es ihre Aufgabe, Mittlerin zwischen ihren Klientinnen und Klienten und z.B. den Ämtern zu sein und die Menschen im Umgang mit der Verwaltung zu unterstützen. Das erforderliche Studium für Sozialarbeiterinnen und Sozialarbeiter ist ein sozialpädagogisches, keineswegs ein Verwaltungsstudium.

2. Prekäre Arbeitsverhältnisse gehören längst zum Alltag der Sozialen Arbeit

»Am liebsten würde ich diese unwürdige Suche vergessen!«

Erfahrungen aus der Bewerbungsphase einer jungen Sozialarbeiterin

Jetzt, wo ich endlich, nach sechs Monaten intensiver Suche, eine Stelle gefunden habe, die soweit meinen Vorstellungen entspricht, würde ich am liebsten alles vergessen, was ich bei dieser mühevollen und manchmal unwürdigen Suche nach einem angemessenen Arbeitsplatz als Sozialarbeiterin erlebt habe. Aber ich habe mich entschlossen, es nicht einfach wegzustecken, sondern es aufzuschreiben, als mahnende Erinnerung für mich und Schicksalsgenossen und für andere, die vielleicht keine Ahnung haben, was uns zugemutet wird.

Ich habe auch Positives bei diesem Bewerbungsmarathon erlebt. Aber das Negative überwog leider bei Weitem!

Mein erstes Vorstellungsgespräch betraf eine Stelle als Sozialpädagogin in einer intensivpädagogischen Kinderwohngruppe. So dachte ich jedenfalls. Im Gespräch stellte sich schnell heraus, dass es sich aber gar nicht um eine Stelle für eine Sozialpädagogin handelte, sondern lediglich ein Erzieher-/innen-Gehalt gezahlt werden sollte – was allerdings aus der Stellenausschreibung keineswegs hervorgegangen war. Hier wurden Erzieher/innen – Schrägstrich – Sozialpädagog/inn/en gesucht. Als Erklärung dafür gab die Familientherapeutin, die das Bewerbungsgespräch führte, an, dass sich sowieso nur Sozialpädagogen bewerben würden.

Was sie dann von meiner eventuellen zukünftigen Arbeit schilderte, war zwar sehr ehrlich und realistisch, ihre Informationen schreckten aber eher ab. Denn es wurde nur zu deutlich, dass die beschriebenen durchaus positiven Herausforderungen dieser Stelle tatsächlich in eine nicht aushaltbare Dauerbelastung führen würden. Zum Beispiel müsste ich wegen der vorgesehenen alternierenden Betreuung drei Nächte pro Woche in der Wohngruppe verbringen. Die Leiterin erzählte, dass die vorherigen zwei Erzieherinnen bzw. Sozialpädagoginnen »unerwartet«

an einem Burnout erkrankt seien und somit die Arbeit nicht weiter fortführen konnten. Für sie schien das kein Alarmsignal zu sein. Ein Burnout entwickelt sich normalerweise nicht von einem Tag zum nächsten – wie kann so etwas unerwartet sein?

Dennoch interessierte mich die Aufgabe weiterhin und da das Erziehergehalt nicht sehr attraktiv war, empfand ich es immerhin als sehr positiv, dass der Träger, wie man mir vermittelte, eine Weiterbildung zur systemischen Beraterin beziehungsweise zur systemischen Familientherapeutin übernehmen würde. Aber wie gut, dass ich mich nicht mit dieser Aussage begnügte. Bei näherem Nachfragen, wie viele Mitarbeiterinnen diese Weiterbildung derzeit denn absolvierten, stellte sich heraus, dass keine von ihnen sie aufgrund der großen Belastung durch die Arbeit vor Ort abgeschlossen hatte.

Als ich am Ende des Gesprächs konkrete Angaben zum Gehalt erbat, wich man mir mit der Bemerkung aus, dass das zu erwartende Gehalt durch die vielen Schichtzulagen nicht schlecht wäre. Genauere Angaben konnte ich jedoch nicht bekommen.

Direkt nach dem Gespräch war ich zuerst durchaus gut gestimmt, denn die Arbeit gefiel mir sehr. Nach genaueren Überlegungen wurde mir jedoch bewusst, dass ich fast mein ganzes Privatleben hätte aufgeben müssen, dafür lediglich ein Erziehergehalt bekommen hätte, der Gefahr eines Burnouts ausgesetzt wäre und keine realistische Chance auf Weiterbildung gehabt hätte. Ich sagte ab.

Auch bei meinem nächsten Gespräch für eine Stelle im Bereich ambulante Hilfen zur Erziehung stellte sich heraus, dass die zwei vorherigen Kolleginnen bereits nach einem halben Jahr »unerwartet« gekündigt hätten.

Nach diesen ersten beiden, für mich sehr enttäuschenden Vorstellungsgesprächen entwickelte sich meine Arbeitssuche sehr zäh. Ich entdeckte bei mindestens zwei Dritteln der für mich interessanten Stellen den Beisatz »aus paritätischen Gründen männlich«. Dies verwunderte sogar meinen Arbeitsvermittler bei der Agentur für Arbeit, der mit mir gemeinsam die Stellenangebote durchging. Juristisch gesehen hätte man dagegen klagen können, doch aus eigener beruflicher Erfahrung weiß ich, wie wichtig es insbesondere für Kinder mit alleinerziehenden Müttern ist, eine männliche pädagogische Fachkraft an ihrer Seite zu haben. Schön und gut, aber das heißt: auch wenn ich sehr gut und vielleicht besser als meine männlichen Kollegen bin, werden sie mir immer wieder vorgezogen werden. Das macht Angst und auch Wut.

Auch andere Erfahrungen erschreckten mich:
Als Bewerberin, die sich umfassend über eine Stelle und die entsprechende Einrichtung informiert, bevor sie ein Anschreiben verfasst und die oft ihren Text mehrfach überarbeitet, war ich sehr enttäuscht, wie viele Einrichtungen sich nicht einmal die Mühe machten, eine Absage zu schreiben. Das empfand ich in Anbetracht meiner Arbeit für die Erstellung einer Bewerbung und meiner Anspannung als sehr respektlos.

Zu den Einrichtungen, mit denen ich schlechte Erfahrungen machte, gehörte übrigens auch eine Gewerkschaft, bei der ich zum Vorstellungsgespräch eingeladen wurde. Als der Regionalleiter des Landesbezirks mir am Schluss des Gesprächs klarzumachen versuchte, dass ich zusätzlich zu den 39 Stunden noch unbezahlt abends und an den Wochenenden arbeiten müsste und meine Freizeit sich hiermit mit der Arbeit verbinden würde, war ich doch recht erstaunt. Vor allem als er meinte, dass dies im sozialen Bereich üblich sei, musste ich ihn darauf aufmerksam machen, dass es auch für Sozialpädagoginnen und -pädagogen nicht möglich sei, lediglich auf der Grundlage eines großen Herzens zu arbeiten. Daraufhin zeigten sich die drei Herren in Anzug und mit Gewerkschaftsemblem ein wenig verstimmt.

Aber ich fühlte mich nicht nur oft schäbig behandelt. Was ich manchmal zu sehen bekam, strapazierte meine Vorstellungskraft und machte mich wütend, wenn ich an die Klientinnen und Klienten dachte, die von solchen Einrichtungen betreut werden sollen:

Ein Erlebnis, das mich geradezu fassungslos machte, war der Besuch bei einer Tagesgruppe in einem eher ärmlichen Stadtbezirk. Ich war durch meine fast zweijährige Tätigkeit mit Kindern mit Verhaltensauffälligkeiten in einer Förderschule einiges gewohnt. Aber was ich hier zu sehen bekam, schlug dem Fass den Boden aus. Ich musste mich schon sehr zusammennehmen, als der Leiter der Einrichtung mir die einzelnen Räumlichkeiten zeigte. Der sehr kleine und sehr unfreundlich belassene Auszeitraum könnte eher die Aggressionen und Ängste der Kinder steigern. In einem der Räume war die Wand sichtlich mit dem Fuß eingeschlagen. Ansonsten wirkten die wenigen Möbel schmuddelig, die Wände kahl und der Fußboden war nicht richtig versiegelt. Viele der Schaumstoff-Bausteine waren kaputt und so manche Matratze nicht überzogen. Ich sah sehr wenige Spielmaterialien und die vorhandenen waren ungeordnet zerstreut. Um tatsächlich mit den Kindern angemessen pädagogisch arbeiten zu können, müssten die Räume erst renoviert und dringend Materialien gekauft werden. Für mich war das ein unhaltbarer Zustand. Und dort sollte ich nun arbeiten!

Ein paar Tage nach dem Bewerbungsgespräch rief mich die Personalleitung der Einrichtung an und beglückwünschte mich zu meiner Einstellung. Ich könnte am darauffolgenden Montag anfangen. Daraufhin verlangte ich die Vorsitzende der Einrichtung zu sprechen. Ohne geklärt zu haben, ob der Träger bereit sein würde, meine Veränderungsvorschläge zu akzeptieren und baldmöglichst umzusetzen, konnte ich nicht zusagen. Die Vorsitzende sei nach Aussagen der Personalleitung den ganzen Tag beschäftigt und mir wurde angeboten, ihr eine E-Mail zu schreiben. Als Antwort auf diese erhielt ich lediglich die Zeile »Danke für Ihre Rückmeldung«. Auf die Stelle habe ich verzichtet und sie wurde mir danach auch nicht mehr angeboten.

Während meiner Bewerbungsphase konnte ich natürlich auch positive Erfahrungen machen. Beispielsweise lernte ich äußert interessante und mutige pädagogische Konzepte kennen, die sich auf Kinder sehr entwicklungsfördernd auswirkten. Einige Teams der potenziellen Kolleginnen und Kollegen waren mir gegenüber sehr nett und aufgeschlossen. In einem Fall wurde ich schon zwei Stunden nach dem Gespräch angerufen und informiert, dass ich, obwohl noch weitere Gespräche anstünden, schon in der nächsten Runde sei. Dadurch konnte ich mein Wochenende weitgehend ohne Anspannung genießen.

Einen recht kleinen privaten Träger, der leider Erzieherinnen und Erzieher in der Ganztagsbetreuung an Schulen und nicht Sozialpädagogen suchte, empfand ich als sehr empfehlenswert und vorbildlich im Verhalten gegenüber mir als Stellenbewerberin. Im ersten Satz wurde ich darüber aufgeklärt, dass es die Philosophie der Einrichtung sei, die Arbeitnehmerinnen und -nehmer ebenso zu behandeln, wie die Behandlung der betreuten Kinder gewünscht werde. Die Arbeitnehmer hätten ein Anrecht auf ein wöchentliches Entspannungsangebot und auch Frauen mit Kindern wären sehr willkommen. Für die Kinder der Beschäftigten würden zusätzlich Veranstaltungen und Ferienfahrten organisiert werden. So etwas hört man vor allem dann mit Vergnügen, wenn im eigenen Lebenslauf zu lesen ist, dass man seit mehreren Jahren verheiratet ist und ein Arbeitgeber sich natürlich leicht ausrechnen kann, dass in absehbarer Zeit ein Kinderwunsch bestehen könnte.

Zudem wurde mir hier, noch bevor ich nachfragen konnte, genau aufgelistet, wie viel ich jetzt und in zwei Jahren verdienen würde, welche

Zulagen ich bekäme und auf wie viele Urlaubstage ich ein Anrecht hätte. Eine halbjährige Integrationserzieherausbildung würde ich ebenfalls finanziert bekommen und nach Abschluss dieser Ausbildung bekäme ich eine Gehaltserhöhung von 200 Euro. Obwohl ich wenig Interesse an einer Erzieherstelle hatte, ging ich sehr beschwingt und hoffnungsvoll aus dem Gespräch. So etwas gibt es also auch!

Nach weiteren sechs Wochen wurde ich endlich stolze Besitzerin eines Vermittlungsgutscheins der Agentur für Arbeit im Wert von 2000 Euro. Mit diesem Vermittlungsgutschein konnte ich den Dienst unterschiedlicher Arbeitsvermittlungsagenturen in Anspruch nehmen. Was für mich zuvor wie ein Zu-Spamen der Jobbörse wirkte – vier Fünftel der Stellen für Sozialpädagoginnen und -pädagogen werden ausschließlich durch Arbeitsvermittlungsagenturen vergeben – eröffnete mir jetzt neue Möglichkeiten. Allerdings war die Qualität der Agenturen sehr unterschiedlich. Die eine der zwei Agenturen, bei denen ich vorsprach, wirkte recht seriös. Man führte ein ausführliches Gespräch mit mir, um meine Kompetenzen und Interessen einschätzen zu können. Bei der anderen Agentur dagegen sollte schon ein fünf- bis zehnminütiges Gespräch ausreichen, um den von mir ausgefüllten Fragebogen auszuwerten.

Mir wurde eröffnet, dass sie als Agentur von den potenziellen Arbeitgeberinnen und Arbeitgebern oft zusätzliche Auswahlkriterien genannt bekämen, die oft nicht in der Stellenbeschreibung enthalten wären – wie eben ›aus paritätischen Gründen männlich‹ oder ›ausschließlich mit russischen Sprachkenntnissen‹. So fiel die eine oder andere Stelle, für die ich eigentlich geeignet gewesen wäre, schlicht und ergreifend einfach aus meinem Angebot heraus.

Und so konnte ich mir am Ende dieser langen Tortur das Lächeln nicht verkneifen, als mich schließlich genau eine der Einrichtungen einstellte, für die ich eigentlich als nicht passend kategorisiert worden war.

»Es muss endlich mal jemand laut sagen, was los ist!«

Ein Sozialarbeiter rechnet vor, dass sein Einkommen nicht wirklich zu einem seiner Ausbildung und seinen Arbeitsaufgaben angemessenen Leben ausreicht[31]

Mit Hilfe eines nüchternen, aber realistischen Rechenbeispiels möchte ich verdeutlichen, dass die Profession der Sozialen Arbeit bereits im akademischen Prekariat angekommen ist. Nackte Zahlen können manchmal eine große Aussagekraft besitzen. Das folgende Beispiel entspricht der Realität und ist keine Fiktion.

Nehmen wir mal den Diplom-Sozialarbeiter XY mit Fachhochschul-Diplom, Zusatzausbildungen und Berufserfahrung, ledig, keine Kinder, vollzeitbeschäftigt, aber befristet angestellt bei einem freien Träger. Aufgrund der Befristung hat XY weder Anspruch auf Urlaubsgeld noch auf Weihnachtsgeld, keinen Anspruch auf eine betriebliche Altersvorsorge und auch auf keine weiteren finanziellen Zulagen des Arbeitgebers. Sagen wir mal, dieser Sozialarbeiter XY hat ein monatliches Nettoeinkommen von 1600 Euro und das muss man heutzutage schon als einen sehr guten Verdienst für einen Akademiker in der Sozialbranche bezeichnen ...

Bei einer Arbeitszeit von 39 Stunden pro Woche verdient er somit 9,46 Euro pro Stunde Netto, beziehungsweise 73,84 Euro Netto pro Tag. Sein Verdienst liegt somit auf Facharbeiterniveau in der Industrie, eher noch darunter.

Was sind die regelmäßigen laufenden Ausgaben des Sozialarbeiters XY inklusive notwendiger Rücklagen pro Monat?

Er zahlt 550 Euro Miete warm, für Strom 45 Euro und für Telefon und Internet 30 Euro. Der Unterhalt für seinen PKW kostet XY als

31 Dieser Text wurde uns freundlicherweise von ver.di zur Verfügung gestellt.

Berufspendler mit circa 120 km Fahrstrecke pro Tag einschließlich Benzin, Reparaturen, Wartung, Versicherung, Steuern und Rücklagen für die Neuanschaffung eines PKW ungefähr 400 Euro im Monat. Für Ernährung veranschlagt er 250 Euro, für Kleidung 50 Euro, für weitere notwendige Versicherungen 10 Euro. Kultur, Hobby und Freizeit kosten XY monatlich 80 Euro. Dazu kommt eine monatliche Rücklage von 40 Euro für Neuanschaffungen für Haushalt und Wohnung und von 60 Euro für Reisen und Urlaub.

Zieht man von den 1600 Euro Nettoeinkommen pro Monat alle diese monatlich laufenden Ausgaben, Kosten bzw. Rücklagen ab, so bleiben am Ende nur noch 85 Euro übrig. Davon muss der Sozialarbeiter eigentlich noch seine BAföG-Schulden zurückerstatten. Für eine private Rente kann er somit nicht vorsorgen.

Im Vergleich zu Vertreterinnen und Vertretern anderer akademischer Berufe, wie zum Beispiel Ingenieure, Betriebswirte oder Lehrer, schneidet der Sozialarbeiter XY finanziell äußerst schlecht ab. Ein Absolvent mit Bachelor oder Diplom (Fachhochschule) der Fachrichtung Bauingenieurwesen verdient in der Regel über 300 Euro Netto mehr im Monat als er.

Hinzu kommt die Tatsache, dass das Risiko, im Laufe des Berufslebens (zum Beispiel durch Stress oder Burnout) schwer zu erkranken, in der Sozialbranche erwiesenermaßen wesentlich höher ist als in vielen anderen Berufen.

Fazit: Die Gehälter aller akademischen Fachkräfte in der Sozialarbeit / Sozialpädagogik müssten deutlich spürbar angehoben werden. Und die Gehälter fachschulausgebildeter Kräfte wie zum Beispiel Erzieherinnen und Erzieher ebenfalls. Weiterhin müssten diverse Zusatzausbildungen dieser Fachkräfte ebenfalls deutlich besser honoriert werden, zum Beispiel durch eine Höhergruppierung in den Grundgehaltsstufen, denn die (teuren) Zusatzausbildungen werden meist privat, das heißt aus eigener Tasche der Fachkräfte finanziert.

Wie verrückt sind wir eigentlich, dass wir da noch mitmachen?

»Das ist die hässliche Seite meines Berufes!«

Anspruchsvolle Arbeit, aber keine angemessene Entlohnung

Ich arbeite seit vielen Jahren in der Behindertenhilfe als ambulanter Helfer nach SGB XII[32] für geistig behinderte Kinder und ihre Familien und mache also aufsuchende Arbeit. Da hast du einige Fälle und besuchst die Kinder zu Hause, arbeitest mit dem behinderten Kind und kümmerst dich um die meist sehr belasteten Familien, das heißt auch um die Geschwister und die Eltern. Wir haben es mit allen Behinderungsgraden zu tun. Die Arbeit ist anstrengend und sehr verantwortungsvoll und kann auch erfüllend sein.

Leider können wir heute längst nicht mehr so viel leisten und auch nicht mehr das umsetzen, was die Familien und die betroffenen Kinder wirklich brauchen. Dazu sind die genehmigten Zeitkontingente pro Woche und pro Fall zu knapp.

Und trotzdem würde ich diese Arbeit immer noch gerne machen, wenn es da nicht einige gewaltige Probleme gäbe:

Diese schwierige und emotional wie kognitiv anspruchsvolle und anstrengende Arbeit wird mitnichten adäquat vergütet. In diesem Arbeitsfeld sind eigentlich so gut wie alle Arbeitsplätze prekär und das bei ausgesprochen schlechten Arbeitsbedingungen.

Das geht erst mal damit los, dass du diese Arbeit ja eigentlich nur in den Nachmittagsstunden und abends machen kannst. Vormittags sind die meisten Kinder ja in Kitas oder Schulen. Und wenn du dann mehrere Familien betreust, kommt deswegen auch nur eine Arbeitszeit von maximal 30 Stunden zusammen. Das heißt, selbst wenn du einen festen Vertrag hast, kommst du in diesem Job kaum über ein Nettoeinkommen von 1200 Euro. Davon eine Familie zu ernähren, ist nicht so einfach. Eine zweite Beschäftigung am Vormittag zu finden ist schwierig, zumal

32 Zwölftes Gesetzbuch, das die Vorschriften für Sozialhilfe in Deutschland enthält

wir ja oft bis in den Abend hinein arbeiten müssen. Trotzdem gibt es zunehmend Sozialarbeiterinnen und Sozialarbeiter, die zwar einen festen Job haben, aber noch die Betreuung eines weiteren Kindes auf 450-Euro-Basis übernehmen, weil ihr Gehalt sonst nicht reicht. Das finde ich wirklich heftig. Ich meine, das sind studierte Leute mit Berufserfahrung. So was kann doch gar nicht wahr sein!

Die meisten Kollegen haben dazu auch noch befristete Verträge. Auch Arbeit am Wochenende ist selbstverständlich. Und dafür gibt es natürlich keine Zuschläge. Also, das ist schon eine wirklich prekäre Situation.

Und wenn du kündigst und dir was anderes suchst, hast du in der Regel immer weniger im Portemonnaie. Es ist ein Risiko zu wechseln. Denn nach dem neuen Tarifvertrag TVöD[33] wird ja nicht nach Alter, sondern nach Betriebszugehörigkeitsjahren gerechnet. Und wenn du neu bist, fängst du ganz unten wieder an, egal was du schon hinter dir hast, und hast meistens auch noch weniger Urlaubstage als vorher. Und außerdem kann es dir passieren, dass du auf einer Stelle landest, die sozusagen auf eine erhoffte Erweiterung der Arbeit hin geschaffen wurde. Und wenn sich das nicht einlöst, dann bist du betriebsbedingt gekündigt und nach wenigen Monaten wieder auf der Straße.

Das ist die hässliche Seite dieser Arbeit. Und das könnte sie mir irgendwann verleiden. Man darf sich nicht wundern, wenn die guten, ausgebildeten und engagierten Fachkräfte dieses Feld verlassen oder aber im Burnout landen. Manchmal habe ich das Gefühl, ich bin auch bald so weit.

Zu wenig Geld zum Leben

Existenzsorgen von Sozialarbeitern[34]

1.

Ich bin seit zehn Jahren als Diplom-Sozialarbeiter tätig. Mittlerweile habe ich eine Scheidung hinter mir und habe zwei Kinder, für die ich Unterhalt zahle. Vor drei Jahren habe ich meinen Arbeitgeber gewechselt und bin

33 Tarifvertrag öffentlicher Dienst

34 Diese Texte wurden uns freundlicherweise von ver.di zur Verfügung gestellt.

unwissend vom kirchlichen Tarif in den TVöD[35], und nicht, wie ich dachte, in den BAT[36] gewechselt. Das hat Netto 130 Euro ausgemacht. Mein Arbeitgeber hat mich in eine Anfängerstufe eingestuft und das ohnehin geringe Gehalt wurde nun noch weniger. Meinen PKW muss ich selbstverständlich zum Ausüben meiner Tätigkeit zur Verfügung stellen.

Tagtäglich habe ich es mit Armut zu tun und versuche das Bestmögliche für die Klientel zu erreichen. Aber ich muss selbst jeden Monat finanziell ums Überleben kämpfen.

Die Arbeitsbedingungen für Sozialarbeiterinnen und Sozialarbeiter sind meines Erachtens unzureichend und das Gehalt sollte der Verantwortung angemessen honoriert werden. Angemessen hieße für mich eine satte Gehaltserhöhung! Wir sollten uns nicht mit dem abspeisen lassen, was wir haben! Wir sind mehr wert!

2.
Als 39-jähriger Diplom-Sozialarbeiter arbeite ich Vollzeit. Um unsere fünfköpfige Familie zu ernähren und unseren Lebensstandard aufrechterhalten zu können, muss ich neben der Arbeit noch einen Minijob ausüben. Es ist frustrierend, aber sonst kämen wir monatlich nicht über die Runden, zumal die Miete ständig steigt und Wohnraum scheinbar nur noch für Besserverdienende ohne Kinder geschaffen wird. Meine Frau kann, solange die Kinder klein sind, nur einer halben Stelle nachgehen. Aber das kann es doch nicht sein!

Dabei haben wir beide noch das Glück, bei guten Trägern beschäftigt zu sein. Ich erhoffe mir mehr Lobbyarbeit für unseren Beruf! Das bedeutet: Entlarvung der schwarzen Schafe unter den Trägern! Schluss mit dem Ausverkauf Sozialer Arbeit! Endlich eine gerechte Entlohnung für unsere Arbeit!

Wir leisten einen wichtigen Beitrag zum Gelingen unserer Gesellschaft. Nur scheint das wohl nicht in den Köpfen der Politiker angekommen zu sein! Ich habe zunehmend das Gefühl, dass es der Gesellschaft egal ist, wer sich um die Menschen am Rande der Gesellschaft bemüht. Ständig wird eingespart in unserer Branche, aber Investmentbankern, die »ethik-

35 Tarifvertrag öffentlicher Dienst

36 Bundes-Angestelltentarifvertrag, der seit 2005/2006 bei weitgehender Weitergeltung der BAT-Vergütungsordnung für die bereits Beschäftigten außer Kraft gesetzt wurde. Nachfolgeverträge sind TvöD und TV-L, siehe auch http://oeffentlicher-dienst.info/bat/

und moralfrei« agieren, wird großzügig mit Milliarden unter die Arme gegriffen. Aus welchem Grund soll ich mich denn weiterbilden? Wir Pädagogen bekommen doch am Ende nicht mehr Gehalt trotz unserer höheren Qualifikation! Aufstiegschancen gleich null!

Nebenjob trotz Vollzeitstelle

Ein Sozialarbeiter muss neben seiner Arbeit dazuverdienen, um seine Familie angemessen finanzieren zu können[37]

Ich arbeite seit 1998 als Jugendberufshelfer / Jugendsozialarbeiter an einem Beruflichen Schulzentrum. Das Schulzentrum besteht aus drei eigenständigen Schulen mit insgesamt circa 3000 Schülerinnen und Schülern. Ich bin der einzige Sozialarbeiter am Schulzentrum.

Von der klassischen Schulsozialarbeit an den Regelschulen unterscheidet sich meine Arbeit dadurch, dass im Tätigkeitsfeld Jugendberufshilfe der Übergang von der Schule in den Beruf den Schwerpunkt bildet, was bei den Schülern eines Beruflichen Schulzentrums naturgemäß sowieso ein zentrales Thema ist. In meiner Arbeit geht es primär darum, mit den einzelnen Jugendlichen Perspektiven zu entwickeln und speziell bei der Gruppe der benachteiligten Jugendlichen die soziale und berufliche Integration im Blick zu behalten.

Einen großen Teil meiner Arbeit nehmen auc! .kute Kriseninterventionen ein, bei Schülern in extremen persönlichen Problemlagen, mit psychischen Erkrankungen, mit suizidalen Tendenzen. Mit diesen Jugendlichen persönliche Ziele und Perspektiven zu entwickeln, gehört genauso zu meiner Arbeit wie auch das Erkennen von individuellen Problemlagen. In diesem Zusammenhang bin ich natürlich auch ein wichtiger Ansprechpartner für die Lehrkräfte.

Meine Arbeit »rechnet sich« dabei relativ schnell. Schon dass ich einzelne Jugendliche durch meine Arbeit so weit begleite, dass sie ihr Leben mittelfristig und dauerhaft aus eigener Kraft bestreiten, ohne auf staatliche Hilfe angewiesen zu sein, entlastet den Steuerzahler um ein Mehrfaches, als er in meine Stelle investieren muss.

37 Dieser Text wurde uns freundlicherweise von ver.di zur Verfügung gestellt.

Leider ist es mir trotz einer doch sehr hohen Arbeitsbelastung nicht möglich, durch mein Gehalt beziehungsweise das meiner Frau (auch »nur« Krankenschwester) die laufenden Kosten für die Familie zu decken. Insofern habe ich abends noch eine Honorartätigkeit und betreue Straßenbau-Lehrlinge, die im Wohnheim untergebracht sind.

Reicht die Arbeitszeit nicht, ist eben die Freizeit dran

15% der bewilligten Einzelfallhilfestunden für Nebenarbeiten sind zu wenig

Der Einzelfallhilfe-Träger, bei dem ich arbeite, beschäftigt zu zwei Dritteln Honorar- oder 400-Euro-Kräfte[38] für die Einzelfallarbeit mit behinderten Menschen. Auch für mich als ausgebildete Erzieherin und werdende Sozialarbeiterin heißt das: 400 Euro.

Da es sich um die Arbeit mit behinderten Jugendlichen handelt, bekomme ich damit immerhin acht Wochenstunden bezahlt. Der Träger bekommt für mich vom Jugendamt einen Stundensatz von circa 30 Euro. Ich erhalte für meine Arbeit umgerechnet einen Stundensatz von 10 Euro. Fahrten zu den Klientinnen und Klienten werden nicht zu meiner Arbeitszeit gerechnet und ich muss das Fahrgeld selbst bezahlen.

Bis vor einem halben Jahr waren in den acht Stunden immerhin zwei Stunden für Vor- und Nachbereitung, Nebenarbeiten, Teamsitzungen und gegebenenfalls Supervision enthalten. Jetzt gilt neu: nur noch 15% der bewilligten Zeit dürfen dafür aufgebraucht werden. Das sind für mich jetzt 1,05 Stunden pro Woche.

Mit meiner Klientin schaffe ich mit den circa sieben verbleibenden Stunden gerade mal zwei bis drei Kontakte pro Woche. Wobei die

38 »400-Euro-«, seit 1.1.2013 »450-Euro«-Job«, bzw. »geringfügige Beschäftigung« – Dieses prekäre Arbeitsverhältnis umfasst z.B. keine Krankenversicherungsleistung durch den Arbeitgeber.

Schwierigkeit besteht, dass wegen der Berufstätigkeit der Klientin nur Termine am späten Nachmittag möglich sind oder am Wochenende.

Neu ist jetzt auch eine auf den ersten Blick bessere Bezahlung: Ich arbeite ja auf 400 Euro-Basis. Für die Stunde bekomme ich als Erzieherin jetzt 11,60 Euro statt bisher 10 Euro. Klingt gut, denke ich. Aber es war da noch was: Ich sollte was unterschreiben, auf was verzichten und mich verpflichten, den Träger nicht mit weiteren Forderungen zu belangen. Ich hab das gar nicht wirklich verstanden, und erklärt hat es mir keiner. Es ist bestimmt zu meinem Nachteil. Aber was sollte ich machen? Ich brauche das Geld und habe unterschrieben.

Nun gut, ich bin schon einige Zeit bei diesem Träger und immer geblieben, weil es auch einen großen Vorteil gibt: Es bestehen kleinere Fortbildungsangebote, die sich jedoch inhaltlich wiederholen. Ich bekomme sogar Supervision, die allerdings auch so nötig für unseren Beruf ist wie das tägliche Brot. Den Platz in der Supervisionsgruppe habe ich auf Eigeninitiative erhalten. Da gehe ich nun regelmäßig einmal im Monat hin. Das Problem ist nur: Die Supervisionszeit geht, wie schon gesagt, von den 1,05 Stunden pro Woche ab. Ob diese 1,05 Stunden, für die ganzen Nebenarbeiten als Einzelfallhelferin, das Team und so weiter ausreichen, das wird vom Träger gar nicht thematisiert. Ich muss mich damit einrichten und die Arbeit machen, die in diesem Rahmen machbar ist, zum Beispiel Dokumentationen, Elterngespräche, Hilfeplangespräche und Vor- und Nachbereiten. Das ist nicht zu schaffen in einer Stunde pro Woche, selbst beim besten Zeitmanagement.

Einmal im Monat stehe ich vor der Frage: Soll ich diesmal Supervision machen oder bereite ich mich auf die Arbeit mit den Klienten vor? Meistens endet das damit, dass ich die Vorbereitungen in meiner Freizeit mache.

Wie viel Zeit eigentlich nötig wäre für eine fachlich gute Arbeit mit der Klientin, die Nebenarbeiten, das Team, die Supervision? Das wage ich mich gar nicht zu fragen. Ich bekomme sie ganz sicher nicht.

Prekärer Arbeitsplatz mit 50 – wie sich das anfühlt

Die eigene berufliche Existenz ist permanent gefährdet

Inzwischen bin ich 50 Jahre alt. Ich habe kaum noch eine Chance, in meinem Beruf eine angemessene Stelle zu bekommen, obwohl ich über eine gute Ausbildung und lange Jahre Erfahrungen – darunter auch Leitungserfahrungen – verfüge.

Schuld an der Misere in der Sozialen Arbeit sind meines Erachtens die vielen prekären Arbeitsverhältnisse und der TVöD. Wenn man sich wie ich seit einiger Zeit von einer Befristung zur nächsten Befristung durchs Berufsleben hangeln muss, verliert man schnell die Motivation für seine Arbeit. Man ist viel zu sehr mit seinen eigenen Existenzängsten beschäftigt und hat auch Angst, seinem Arbeitgeber gegenüber Kritik zu äußern, wenn die Arbeitsbedingungen schlecht sind. Und: Wie kann ich zum Beispiel langzeitarbeitslosen Klientinnen und Klienten plausibel machen, sich motiviert und zielgerichtet um eine Arbeitsstelle zu bemühen, wenn meine eigene berufliche Existenz permanent gefährdet ist? Diesen absurden Widerspruch müssen viele Sozialarbeiterinnen und Sozialarbeiter mit zeitlich befristeten Stellen verarbeiten. Aus eigener Erfahrung kann ich nur sagen, dass man sich regelrecht verarscht vorkommt, wenn man unter solchen Bedingungen noch gute Arbeit leisten soll.

Was ist das denn für ein Leben, wenn man andauernd in Bewerbungsverfahren steckt und die Trägerlandschaft abgrast, um einen Arbeitgeber zu finden, der noch unbefristete Stellen anbietet?

Meine berufliche Vita weist einige Befristungen auf und ich bin mir sicher, dass Arbeitgeber das in Bewerbungsverfahren nicht als besonders positiv werten. Obwohl die Soziale Arbeit von solch prekären Arbeitsverhältnissen übersät ist, muss man sich als Bewerber für die Brüche in seiner beruflichen Vita, wie zum Beispiel durch Zeiten von Arbeitslosigkeit nach einer Befristung, auch noch rechtfertigen.

Über diese Tatsachen wird nie berichtet und kein Schwein interessiert, wie es sich anfühlt, wenn man mit Anfang 50 unter solchen Rahmenbedingungen immer wieder neu um Arbeitsverträge kämpfen muss.

Befristungen sind inzwischen eher die Regel. Bricht die Finanzierung eines Trägers ein, werden Festangestellte betriebsbedingt gekündigt. Und für uns soziale Profis gibt es bei drohender Arbeitslosigkeit kein staatlich gefördertes Kurzarbeitergeld und keine staatlich geförderten Beschäftigungs- oder Konjunkturprogramme.

Wer von uns arbeitslos wird, zieht die Arschkarte und muss sich, wenn er Pech hat, gleich mit Hartz IV anfreunden.

»Hohe Erwartungen der Gesellschaft an uns, aber bitte zum Nulltarif!«

Eklatanter Widerspruch zwischen gesellschaftlichen Erwartungen und finanzieller Anerkennung[39]

Ich bin seit zwei Jahren als Sozialarbeiterin an einer Schule tätig. Ich habe vier Jahre studiert und arbeite hart und verantwortungsvoll. Die Arbeit ist belastend und ich habe damit zu tun, am Feierabend abschalten zu können, von all den Sorgen und Problemen der jungen Menschen in der Schule. Und was bekomme ich dafür?

Wenn ich mir überlege, dass Kolleginnen und Kollegen als Schuldnerberater arbeiten, um Menschen aus finanziellen Krisen zu helfen, und ich dabei mein Gehalt im Vergleich zu den alltäglichen Unkosten betrachte, ohne dass ich mir besondere Dinge leiste, kann ich mich bald ebenso an einen solchen Berater wenden.

Von dem Gehalt kann man vielleicht leben, wenn man sehr diszipliniert damit umgeht. Aber es schlägt doch sehr aufs Gemüt, wenn man nicht mal etwas über hat, um es auf ein Sparbuch zu packen oder sich mal etwas zu gönnen, wenn man jeden Cent umdrehen muss und sich morgens dreimal überlegt, ob man sich Brötchen holt oder doch lieber das Toastbrot vom Discounter.

39 Dieser Text wurde uns freundlicherweise von ver.di zur Verfügung gestellt.

Ich könnte toben, wenn ich immer wieder so was höre wie: Schulsozialarbeiter sind dringend notwendig, um Amokläufe zu verhindern. Ja, wir leisten schon eine sehr wichtige Aufgabe, die ich sehr ernst nehme. Aber wie wäre es, wenn man die Kräfte, die so viel für die Gesellschaft tun, egal in welchem Bereich der Sozialen Arbeit, auch anständig entlohnt und nicht so unterbezahlt lässt?

Dann würde vielleicht auch die Anerkennung der Sozialen Arbeit steigen und ihr berufliches Tun nicht nur als »Kaffeetrinken« bezeichnet werden.

Auch eine Festanstellung nutzt nicht wirklich

Schlechte Arbeitsbedingungen in der Familienhilfe

Die finanzielle Situation, in die man als Einzelfall- und Familienhelferin gerät, ist schon sehr problematisch!

Und das sieht so aus: Ich bin mit einer halben Stelle bei meinem Verein fest angestellt. Eine volle Stelle will ich gar nicht, das schafft man doch überhaupt nicht in diesem Arbeitsfeld, schon deshalb nicht, weil ja schon bei meinem 20 Stunden-Vertrag erwartet wird, dass ich in Wirklichkeit 30 Stunden arbeite.

Ich dachte, eine feste Anstellung würde für mich eine bessere, stabilere Lebenssituation bringen, als ich sie als Honorarkraft hatte. Das war aber eine Illusion und das wurmt mich schon: Ich bekomme letztlich auch mit dem festen Vertrag weiterhin nur die Stunden bezahlt, in denen ich auch wirklich direkte Klientenkontakte habe. Ausfälle werden nicht vergütet, es sei denn, die Termine werden nicht abgesagt oder ich stehe vor verschlossener Tür. Aber wenn die Klientinnen und Klienten zum Beispiel krank sind oder weggefahren oder wenn mein Träger für mich keinen neuen Fall hat, dann mache ich automatisch Minusstunden. Und wenn ich dann trotzdem das Geld abbuche, das ich bei 20 Stunden verdient hätte (ich muss schließlich auch regelmäßig meine Miete zahlen und habe viele Kosten, die immer anfallen), entsteht ein Loch und ich bekomme ein Problem, nämlich dass ich dieses Loch möglicherweise nicht füllen kann und am Ende zu wenig verdiene.

Das ist eine Situation, die mich ständig bedrückt und belastet.

Dazu kommt, dass ich für die Fahrten zu den Klientinnen und Klienten selber aufkommen muss: ich bekomme weder Fahrgeld, noch wird die Fahrzeit angerechnet. Das nehme ich alles auf meine eigene Kappe.

Unter solchen Umständen nutzt auch eine Festanstellung nicht viel: es reicht einfach nicht und du bist ständig unter Stress. So sieht's aus.

»Ab wann steigen wir nicht mehr aufs Dach?«

Wo ist die Grenze, ab der wir uns nicht mehr alles gefallen lassen?

Mein Vater ist Dachdecker. Als ich neulich bei meinen Eltern zu Abend aß, erzählte er von seinem Tag, darüber dass er ein Dach nicht habe dekken können, weil das Gerüst noch nicht da war. Jemand von der Bauleitung meinte zwar, sie sollten einfach im Haus die Treppe hochgehen und aufs Dach steigen und so mit den Baumaßnahmen beginnen. Mein Vater und dessen Kollegen lehnten diesen Vorschlag jedoch ab, was bei der Bauleitung auf Unverständnis stieß. Aber mein Vater war sich darüber im Klaren, dass er Recht hatte. Er wusste genau, dass unzählige Bausicherheitsbestimmungen auf seiner Seite waren. Er war sich sicher, dass er solchen Wünschen nicht nachkommen muss und die Arbeit ohne sicheres, geprüftes und abgenommenes Gerüst nicht aufnehmen darf. Schließlich wusste er auch um seine Familie, die ihn natürlich jeden Tag wieder abends gesund zu Hause begrüßen wollte.

Während seiner Erzählung kamen mir Gedanken bezüglich meiner eigenen täglichen Arbeit als Sozialarbeiterin in der mobilen Jugendarbeit. Es fielen mir die massiven Kürzungen ein, die das Land Sachsen gerade verabschiedet hatte, und ich erkannte einige für mich wesentliche Parallelen zwischen meiner Arbeit und der Arbeit meines Vaters.

Ähnlich wie ihm wird auch mir oftmals ein sicheres, meine Arbeit stützendes Gerüst verweigert. Die ständigen Kürzungen und Einsparungen an unserer Arbeit in der mobilen Jugendarbeit bedeuten für uns persönlich eine ernsthafte Gefährdung. Wir riskieren unter solchen Bedingungen physische und psychische Schäden. So ist zum Beispiel eine aufsuchende Arbeit alleine, ohne Teamkolleginnen und -kollegen, ein großes Risiko. Es ist nicht immer vorhersehbar, wie eine Clique bei einem Erstkontakt reagiert. Aber für die notwendige Doppelbesetzung ist heute kein Geld mehr da. Hier bleiben wichtige Aspekte der Eigensicherung offen. Wir sind nicht selten alleine gelassen mit schwierigen Situationen, in denen wir dringend eine kollegiale Beratung und Zusammenarbeit brauchen würden. Das greift die psychische und körperliche Kraft an. Auch die inzwischen in verschiedenen Landkreisen von oben verlangte und »gängige« Praxis , dass ein Sozialarbeiter morgens in der Schule beginnt, nachmittags den Club aufschließt und abends noch die Clique am Markt aufsucht, stellt eine massive Überforderung dar. Was schützt ihn vor dem »Ausbrennen«?

Die Liste solcher Beispiele ließe sich noch endlos weiterführen und von einer Verbesserung der Arbeitsbedingungen ist leider in den nächsten Jahren nicht auszugehen.

Das heißt: Genauso, wie es für meinen Vater eine Gefahr bedeutet, ohne Gerüst auf ein Dach zu steigen, ist es für uns in der mobilen Jugendarbeit eine Gefahr, unsere Tätigkeit ohne schützenden Rahmen auszuüben und damit physische und psychische Schäden zu riskieren. Wir aber nehmen das immer wieder auf uns.

Die Frage, die wir Sozialarbeiterinnen und Sozialarbeiter uns also zu stellen haben, lautet: »Ab wann steigen wir nicht mehr aufs Dach?«

»Ich habe es satt, immer wieder über den Tisch gezogen zu werden!«

Es ist normal, in der Sozialen Arbeit ausgebeutet zu werden, und das ändert sich nur, wenn wir das nicht mehr mitmachen

Ich hatte meiner Freundin von meinen bisherigen beruflichen Erfahrungen erzählt, von dem Gefühl, dass ich immer wieder in Situationen komme, wo ich total ausgenutzt werde. Und jetzt wollte ich einen Tipp für die aktuelle Situation. Ich hatte die Schnauze voll. Ich war nicht mehr bereit, mich weiterhin für meinen Träger in vier Teile schneiden zu lassen. Drei Jahre machte ich das jetzt mit und nun kamen sie mir mit dieser Forderung! Nein, Feierabend! Jetzt war Schluss! Ich war entschlossen zu kündigen. Aber irgendwie war ich doch unsicher, ob das die richtige Reaktion war. Gestern hatte mich mein Geschäftsführer neunmal bei mir zu Hause wegen irgendwelcher Nichtigkeiten angerufen. Er rückte nicht mit der Sprache heraus. Aber ich hatte das Gefühl, er hatte Angst, dass ich wirklich gehen könnte. Sollte ich lieber doch bleiben? Aber hier wurde ich seit drei Jahren über den Tisch gezogen und jetzt noch das. Das wollte ich mir jetzt einfach nicht mehr gefallen lassen.

»Also, was soll ich tun?«, fragte ich ungeduldig. Meine Freundin sah mich prüfend an.

»Auf jeden Fall solltest du aufhören, dich ausbeuten zu lassen. Es wird Zeit.«

»Also was ist, was soll ich tun, was würdest du denn tun?«

»Stell deine Forderungen! Die Zeit scheint günstig.«

»Aber ich habe doch so lange gekämpft und alles wurde ausgeschlagen, alles hat praktisch nichts genutzt. Wenn ich jetzt doch anfange, zu überlegen, ob ich bleiben soll, dann habe ich Angst, dass ich am Ende wieder weitermache und dazu auch noch diese wahnsinnige Telefonbereitschaft übernehme, die sie jetzt von mir erwarten. Ohne Vergütung, auf meine Kosten versteht sich.«

»Bloß nicht. Aber es muss ja nicht dazu kommen.«

»Da kennst du den Chef nicht, diesen alten Patriarchen, der alles bestimmen will und für den man nichts ist als ein Rädchen in seinem Betrieb – der sich natürlich rechnen muss und der immer zu funktionieren hat.«

Wir gingen noch einmal meine »Ausbeutungserfahrungen« durch. Natürlich war mir klar, dass Sozialarbeitende heute ständig und überall ausgebeutet werden, dass prekäre Arbeitsverhältnisse, Zeitverträge, Minijobs, befristete Verträge, untertarifliche Bezahlung und so weiter an der Tagesordnung sind. Aber was mir passiert war, das war einfach noch mehr.

Und natürlich war mir auch klar, dass zur Ausbeutung immer zwei gehören. Was hatte ich bloß an mir, dass man das mit mir so leicht machen konnte?

»Vor Jahren, nachdem ich für einige Jahre aus dem Berufsleben ausgestiegen war, wollte ich wieder Fuß fassen in der Sozialen Arbeit. Ich hatte neben meinem Diplom inzwischen verschiedene Zusatzausbildungen gemacht und außerdem war ich inzwischen Systemische Familientherapeutin. Mein besonderes Interesse galt der Arbeit mit Eltern von Frühgeborenen. Und als ich die Gelegenheit bekam, so eine Arbeit an einer Klinik systematisch aufzubauen, also das Konzept zu entwickeln etc., da habe ich begeistert zugegriffen – die Arbeit war allerdings ehrenamtlich.«

»Bist du wahnsinnig? Wie kannst du deine Arbeitskraft und deine Ideen zum Nulltarif weggeben?«

»Ich dachte, ich dürfte erst mal keine großen Ansprüche stellen, und die Arbeit machte mir außerdem einen ›Heidenspaß‹. Und schließlich bekam ich ja nach einiger Zeit dann auch einen Honorarvertrag für 10 Stunden, später 12 Stunden mit einer Vergütung von 10 Euro die Stunde.«

»Und dafür hast du als ausgebildete, studierte Fachkraft für die Herrschaften Pionierarbeit geleistet? Und was hast du gemacht?«

»Ich habe das Projekt großgezogen, die Mitarbeiter angeleitet. Die waren alle nur auf einer 400 Euro-Stelle. Aber das Projekt wurde immer größer und viele Außenstehende interessierten sich dafür. Außerdem war immer die Rede davon, möglichst bald eine halbe Stelle zu schaffen. Und die sollte ich dann bekommen. So wurde gesagt und das wurde auch nie infrage gestellt.«

»Trotzdem unmöglich, finde ich! Wie soll man denn mit einer halben Stelle und Mitarbeitern, die nur Minijobs haben, diese Arbeit wirklich solide leisten? Du hättest ihnen klarmachen sollen, dass du dafür eine ganze Stelle brauchst.«

»Es war ja viel schlimmer. Als diese Stelle dann da war, bekam sie eine Bekannte vom Chefarzt der Klinik, eine Krankenschwester. Und mir sollte die Stundenanzahl wieder auf 10 Stunden zurückgekürzt werden, weil man Geld brauchte, um diese Halbtagsstelle zu finanzieren. Ich war geschockt und menschlich zutiefst verletzt. Ich bin gegangen.«

»Das war bitter, ohne Frage. Aber weißt du, du hast für sie viel zu lange fast zum Nulltarif gearbeitet, so lange, bis sie ohne dich weiterkonnten. Du hättest dich unentbehrlich machen müssen, als sie dich noch wirklich brauchten.«

»Das sagt sich so leicht. Ich hätte so was Mieses und eine solche Ungerechtigkeit einfach nicht für möglich gehalten. Fakt aber ist: Mit dieser Stelle habe ich die Arbeit verloren, an der mein Herz hing und heute noch hängt.

Aber dann war ich sehr schnell und unkompliziert bei einer großen Klinik für Alkoholikerinnen und Alkoholiker untergekommen. Eine gute Bekannte leitete dort seit zwei Jahren die angegliederte Sozialpädagogische Tagesgruppe[40] für die Kinder der stationär untergebrachten Eltern. Und sie erzählte mir, dass dort jetzt eine neue Stelle mit 28 Stunden geschaffen worden sei. Die Bezahlung sei zunächst nicht so doll, schlechter jedenfalls als die der dort angestellten Erzieherinnen und Erzieher, aber es ginge schließlich um eine Leitungsvertretung, und da ließe sich sicher im Laufe der Zeit noch ›einiges dran drehen‹.

Ich freute mich über das Angebot. Endlich würde ich für meine Arbeit anerkannt, könnte meine Ideen und Qualifikationen wirklich einbringen und außerdem gefiel mir die Vorstellung einer Zusammenarbeit mit dieser Bekannten als Kollegin. Ich fing also gleich an.«

»Kamen dir die Umstände dieser Einstellung nicht irgendwie merkwürdig vor? Eine stellvertretende Leitungsstelle ohne Einstellungsverfahren! Und außerdem: Leitungsaufgaben zu solchen Konditionen?«

»Ich wollte endlich was Anerkanntes tun, wollte endlich richtig arbeiten, weißt du. Aber du hast recht. Ich merkte bald, dass die Idee mit der

40 Die Sozialpädagogische Tagesgruppe ist nach §§ 27 und 32 KJHG eine Form der Hilfen zur Erziehung, die die Entwicklung von Kindern und Jugendlichen unter Berücksichtigung des Verbleibs in ihrer Herkunftsfamilie sichert.

stellvertretenden Leitung gar nicht mit der Geschäftsführung abgesprochen und auch von dort nicht gewollt war. Wir mussten dann monatelang darum kämpfen, dass ich diese Aufgabe wirklich übernehmen durfte. Wir haben auch unseren Betriebsrat eingeschaltet. Aber von dem kam keinerlei Unterstützung. Der redete der Leitung voll nach dem Munde. Irgendwann haben sie es dann aber akzeptiert und ich bekam 100 Euro brutto mehr. Jetzt hatte ich, was das Einkommen pro Stunde betraf, beinahe die Erzieherinnen eingeholt.

Für meine Bekannte war ich übrigens – auch das merkte ich sehr bald – dringend notwendig. Sie fühlte sich mit der Leitungsaufgabe überfordert und hatte letztlich jemanden für sich gesucht, der sie mit seinen Lebenserfahrungen und seinen Kenntnissen unterstützen konnte. Fakt ist, dass irgendwann die Leitung unserer Gruppe eigentlich mehr oder weniger hauptsächlich von mir getragen wurde. Wir haben uns trotzdem gut verstanden, aber ich weiß heute, dass auch sie mich für ihre ganz persönlichen Interessen instrumentalisiert hat.«

»Tja, und letztlich wird dieses Arrangement dem Träger auch ganz recht gewesen sein, vermute ich. So billig und so gut hätte er sonst sein Problem mit deiner überforderten Kollegin nicht lösen können.«

»Du sagst es. Sie haben schließlich akzeptiert, dass ich die stellvertretende Leitung mache, aber die Bezahlung blieb auf diesem niedrigen Niveau. Dass ich in Wirklichkeit natürlich weitaus länger gearbeitet habe und voll in die Verantwortung hineingegangen bin, kannst du dir vorstellen.«

»Hattest du denn nicht den Eindruck, dass die Leitungsebene eures Trägers sehr wohl sah, wer bei euch wirklich die Arbeit gemacht hat?«

»Doch, ich glaube schon. Das war eigentlich gar nicht zu übersehen. Aber niemand hat es ausgesprochen, niemand hat es zugegeben. Ich stand immer im Schatten meiner Kollegin. Sie hat geglänzt, ich habe gearbeitet. Auf eine gewisse Weise waren wir ein perfektes Team, echt.«

»Perfekt? Unter ›perfekt‹ stelle ich mir was anderes vor. Und das ist alles so bis heute?«

»Eigentlich ja. Aber dann kamen sie mit dem neuen Arbeitsvertrag. Ich soll mich damit einverstanden erklären, die Rund-um-die-Uhr-Telefon-Bereitschaft zu übernehmen und zwar umsonst. Das ist ihre Forderung für die Anerkennung meiner Arbeitsplatzbeschreibung als stellvertretende Leitung. Telefonbereitschaft, das heißt: nach Feierabend, am Wochenende, nachts, Weihnachten, Ostern, immer abrufbar zu sein. Ich kenne Kolleginnen und Kollegen, die – allerdings für Geld – diese Aufgabe übernommen haben. Sie müssen dann bei Notrufen Weihnachten,

Silvester, Ostern, Kinder in die Inobhutnahmestelle fahren. Sie sitzen Tag und Nacht im ›Hexenkessel‹. Das will ich nicht. Das ist einfach zu viel verlangt. Deshalb ist damit für mich jetzt auch Schluss. Das mache ich jetzt nicht mehr mit. Das geht zu weit. Irgendwann ist auch meine Langmut dahin. Ich habe vor zu kündigen.«

»Und nun hat gestern der Chef bei dir dauernd angerufen und rumgedruckst?«

»Ja, es war fast peinlich. Vielleicht wollte er mich überreden, zu bleiben. Ich weiß es nicht. Soll ich denn bleiben? Sag mir, was soll ich tun? Ich will mich nicht länger immer weiter über den Tisch ziehen lassen!«

»Auf jeden Fall solltest du aufhören, dich ausbeuten zu lassen. Es wird Zeit. Aber das heißt doch nicht, dass du gehen musst. Hast du mal daran gedacht, Forderungen zu stellen: eine richtige, volle, unbefristete und angemessen bezahlte Stelle, und eine Lösung für die Telefonbereitschaft mit anderen Leuten, die dafür auch bezahlt werden.«

»Er würde mich auslachen! Niemals würde das gehen!«

»Wenn er wieder anruft, dann sag doch einfach: ›Herr XY, ich habe den Eindruck, Ihnen liegt daran, dass ich weiter bei ihnen arbeite. Machen Sie mir einen vernünftigen Vorschlag, einen Vorschlag, der ihnen nicht peinlich sein muss und den ich als erfahrene, hoch qualifizierte Sozialpädagogin auch annehmen kann. Und dann können wir gerne drüber reden.‹«

»Der würde mich auslachen!«

»Soll er doch. Du hast nichts zu verlieren, vielleicht einiges zu gewinnen. Wenn wir alle immer nur kuschen und uns ärgern, aber niemals die Zähne zeigen, dann wird es immer so weitergehen mit unserer Ausbeutung, glaub mir.«

»Also gut. Ich versuche es. Ich ruf dich an und erzähl dir, was er gesagt hat!«

»Bingo!«

Informationen und Anmerkungen[41]

Vorsichtig geschätzt dürften insgesamt 2.2 – 2.5 Mill. Beschäftigte im Sozialbereich tätig sein, damit umfasst dieser Bereich bis zu 8% aller sozialversicherungspflichtig Beschäftigten.

Die Bedingungen am Arbeitsplatz und die Arbeitsverhältnisse in der Sozialen Arbeit aber haben sich seit Jahren zunehmend prekär gestaltet und diese Entwicklung schreitet voran.

Dies steht in krassem Widerspruch zu den hohen gesellschaftlichen Erwartungen an Sozialarbeit (von der z.B. gefordert wird, dafür zu sorgen, dass an Schulen weniger Gewalttaten stattfinden) und zu einer enormen Arbeitsbelastung in diesem Beruf, der aufgrund hoher physischer, psychischer, kognitiver und emotionaler Herausforderungen sehr anstrengend ist.

Prekäre Arbeitsplätze im Bereich der Sozialen Arbeit haben vielfältige Erscheinungsformen. Auch der »Solo-Selbstständigkeit«, die sich innerhalb der Sozialen Arbeit erheblich ausgeweitet hat (der Deutsche Berufsverband für Soziale Arbeit, DBSH, geht davon aus, dass 5% aller Sozialarbeiterinnen und -arbeiter unter diesen Bedingungen tätig sind) muss oftmals unter prekären Bedingungen nachgegangen werden[42].

Die Gefahr des Arbeitsplatzverlustes ist hoch:

Innerhalb der Sozialen Arbeit besteht eine hohe Bedrohung durch betriebsbedingte Kündigungen, weil viele Träger gezwungen sind, ihre Personalkosten so gering wie möglich zu halten und weil Träger immer wieder vom Markt gehen müssen, wenn sie unter den herrschenden Konkurrenzbedingungen nicht mithalten können. Die prospektive Finanzierung der Sozialen Arbeit führt außerdem dazu, dass häufig Mitarbeiterinnen und Mitarbeiter immer wieder zum Jahresende gekündigt und dann – vielleicht – ab Januar wieder eingestellt werden.

Die Rechte der Mitarbeiterinnen und Mitarbeiter sind stark eingeschränkt. Ständig droht die Möglichkeit, den Arbeitsplatz zu verlieren, weil andere Arbeitskräfte bereit sind, die Stelle bei noch schlechterer Bezahlung einzunehmen. Durch befristete Verträge, Honoraranstellun-

41 Die folgenden Angaben und Aussagen lehnen sich eng an zwei aktuelle Texte an:
– Schwarzbuch Soziale Arbeit, M. Seithe, Wiesbaden 2012
– Beschäftigung und Soziale Arbeit zwischen Prekarisierung und wachsendem Bedarf, W. Nodes, www.einmischen.com. März 2012

42 Nodes 2012

gen etc. besteht zudem für viele kein wirklicher Kündigungsschutz. Dass Sozialarbeiterinnen und -arbeiter auf dem Arbeitsmarkt in Konkurrenz zu Kolleginnen und Kollegen ohne sozialarbeiterische Ausbildung stehen, die bereit beziehungsweise gezwungen sind, für einen »Appel und ein Ei« die gleiche Arbeit anzubieten, bedeutet außerdem eine drastische Entwertung der qualifizierten Arbeit.

Verträge über reduzierte Stundenzahlen sind an der Tagesordnung:
Traditionell ist der soziale Bereich für die Häufigkeit von Halbtagsbeschäftigungen bekannt. An diese Tendenz wird angeknüpft, obwohl es für diese Stellenreduzierung der neuen Art vom Anfall der Sozialen Arbeit her keine Begründung gibt. Es fehlt ganz offenbar nur das Geld für eine ganze Stelle oder aber der Wille, diese für die jeweilige Aufgabe zu finanzieren.

Der Rückgang der Vollzeitstellen hatte bereits in den Jahren 2002 bis 2006 in der Jugendarbeit 28%, in den ambulanten Hilfen zur Erziehung 12,5% und im Behindertenbereich 17,7% betragen, um nur einige Beispiele zu nennen. Nur im Kindertagesstättenbereich hatte es eine leichte Steigerung der Vollzeitstellen gegeben (Rauschenbach/Schilling 2005)[43].

2009 geben laut Mikrozensus 51% aller Träger an, neue Mitarbeiterinnen und Mitarbeiter überwiegend in Teilzeit zu beschäftigten. Bezogen auf die Kinder- und Jugendarbeit arbeiteten zu diesem Zeitpunkt von 110.000 Beschäftigten (mit beruflichem Ausbildungs-/Hochschulabschluss) 56.000 in Teilzeit (das heißt unter 32 Stunden) und 54.000 in Vollzeit. Darunter hatte die Kinder- und Jugendarbeit mit 51% die höchste Teilzeitquote[44].

Die außerordentlich große Zunahme von Teilzeitbeschäftigungsverhältnissen ist besorgniserregend. Bei Sozialarbeiterinnen und -arbeitern ist ihr Anteil von den ohnehin schon hohen 30,8% im Jahr 2000 im Jahr 2010 bereits auf 43,17% gestiegen. Damit sind Teilzeitverträge heute bei neu geschlossenen Arbeitsverhältnissen in der Sozialen Arbeit die Regel. Teilzeitarbeitsverhältnisse gehen mit 83% überwiegend Frauen ein[45].

43 Seithe 2012
44 Befund der Bundesagentur für Arbeit durch eine bisher noch unveröffentlichte Untersuchung der Bundesarbeitsgemeinschaft der Praxisämter und der HIS Hochschul-Informations-System GmbH in Hannover 2009
45 Nodes 2012

Zu berücksichtigen ist ferner, dass große Teile der Beschäftigten im Umfang von 32 – 35 Stunden arbeiten und damit, wie schon oben erwähnt, als Vollzeitarbeitsverhältnisse gezählt werden. Eine »normale« 39/40-Stunden-Stelle haben bestenfalls nur noch 55% der Beschäftigten[46].

Viele Träger schließen Verträge über weniger als 40 Stunden ab, planen aber freiwillige und unbezahlte Mehrstunden von den angestellten Sozialarbeitenden ein. Sie erwarten unbezahlte Mehrarbeit oder deklarieren sie als zusätzliche »ehrenamtliche« Arbeit. 30 Stunden-Kräfte kommen nicht selten auf faktische 45 Stunden pro Woche und mehr. Und wenn es der Arbeitgeber nicht fordert, sorgt schon die Verantwortung der Sozialarbeitenden ihren Klientinnen und Klienten gegenüber dafür, dass in der nicht bezahlten Zeit weitergearbeitet wird. Nicht selten bieten Träger auch einen nicht bezahlten oder viel zu schlecht bezahlten »Einstieg« an, und versprechen vage – meist ohne dass sich das einlösen ließe – die spätere Einstellung auf einer »richtigen« Stelle.

Üblich ist es in der Sozialen Arbeit inzwischen auch, Arbeitsverträge flexibel zu halten und das Einkommen je nach realem Arbeitsanfall auszudehnen oder auf ein Minimum zu beschränken[47]. So kann zum Beispiel mancher Sozialarbeitende in der Familienhilfe nur dann mit einem vollen Gehalt rechnen, wenn ihm sein Träger auch Arbeit für eine volle Stelle überträgt. Das kann und wird dieser wiederum nur machen, wenn ihm vom Jugendamt so viele Fälle überwiesen werden, dass er seine Mitarbeiterinnen und Mitarbeiter auch voll auslasten kann. Ist aber Flaute, müssen sich Familienhelferinnnen und -helfer mit einem minimalen Einkommen abfinden[48].

Eine Befristung von Arbeitsverträgen ist inzwischen absolut üblich:

Der prozentuale Anteil von befristeten Verträgen ist je nach Arbeitsfeld sehr unterschiedlich. So gab es zum Beispiel 2005 im Osten Deutschlands im Allgemeinen Sozialen Dienst nur ca. 7% befristete Verträge, in der Jugendarbeit dagegen waren es schon über 50%. Zum Vergleich: Im Westen Deutschlands hatten 2005 6% der Mitarbeiterinnen und Mitarbeiter im Allgemeinen Sozialen Dienst und beinahe 15% in der Jugendarbeit eine Befristung.

46 Nodes 2012
47 vgl. z.B. Buestrich/Wohlfahrt 2008. In: Seithe 2012
48 Seithe 2012

Die Tendenz zu befristeten Arbeitsverhältnissen ist offenbar vor allem im Osten Deutschlands deutlich größer (vgl. Züchner 2008; 11. Jugendbericht 2001). Selbst in Kindertagesstätten werden hier 50% aller Neueinstellungen befristet vorgenommen, davon 33% aus Gründen des nicht kalkulierbaren Platzbedarfes (Gragert 2008). Ähnliche Zahlen berichten Bütow u.a. (2008) aus dem Bereich der Jugendberufshilfe. Viele Sozialarbeitende hangeln sich in ihrem Berufsleben von Verlängerung zu Verlängerung, von Projektvertrag zu Projektvertrag. Da keine sogenannten Kettenverträge entstehen dürfen, die arbeitsrechtlich das Einklagen eines festen Vertrages ermöglichen würden, muss zwischendurch aufgehört werden. Die Betroffenen arbeiten dann etwas anderes oder sind arbeitslos. In manchen Fällen wird die alte Arbeit ehrenamtlich weitergemacht, bis man wieder für einen neuen befristeten Vertrag »reif« ist[49].

Laut einer Absolventenbefragung aus dem Jahre 2009 arbeiteten zu dieser Zeit 46% aller seit 2004 eingestellten Sozialarbeitenden in zeitlich befristeten Arbeitsverhältnissen[50].

Interessant ist auch, wer von solcherart prekären Beschäftigungsbedingungen besonders betroffen ist: Es sind weniger junge Kolleginnen und Kollegen, als solche über 50 und die zwischen 35 und 45-Jährigen.

Die Einkommenssituation ergibt das Bild eines überaus schlecht bezahlten Berufes:

Nach einer Untersuchung aus dem Jahre 2009[51] verfügten nur 70% der in der Sozialen Arbeit Tätigen über einen akademischen Abschluss. 40% waren weniger als 32 Stunden wöchentlich beschäftigt. Nur etwa 60% der Erwerbstätigen erreichten ein Nettoeinkommen von über 1.500 Euro und etwa 25% mussten sich mit weniger als 1.100 Euro im Monat zufriedengeben. Bei etwa 15% der Erwerbstätigen lag das monatliche Nettoeinkommen mit unter 900 Euro nach EU-Definition unterhalb des Schwellenwertes für eine Armutsgefährdung, sofern die Person alleine lebte. Ein solches Einkommen ist so gering, dass es selbst bei einer voller Stelle nötig ist, sich nach einem Zusatzjob umzusehen[52].

49 Seithe 2012
50 Nodes 2012
51 Nodes 2012
52 Nodes 2012

Der Mikrozensus 2009 führt für den Bereich der Kinder- und Jugendarbeit sogar noch niedrigere Werte aus. So waren es im Beschäftigungsbereich »Kinder- und Jugendarbeit« bei 110.000 Erwerbstätigen nur 10.000, also 9%, die 2009 ein Nettoeinkommen von über 1.500 Euro erreichten.

Der Vergleich mit Grund-, Real-, Haupt- und Sonderschullehrern bei einem ebenfalls hohen Frauenanteil von 77,3% zeigt, dass sich niedrige Verdienste im Bereich Soziale Arbeit nicht allein aus einer Herabsetzung als Frauenberuf erklären lassen. Die Lehrerinnen und Lehrer verfügten zu 78,3% über ein Nettoeinkommen von über 1.500 Euro, Sozialarbeiterinnen und Sozialarbeiter dagegen nur zu 55,26%[53].

Auffallend ist, dass Frauen in den Segmenten mit niedrigen Einkommen stärker und in den Segmenten mit höherem Einkommen schwächer vertreten sind.

Das neue Tarifrecht hat keinen Durchbruch gebracht – im Gegenteil, manches ist schlechter geworden:

Seit 2005 gilt für den Öffentlichen Dienst mit dem TVöD ein neuer Tarifvertrag, der sich in einigen Punkten deutlich vom früheren BAT unterscheidet.

Besonders beeinträchtigend für die Entwicklung des Arbeitsmarktes bleibt die mit dem TVöD erstmals vereinbarte Orientierung auf arbeitgeberbezogene Erfahrungsstufen, die bis zu 30% des erzielbaren Gehaltes ausmachen und bei einem Wechsel des Arbeitgebers oftmals wieder von »vorne« erworben werden müssen. In Folge verharren einerseits immer mehr Kolleginnen und Kollegen auf ihrer ursprünglichen Stelle, Erziehungsphasen über den Erziehungsurlaubsanspruch hinaus können, wenn nicht vorher eine Übereinkunft mit dem Arbeitgeber erzielt wurde, zu erheblichem Einkommensverlust führen[54].

Ein Stellenwechsel, der mit einem Wechsel zum TVöD verbunden ist, bedeutet: Einstufung als Anfänger, statt Alter zählt Betriebszugehörigkeit, weniger Urlaubstage für Neuangestellte, keine Lebensalteraufstiege im Zwei-Jahres-Rhythmus und keine familienbezogenen Zuschläge mehr. Das sind vor allem Benachteiligungen für Ältere und Mitarbeiterinnen und Mitarbeiter mit Familie.

53 Nodes 2012
54 Nodes 2012

Die Bezahlung von Sozialarbeitenden erfolgt immer seltener nach Tarif:

Öffentliche Träger sehen von Tarifeingruppierungen ab und richten eigene Haustarife ein, was dann einkommensmäßig so gut wie alles bedeuten kann[55].

Viele Träger haben den TVöD gar nicht erst übernommen, weil er ihnen nicht flexibel genug und dazu auch vom Gehaltsniveau her »zu hoch« erscheint. Die tarifliche Bezahlung von Sozialarbeitenden lag schon immer unterhalb der Bezahlung anderer Abgänger von Fachhochschulen (z.B. der Ingenieure). Nicht selten arbeiten Sozialarbeiterinnen und Sozialarbeiter für das gleiche Einkommen, das auch Erzieherinnen und Erzieher oder eine Sekretärin bekommen[56].

Outsourcen und Leiharbeit sind durchaus nicht tabu:

Die für die Beschäftigung von Mitarbeitern eigens gegründeten Leiharbeitsgesellschaften, wie etwa in früheren Jahren beim Diakonischen Werk (vgl. Wohlfahrt 2007), tragen ebenfalls zur Reduktion von Personalkosten und zum Unterlaufen einer tariflichen Bezahlung auch von Sozialarbeitenden bei.

All das aber setzt den Posten Personalkosten bei freien Trägern herab und dürfte eines der Hauptargumente für Kommunen sein, Einrichtungen und Aufgaben der Sozialen Arbeit aus kommunalen Händen in die Hände der freien Träger abzugeben. Es ist nicht zu übersehen, dass sich Kommunen und Länder zunehmend von einer Sozialen Arbeit in eigener Personalverantwortung lösen.

Honorarverträge sind noch problematischer:

Befristete und stundenreduzierte Arbeitsverträge sind für die Sozialarbeiterinnen und Sozialarbeiter immer noch lukrativer als Honorarverträge und Werkverträge. Hier liegt das Entgelt deutlich niedriger und die Befristung ist ohnehin vorprogrammiert. Aber auch sie gehören schon lange zur Realität in der Sozialen Arbeit[57].

Die Ausbeutung von Praktikantinnen und Praktikanten scheint selbstverständlich:

Zu den neueren Entwicklungen gehört auch der hemmungslose und einvernehmliche Einsatz von Praktikantinnen und Praktikanten in allen

55 Vgl. 11. Jugendbericht 2002; vgl. z.B. Albert 2008, Wohlfahrt 2007. In: Seithe 2012
56 Seithe 2012
57 Vgl. z.B. Buestrich/Wohlfahrt 2008. In: Seithe 2012

Arbeitsfeldern, die als Teil ihrer Ausbildung, ohne jedes Entgelt 20 Wochen lang (früher waren es sogar 40) in sozialen Einrichtungen arbeiten müssen. Die Träger rechnen mit dieser unbezahlten Arbeit und planen die Praktika fest ein. Nicht selten leisten Praktikantinnen und Praktikanten dann ohne jede finanzielle Entschädigung die Arbeit, die eigentlich fest angestellte Sozialarbeiter zu leisten hätten, weil Stellen vakant sind oder einfach gestrichen werden mussten. Unbezahlte Praktika oder auch ehrenamtliche Arbeit von Sozialarbeitenden mit längst abgeschlossener Ausbildung sind auch im Zusammenhang der Arbeitssuche nicht unüblich, um sich bei einem potenziellen Arbeitgeber bekannt zu machen oder sich durch dieses kostenlose Vorarbeiten selbst einen Arbeitsplatz zu schaffen.

Gesundheitliche und Sicherheitsrisiken nehmen durch Kürzungen zu:

Darüber hinaus ist es statistisch erwiesen, dass die Burnout-Krankheit am häufigsten bei Berufen auftritt, in denen ständig eine helfende Haltung gegenüber Menschen gefordert ist. So führt die Berufsgruppe der Sozialpädagogen und Heimmitarbeiter mit 233 Fehltagen je 1000 Versicherte die Statistik an58.

Ständige Kürzungen und Einsparungen führen in vielen Feldern der Sozialen Arbeit darüber hinaus auch zu Sicherheitsrisiken, wenn zum Beispiel die aufsuchende Arbeit bei schwieriger Klientel allein gemacht werden muss.

58 Nodes 2012

3. Die notwendigen Voraussetzungen für eine »gute« Soziale Arbeit werden verweigert

»Halbe Sachen kann man auch lassen.«

In der Kinderschutzwohnung gibt es keine Zeit für ein wirkliches Eingehen auf die Kinder

Sozialarbeiterin A: Interessant, deine Arbeit in der Kinderschutzwohnung! Das ist ja wirklich keine Verwaltungsarbeit, wie sie heute viele Sozialarbeitende machen müssen, da ist man ja sozusagen direkt »am Kind«. Und was habt ihr da für Fälle? Kinder, die wirklich unbedingt und sofort Hilfe brauchen, denke ich mir. Was haben die denn in der Regel so erlebt, bevor sie bei euch untergebracht werden?

Sozialarbeiter B: Oft herrschte Gewalt in der Familie, oder Vernachlässigung. Die Kinder kommen manchmal aus derartig chaotischen Verhältnissen, das kann man sich kaum vorstellen. Viele sind geschlagen worden oder es gab sexuellen Missbrauch. Oder die Kinder waren völlig sich selbst überlassen, also wirklich harte Sachen. Und entsprechend sind die Kinder auch: Da sind welche dabei, die abends, wenn es ans Ins-Bett-gehen geht, total durchdrehen und die mit furchtbaren Ängsten zu kämpfen haben. Da ist viel Aggressivität, die auch an den anderen ausgelassen wird. Da gibt es natürlich massive Schulverweigerer, Kinder, die sich selbst verletzen, Kinder, die Alkohol konsumieren oder auch schon andere Drogen. Unsere Kinder sind sehr verletzlich und oft auch misstrauisch und verstört. Andere hängen an jedem Erwachsenen wie eine Klette.

Sozialarbeiterin A: Meine Güte, das klingt aber ziemlich heftig! Wie lange sind die dann bei euch?

Sozialarbeiter B: Drei Monate maximal, manchmal kürzer.

Sozialarbeiterin A: Da habt ihr ja nicht viel Zeit. Aber drei Monate sind andererseits auch wieder lang. Da kann man sicher nicht einfach nur abwarten, was danach kommt. Ich denke mir, ihr müsst ganz schön intensiv mit diesen Kindern arbeiten, oder?

Sozialarbeiter B: Tja, müssten wir eigentlich. Aber das geht nicht wirklich. Die Kinder sehen ihre Erzieherinnen und Erzieher selten und es sind auch immer wieder andere da. Die Erzieherinnen und Erzieher sind auch so mit den Kleinkramaufgaben beschäftigt, dass kaum Zeit bleibt, sich mal mit einem Kind hinzusetzen und zu reden.

Sozialarbeiterin A: Und ich dachte, bei euch würde dann richtig Therapie gemacht?

Sozialarbeiter B: Schon. Da sind die Familientherapeutinnen und -therapeuten, die machen intensive Familiengespräche und eine differenzierte Diagnostik des Familiensystems. Ich glaube, sie selber halten ihre Arbeit auch für das Wichtigste und sie sagen es auch. Wir Pädagoginnen und Pädagogen sind eben nur für den Alltag da. Aber wir können im Rahmen unserer Arbeitsbedingungen nicht einmal pädagogisch arbeiten.
Die Erzieherinnen und Erzieher gehen bei der knappen Besetzung und den vielen anfallenden Problemen im Alltag der Kinder regelrecht unter. Da bleibt keine Zeit übrig für wirkliches Eingehen auf die Kinder. Fakt ist, dass es nicht einmal klappt, dass alle Erzieherinnen und Erzieher am Fallteam teilnehmen können, das alle zwei Wochen stattfindet.

Sozialarbeiterin A: Ja, aber was passiert denn dann mit den Kids, wenn sie solche Sachen hinter sich haben und solche Störungen haben? Wer hilft ihnen? Und die Unsicherheit, die auf sie zukommt. Schließlich ist ja nicht entschieden, was mit ihnen später passiert, oder?

Sozialarbeiter B: Nein, gar nicht, das ist ja erst das Ergebnis ihres Aufenthaltes bei uns. Aber du hast recht, genauso wichtig wie eine gute Planung für eine Zukunft der Kinder ist es – sagen wir lieber mal, wäre es –, dass ihre Traumata, ihre Verletzungen, ihre Ängste und Unsicherheiten von uns, von dieser Übergangseinrichtung, aufgefangen würden. Aber so, wie es derzeit läuft, lassen wir sie eigentlich damit alleine. Manchmal wird es einem mitten in dem üblichen Alltagsstress klar, dass das so ist, und man bekommt dann heftig Bauchweh.

Sozialarbeiterin A: Aber dein Bauchweh in Ehren: das müsste doch mal jemand ändern? Da stimmt doch das Konzept nicht! Das ist doch wirklich nur eine halbe Sache, finde ich. Man kann doch nicht so viel Geld in eine Einrichtung stecken, die dann ganz wesentliche Probleme nicht in Angriff nimmt. Ich kann mir nicht vorstellen, dass ihr wirklich für die Kinder etwas erreicht, wenn sie so alleine gelassen werden.

Sozialarbeiter B: Da hast du leider recht. Ich weiß sogar, dass die meisten Kinder aus unserer Einrichtung später wieder beim Notdienst der Stadt auftauchen. Das dreht sich im Kreis.

Sozialarbeiterin A: Ist das das, was man als Jugendhilfekarriere bezeichnet?

Sozialarbeiter B: Eine sich zuspitzende Problemlage, die sich trotz – wenn nicht sogar durch – Jugendhilfe verschärft hat. Ja. Ein Grund für so was liegt meines Erachtens darin, dass eben wirklich nur halbe Sachen gemacht werden. Und die sind eben nicht »wenigstens halb gut«, sondern sie verfehlen mitunter das Ziel ganz. Und dann sind halbe Sachen eben unsinnig, eigentlich sogar schlechter als gar nichts. Aber das ist ja heute durchgehend der Trend in der Politik und in den Verwaltungen: »Für das eigentlich Notwendige haben wir kein Geld, aber wir machen eben wenigstens ein bisschen davon. Und das wird dann schon irgendwie nützlich sein und muss halt reichen!« Aber ein bisschen Soziale Arbeit, das ist oft nicht nur nicht genug, das ist manchmal sogar schlecht. Auf jeden Fall ist das eine fachlich unhaltbare und unverantwortliche Ausrede.

Sozialarbeiterin A: Warum passiert so etwas?

Sozialarbeiter B: Weil mehr Hilfe oder schon ein besserer Personalschlüssel zu teuer wären. Weil dieses »Mehr« für viele Politikerinnen, Politiker und Verwaltungsleute zu viel Geld wäre, das sie nicht bereit sind, für diese Kinder auszugeben.

Ich glaube, es dient vor allem dazu, sagen zu können: »Wir machen ja was. Und das kostet viel Geld. Und in unserer Statistik stehen wir als Stadt doch ganz gut da.«

Weißt du, wir hatten sogar mal den Fall, bei dem das Jugendamt meinte, ein Kind, das unsere intensive Kriseneinrichtung besuchte, brauche keinen Kindergartenplatz mehr, weil das eine unnötige Doppelversorgung sei. Und schon war der Kindergartenplatz weg.

Sozialarbeiterin A: Worum geht es der Jugendhilfe heute eigentlich: darum möglichst wenig Geld auszugeben oder darum, möglichst vielen Kindern zu helfen?

Sozialarbeiter B: Das ist die Frage.

Sozialarbeiterin A: Wenn ich das so höre, fürchte ich, das ist längst keine Frage mehr.

»Ich konnte das nicht mehr verantworten.«

Hauptsache billig: Angebote für Menschen mit Behinderung

Ich bin Studentin der Sozialen Arbeit und habe einige Jahre mein Geld fürs Studium unter anderem als Betreuerin von »Menschen mit Behinderung« bei sogenannten Reiseangeboten verdient.

Die Formulierung »Menschen mit Behinderung« mag ich eigentlich nicht. Am besten gefällt mir eine Begriffsumschreibung wie »Menschen mit besonderen Rehabilitäts- und Teilhabeansprüchen«. Ich finde einen Begriff angemessener, der die gesellschaftlich verursachte Behinderung von Menschen in den Vordergrund rückt und Behinderung nicht als individuelle Eigenschaft definiert.

Eigentlich war diese Arbeit für mich als Studentin eine ganz gute Sache mit vielen Vorteilen und auch nicht ganz schlecht bezahlt. Die Reisen dauerten drei Tage bis drei Wochen. Mit elf Teilnehmerinnen und Teilnehmern und fünf Betreuenden kamen wir – zumindest auf dem Papier – auf einen Betreuerschlüssel von 1:2.

Meine Aufgaben waren vor allem pflegerischer Art, aber es gab auch eine Menge pädagogische Elemente bei der Arbeit. Eingestellt wurden vom Träger dafür sowohl Heilpädagogen und -pädagoginnen als auch Kinderkrankenschwestern, Erzieherinnen und Erziehern (so war es bei mir), aber zum Beispiel auch Studierende der Philosophie. Und für alle gab es früher das gleiche Geld. Heute wird das Geld nach Erfahrung gestaffelt, nicht nach Ausbildung. Aber klar, als Professionelle hattest du immer die Verantwortung am Hals, schon weil du die Probleme eher sehen konntest. Die Erholungsziele dieser Reisen sind bei ungeschultem und bei zu wenig Personal überhaupt nicht erreichbar.

Bei den Reisen ging es um die Befähigung der Teilnehmerinnen und Teilnehmer in Alltagssituationen, aber vor allem waren das Urlaubs-, das heißt Ferienreisen, die ihnen Vergnügen und Kontakte nach außen ermöglichen sollten. Unsere Teilnehmer waren meist Menschen mit mehrfachen Behinderungen oder solche mit ausgeprägtem nachtaktivem Verhalten. Obwohl der Träger so tat und auch nur so bezahlte, als könne man in der Nacht wirklich schlafen, gab es für die Betreuerinnen und Betreuer in der Regel keine durchgehende Nachtruhe. Da kam es zu epileptischen Anfällen, da mussten laute Maschinen angeworfen werden, die allen die Nachtruhe raubten, da war schwere körperliche Arbeit notwendig, da war auch schon mal angebracht, vor der Tür sitzen zu bleiben, weil ein Teilnehmer nicht schlafen und sich nicht an das neue Zimmer gewöhnen konnte und lieber nachts spazieren gehen wollte. Das alles war oft eine Zerreißprobe. Wenn man da kein gutes Team hatte, gingen dem einen oder der anderen schon mal die Nerven durch. Wenn du Anfang zwanzig bist, siehst du über einige Strapazen auch mal hinweg. Aber nach ein paar Jahren hast du die Lage durchschaut und wirst wählerischer und widersprichst.

Insgesamt wurden die Bedingungen für unsere Arbeit immer schlechter. Man konnte deutlich sehen, dass mit der GmbH-Gründung des Trägers die Lage der Mitarbeiter wie der Teilnehmer immer schwieriger wurde. Es wurde an allem gespart. Da passierten jetzt auf einmal die schrägsten Dinge. Auf meinen letzten Reisen habe ich die übelsten Sachen erlebt. Einmal wurden wir mit 15 Personen für drei Wochen auf ein entlegenes Grundstück transportiert. Drum herum war null Infrastruktur, das heißt mit dem Rollstuhl konnten keine Spaziergänge gemacht werden. Aber wir hatten nichts als einen einzigen Sprinter, der nicht für den Transport von allen ausreichte, mussten daher für alle Wege immer zweimal fahren und waren eigentlich nur noch mit der Logistik beschäftigt.

Ein anderes Mal wurden wir mit sechs Rollstuhlfahrern auf die Reise geschickt und verfügten vor Ort nur über zwei Combis. Wir haben protestiert und dann kam der Träger allmählich zu sich.

Aber offenbar probiert man jetzt immer erst mal aus, ob man bei den Mitarbeiterinnen und -mitarbeitern nicht auch mit der Billigvariante durchkommt. Inzwischen gibt es sogar Reiseangebote für Behinderte über mehrere Wochen, bei denen überhaupt kein Fahrzeug mehr zur Verfügung steht. Und das auf unsere Kosten und die Kosten der Menschen, die eigentlich eine schöne Urlaubsreise erleben sollen!

Deswegen habe ich auch aufgehört. Ich konnte das einfach nicht mehr verantworten. Ich bin raus.

Aber diese Praxis geht weiter und es wird sicher immer noch weiter gespart und schließlich wird es zu einen Albtraum werden für die Mitarbeiterinnen und Mitarbeiter und für die Menschen mit Behinderung.

Das ist wirklich ziemlich schlimm, finde ich.

»Unter solchen Bedingungen kann man keine Jugendarbeit mehr machen.«

Jugendarbeit gehört zu den Bereichen der Sozialen Arbeit, die immer mehr kaputtgespart werden

Das wollte ich nicht mehr mitmachen, jetzt war es endgültig genug. Als ich den Jugendlichen gestern meinen Entschluss zu kündigen mitgeteilt habe, waren sie alle sauer und wütend auf mich. Ich konnte das verdammt gut verstehen. Deshalb habe ich heute versucht, ihnen das noch mal in Ruhe zu erklären:

Erst mal: Jugendarbeit ist ein toller Job. Ich mache ihn gerne, habe ihn immer gerne gemacht. Und er ist auch nicht leicht, obwohl es manchmal so auszusehen scheint: Manche Leute denken, zwischen zwei Tassen Kaffee spielt man mit Jugendlichen Tischtennis oder Kicker, erklärt einem noch mal die Hausregeln und »chillt« dann bis in den Abend mit den Jugendlichen ab. Und früh aufstehen muss man auch nicht. »Und dafür haben Sozialarbeiter studiert?«, lästern diese Leute dann und meinen, das hier könnte doch jeder.

Sieht man etwas genauer hin, ist der Job wohl doch gar nicht so chillig. Sicher, Sozialarbeiterinnen und -arbeiter in der Jugendarbeit reden wirklich viel, aber irgendwie anders als andere Erwachsene. Sie hören erst einmal hin, wenn die Jugendlichen mit ihren Problemen ankommen, fragen sehr viel nach und präsentieren fast nie eine einfache Lösung. Sie spielen auch nicht wie andere Tischtennis, die müssen nicht immer gewinnen. Sozialarbeiter handeln offenbar nach einem anderen Prinzip als Eltern, Lehrer oder Polizisten. Und morgens haben sie auch noch was zu tun. Die Sozialarbeiter kennen Hinz und Kunz, die vom Jugendamt, den Bürgermeister, den Typ von der Hausverwaltung und die vom Sportverein. Und sie schreiben viel: Sachberichte, Konzepte und Konzeptionen, Statistiken, Umfeldanalysen und einiges mehr. Ein komischer Job, oder doch ein Beruf oder gar eine Profession?

Tatsächlich gibt es für Jugendarbeit einen Auftrag per Gesetz. Da heißt es im Kinder- und Jugendhilfegesetz: »Aufgabe der Jugendarbeit ist es, junge Menschen zur Selbstbestimmung zu befähigen und zu gesellschaftlicher Mitverantwortung und zu sozialem Engagement anzuregen und hinzuführen.« Da steht auch drin, dass » ... die zur Förderung ihrer Entwicklung erforderlichen Angebote der Jugendarbeit zur Verfügung zu stellen ...« sind. Jugendarbeit ist also eine Leistung, die der Staat vorhalten muss, genauso wie Sozialhilfe oder Krankenhäuser. Ihr seht: Jugendarbeiterinnen und -arbeiter arbeiten also in einem gesellschaftlichen Kontext, also für diese Gesellschaft. So gesehen tut der Staat ja wirklich was für Jugendliche, oder?

Naja, einerseits schon, aber so richtig ernst nimmt der Staat das mit der Jugendarbeit nun auch wieder nicht. In Zeiten klammer öffentlicher Kassen sind die Jugendeinrichtungen meist die ersten, bei denen man kürzt.

Jugendarbeit soll Angebote für Jugendliche machen, deswegen kann man – normalerweise – wohl in Jugendclubs Gitarre spielen lernen, Nachhilfe oder Hausaufgabenhilfe bekommen, Theaterstücke proben, Sport machen, in die Ferien fahren, mit Holz, Metall oder gar an Motorrädern basteln, kochen ..., aber auch einfach mal chillen oder sich richtig auskotzen. Und helfen tun einem die Jugendarbeiterinnen und -arbeiter auch noch. Aber dank der Kürzungen überall gibt es heute Jugendfreizeiteinrichtungen, die zwar einen Keramikofen oder eine Holz- oder Metallwerkstatt haben, aber niemanden mehr, der damit umgehen kann.

Im § 79 des 8. Sozialgesetzbuches steht, dass Jugendarbeit ausreichend und rechtzeitig zur Verfügung stehen muss. Berlin aber sagt, es sei ausreichend, wenn Jugendarbeit mit 10% der Mittel, die insgesamt für Jugendhilfe zur Verfügung stehen, ausgestattet wird (§ 45 Ausführungsgesetz zum Kinder- und Jugendhilfegesetz Berlin – § 45 AG KJHG Bln). In den Berliner Bezirken werden aber gerade mal höchstens 5% dieser Mittel für die Jugendarbeit aufgewendet, Tendenz fallend. Das Land Berlin und seine Bezirke halten sich hier also nicht an das eigene Gesetz. Und ich dachte, ich lebe in einem Rechtsstaat.

O.k., alle müssen sparen, aber wie spart man eigentlich in Jugendfreizeiteinrichtungen?

Da gibt es eben weniger Sachmittel, also keine Ferienfreizeit mehr und kein Geld mehr für Lebensmittel. Die holen wir nun bei der Berliner Tafel. Bälle, Tischtennisschläger und Musikinstrumente? – Na ja, vielleicht findet sich ein Sponsor. Und wenn das nicht reicht, sparen wir am Personal. Aber gibt es da nicht Tarifverträge? Ach was, wir basteln einen Haustarifvertrag, und die ganz schlauen Träger gründen eigene Zeitarbeitsfirmen und stellen Leute nur noch darüber ein, das ist viel, viel billiger. Und man lässt die Jugendarbeiterinnen und -arbeiter nur noch 20 Stunden arbeiten, da bleibt der Club eben auch mal zu. Und die eine oder andere Jugendfreizeiteinrichtung schließen wir mal gleich ganz. O.k. – genug Geld zum Leben verdienen die Sozialarbeiterinnen und Sozialarbeiter so nicht mehr –, aber wer sich gesellschaftlich engagiert, kann ruhig auch mal was freiwillig machen, oder?

Entsprechend sieht es mittlerweile in vielen Jugendfreizeiteinrichtungen Berlins aus. Chillen und Kickern kann man da noch – aber sonst? Projekte wie Theater, Musik-Band-Arbeit, Schrauben und Schleifen, Sport oder gar politische Bildung – Fehlanzeige, kein Geld oder kein Personal mehr da. Und das Geld für die Projekte, die noch laufen, kommt oft aus Stiftungen, Sondermitteln oder sonstigen Programmen. Aus der Regelfinanzierung wäre das nicht zu leisten.

Und die Jugendarbeiter und -arbeiterinnen, zu denen man ja erst einmal Vertrauen aufbauen muss, bevor man denen seine Probleme erzählt (vor allem wenn es um ganz persönliche Dinge geht), wechseln häufig ihren Arbeitsplatz, meist weil sie zu wenig verdienen, manchmal auch weil sie – für den Träger oder das Jugendamt – zu viel verdienen (vor allem wenn sie älter sind) und deshalb entlassen werden. Oder sie gehen, weil sie mit dem kleinen Gehalt einfach ihre Familien nicht mehr ernähren können oder weil sie die Schnauze davon voll haben, für gute Arbeit so mies bezahlt zu werden, so wie ich es jetzt tue.

Irgendwas stimmt da doch nicht.

Tja liebe Jugendliche, natürlich seid ihr unsere Zukunft, das sagt auch lautstark die Politik, aber richtig Geld will der Staat für diese und insbesondere eure Zukunft nun auch wieder nicht ausgeben. »Außerschulische Bildungsangebote? Geht nicht mehr, sucht euch doch selbst ein nettes Hobby!«

Ich bin genau so wütend, wie ihr es jetzt seid: Es ist ja nicht nur, dass ich gehen muss. Ihr wisst, es droht auch die komplette Schließung unseres Zentrums. Und dann?

Ich hätte da einen Vorschlag: kämpft für den Erhalt und den Ausbau von Jugendfreizeiteinrichtungen, seid laut, geht den Politikern auf die Nerven, trefft euch draußen und macht ordentlich Unsinn, schreibt den Politikern, was ihr von einem Land haltet, das seine Gesetze nicht einhält, überflutet die Politiker mit eurem Protest. Das wäre doch wirklich ein schönes und sinnvolles »Hobby«, was meint ihr?

»So können wir unsere wichtigen Aufgaben nicht erfüllen!«

Hilferufe aus dem Allgemeinen Sozialen Dienst[59]

1.
Ich bin seit 20 Jahren im ASD tätig.

Bei gleichzeitiger Forderung der Kommunen nach Einsparmöglichkeiten, gerade in der Jugendhilfe, erlebe ich zunehmend eine Arbeitsverdichtung durch mehr Technik (Telefon, Fax, Mail), durch Wahrnehmung eines Bereitschaftsdienstes und durch zunehmend mehr Präsenzzeiten für den Bürger. Dies führt wiederum zu mehr Nachfrage.

Des Weiteren wird eine größere Hilflosigkeit bei Eltern und bei Erziehungsproblemen deutlich. Wenig Zeit der Eltern für ihre Kinder, Armut in Familien, Krankheit in Familien führen zu mehr Bedarf an Jugendhilfe.

Es fällt schwer bei zunehmender Arbeitsverdichtung gleichbleibend hohe qualitative Arbeit zu leisten, den hohen geforderten Standard zu halten. Die zu bearbeitende sehr hohe Fallzahl ist nicht in der normalen Wochenarbeitszeit zu leisten. Viele Kollegen bleiben länger da, einige reagieren mit Krankheit auf die verschärften Anforderungen. Dieser Krankheitsausfall, der zum Teil länger andauert (z. B. bei Burnout-Erscheinungen) ist dann von den restlichen Kolleginnen und Kollegen aufzufangen, ein Teufelskreis tut sich auf.

Mir gefällt das Arbeitsgebiet nach wie vor sehr, ich frage mich aber auch, wie lange ich diesen quantitativen Anforderungen noch gewachsen

59 Diese Texte wurden uns freundlicherweise von ver.di zur Verfügung gestellt.

bin, bzw. wie lange mein Körper noch mitmacht, denn auch ich werde älter und sehe, dass es zu wenig junge Kollegen gibt.

Dieser Bereich ist meines Erachtens zu schlecht bezahlt und hat eine Imageaufwertung verdient.

2.
Ich bin seit neun Jahren Sozialarbeiter. Seit sieben Jahren arbeite ich im ASD, im Allgemeinen Sozialdienst.

Allgemeiner Sozialdienst heißt: Arbeiten mit Menschen, die am gesellschaftlichen Rand leben. Arbeiten mit Familien, die von Armut bedroht sind bzw. in bitterer Armut leben. Arbeiten mit hocheskalierten Trennungs- und Scheidungsfamilien. Arbeiten mit vernachlässigten, misshandelten und / oder missbrauchten Kindern. Das sind wichtige und schwere Aufgaben.

Aber das Arbeiten im ASD heißt heute leider, dass wir den Kinderschutz, den wir leisten wollen, oft nicht leisten können, da bei uns Personal fehlt, dic Fallbelastung viel zu hoch ist und die Problemlagen immer mehr eskalieren – die Politik aber seit Jahren nur Lippenbekenntnisse von sich gibt.

ASD-Arbeit ist aber mehr wert. Wir wollen endlich eine gesellschaftliche Aufwertung für unsere Berufsgruppe. Gesellschaftliche Aufwertung macht sich in Deutschland auch an der Bezahlung fest. Wenn Aussagen wie: »Unsere Kinder sind unsere Zukunft, unsere Kinder sollen nicht in Armut aufwachsen, unsere Kinder sollen Bildung gemäß ihren Begabungen bekommen«, nicht nur Sonntagsreden sein sollen, müssen auch die, die genau dafür Sorge tragen, nämlich Erzieher, Sozialarbeiter und Sozialpädagogen, endlich gesehen werden als das, was sie sind: Als hoch spezialisierte, hoch engagierte und unverzichtbare Berufsgruppen, für eine funktionierende Gesellschaft .

3.
Nach zehn Jahren Berufserfahrung frage ich mich inzwischen, wie ich meinen Beruf gesund bis zur Rente ausüben kann. In diesen Jahren habe ich eine massive Verdichtung der Arbeit in unterschiedlichen Arbeitsfeldern miterlebt. Je nach Finanzierungsformen gibt es hierfür unterschiedliche Auslöser. Unterm Strich gilt jedoch, dass immer mehr Menschen mit immer mehr und immer gravierenderen Problemlagen von immer weniger Menschen in immer kürzerer Zeit nachhaltig »geholfen« werden soll.

Diese Entwicklung beunruhigt mich zunehmend. Durch die Arbeitsverdichtung können Urlaubs- und Krankheitszeiten bei uns durch die verbleibenden Mitarbeiterinnen und -mitarbeiter kaum mehr aufgefangen werden. Immer häufiger kommt es bei uns durch Überlastung zu Krankheit bei den Mitarbeitern. Ein ungesunder Kreislauf für alle Beteiligten. Da wir vermehrt mit befristet Angestellten arbeiten, ist der Mut, die Arbeitsbedingungen offen zu problematisieren, teilweise sehr gering. Andere hoffen durchzuhalten, bis ihnen zu einem späteren Zeitpunkt abgeschlossene Weiterbildungen einen Wechsel in die Selbstständigkeit (z.B. Supervision) ermöglichen.

Ich schätze die »Basisarbeit« und finde insbesondere hier braucht es erfahrene und qualifizierte Fachkräfte, die bleiben wollen. Wenn der Trend sich jedoch nicht verändert, fürchte ich, meiner jetzigen Arbeit in weiteren zehn Jahren nicht mehr gewachsen zu sein.

4.

Ich arbeite seit über 15 Jahren als Bezirkssozialarbeiterin in einer deutschen Millionenstadt, immer in belasteten Stadtteilen. In dieser Zeit wurde die Arbeit immer mehr, immer schwieriger und immer belastender. Die Bürokratie ist unglaublich angestiegen, die Hürden, um eine Hilfe zu erschließen, sind riesig (oft sind über 20 verschiedene Schritte, Unterschriften zur Genehmigung etc. erforderlich), die Ressourcen werden immer knapper.

Statt »rauszugehen« in den Stadtteil, Hausbesuche durchzuführen usw. verbringen wir immer mehr Zeit am Schreibtisch, um Anträge auszufüllen, Berichte zu schreiben und »Diagnosen« zu erstellen. Viele Betroffene und Kooperationspartner melden sich enttäuscht und wütend und verstehen die Vorgehensweisen und Entscheidungen unserer Behörde, die Wartezeiten etc. nicht mehr. Ich bin oft unter großem Rechtfertigungsdruck für Entscheidungen, die ich gar nicht zu verantworten habe.

Die Multiproblemfamilien werden immer mehr, jeden Tag haben wir mit psychisch kranken, suchtmittelabhängigen oder vernachlässigenden und misshandelnden Eltern, entwicklungsverzögerten, kaum geförderten oder gefährdeten Kindern und Jugendlichen, verwahrlosten Wohnungen, Arbeitslosen, verwirrten Alten, gewaltbereiten Migranten, drohendem Wohnungsverlust und vielem anderen mehr zu tun. Sehr häufig sind wir die Einzigen, die diese Menschen noch aufsuchen, sich kümmern und zu helfen versuchen.

Viele meiner Kolleginnen und Kollegen bewältigen die Arbeit nicht mehr und gehen weg, ständig sind mehrere Stellen unbesetzt, auch auf der Leitungsebene, sodass zusätzlich noch viel vertreten werden muss. Ich fühle mich oft überfordert und an der Grenze meiner Belastbarkeit. Wenn ich mit mehr als drei oder vier schwierigen Fällen in der Kinder- und Jugendhilfe gleichzeitig zu tun habe (was meist der Fall ist), kann ich auch in meiner Freizeit nicht mehr »abschalten« und mache mir zu Hause noch Gedanken, die mich sehr belasten.

Ich schäme mich für unsere Gesellschaft, dass ihr diese unsere Arbeit nicht mehr wert ist, mehr Anerkennung, mehr Ausstattung und mehr Gehalt. Ich bin teilzeitbeschäftigt und verdiene unter 1000,- Euro, das ist für die Verantwortung, die ich trage, absurd wenig.

»Über ein weiteres totes Kind hätte ich mich nicht gewundert.«

Unverantwortbare Rahmenbedingungen für die Arbeit mit suchtkranken Familien

Eigentlich habe ich es schon am dritten Tag gemerkt. Ich saß in meinem Büro und dachte entsetzt: »Jetzt sitze ich in der Falle!«

Die Stelle als Leiterin eines Teams von sozialpädagogischen Familienhelferinnen und -helfern hatte ich angenommen, nachdem ich bereits in der Klinik viel Erfahrung mit der Betreuung von suchtkranken Eltern und ihren Kindern gesammelt hatte. Das war mein Arbeitsbereich, da fühlte ich mich pudelwohl und da konnte ich meine Fähigkeiten und Qualifikationen einbringen. Hier bei meinem neuen Träger waren die Familien nicht untergebracht. Es ging darum, sie ambulant, also in ihrer eigenen Wohnung zu betreuen. Das war ein noch schwierigeres Feld, das wusste ich sehr genau. Aber ich fühlte mich der Herausforderung gewachsen. Ich hatte mich über diese neue Stelle gefreut und war hoch engagiert angetreten. Das Gehalt stimmte, die Vollzeitstelle war unbefristet und das Projekt bei dem großen Suchthilfeträger, bei dem ich nun eingestiegen war, hatte einen super Ruf und wurde in der Fachöffentlichkeit hoch anerkannt.

In meiner Einrichtung gab es ungefähr sieben Vollzeitstellen für sozialpädagogische Familienhelferinnen und -helfer, die insgesamt 45 Familien und damit ungefähr 80 bis 90 Kinder betreuten. Eine ganz schön große Sache war das! Natürlich gab es auch hier wie immer zu wenig Zeit. Aber das, so hatte ich damals gedacht, würde sich irgendwie schon schaffen lassen.

Schon zu Beginn meiner neuen Arbeitstätigkeit meldete sich jedoch die andere Leitungskollegin, die eine ähnliche Gruppe in einem anderen Stadtteil betreute, plötzlich krank. Sie hatte ein Burnout. Die Geschäftsführung eröffnete mir, dass ich jetzt auch diese Leitung zu übernehmen habe. Das waren noch mal 35 Familien dazu. Ich würde nun die Verantwortung für 80 Familien und für entsprechend viele betroffene Kinder mittragen müssen. Ich war damals zutiefst erschrocken: Das war viel zu viel! Ich saß im Büro und weinte. Wie sollte das gehen?

Niemand machte sich die Mühe, mich einzuarbeiten oder irgendwie zu unterstützen. Von Anfang an fühlte ich mich alleine gelassen. Wenn etwas schiefging, dann allerdings machte man mich verantwortlich.

Es gab beim Träger und insbesondere bei meinem Projekt keine geordneten Strukturen. Für mich und meine jetzt mit den Familienhelfern der anderen Gruppe insgesamt 17 Mitarbeiterinnen und Mitarbeiter stand keine Schreibkraft zur Verfügung und einen Hausmeister leistete sich der Träger nicht. Nichts schien geregelt. Alles war knapp und von allem gab es zu wenig. Ich gab mir alle Mühe, unter den bestehenden Bedingungen das Beste zu schaffen, aber wenn irgendein neues Problem sichtbar wurde, machte man immer mich dafür verantwortlich.

Besonders in Sachen Akquise von Fällen wurde ich gefordert, und man erwartete von mir immer wieder die Quadratur des Kreises. Damit eine Familienhelferstelle sich für den Träger finanziell lohnte, musste eine bestimmte Anzahl von Familien betreut werden. Wenn das nicht klappte, weil vorübergehend nicht genug Fälle zur Verfügung standen, gab es Probleme, weil das Geld nicht hereinkam. Ich sollte das irgendwie regeln. Der Träger übernahm keine Verantwortung, ich solle sehen, wie ich das irgendwie hinkriege, hieß es. Bei den nächsten Etatgesprächen aber war ich es dann wieder, die sich für die langen Fahrtzeiten für die Familienhelferinnen und -helfer rechtfertigen musste und der die Zeiten um die Ohren flogen, in denen das Team nicht 100% oder besser noch mehr ausgelastet gewesen war. Dieser Akquise-Zwang war es auch, der die Fachlichkeit in meiner Arbeit zunichtemachte.

Ich brauchte im Übrigen nicht lange, um herauszufinden, dass für meinen großen Träger, der in den letzten Jahren sämtliche kleinen Drogenprojekte und -beratungsstellen der Stadt vom Markt gefegt hatte, unser kleines Projekt »Familienhilfe in Suchtfamilien« das ungeliebte Kind war, das Kuckucksei, das man ihm ins Nest gesetzt hatte. Hintergrund dessen waren die komplizierte Finanzierung über die Jugendhilfe, die für den Träger offenbar unverständliche Gehstruktur[60] und die damit zusammenhängenden direkten Einsichten der Mitarbeiterinnen und Mitarbeiter in die gefährdenden häuslichen Strukturen der Familien. Das spezifisch Sozialpädagogische an der Familienarbeit erlebte die Geschäftsleitung wie eine Entgleisung. Zwar machte der Träger nach außen für die Familienhilfe viel Werbung, nach innen wurde dieser Bereich jedoch weder ernst genommen noch war er wirklich erwünscht. Und so erwartete man von mir, dass ich diesen, wie sie es nannten »exaltierten« Bereich endlich unter Kontrolle bekommen sollte. Dafür also wurde ich gebraucht. Meine Leitungstätigkeit und meine fachliche Verantwortung spielten nur eine geringe Rolle. Ich konnte es kaum glauben, als ich realisierte, dass dieser Bereich, mit dem sich der Träger gleichzeitig schmückte, wo er nur konnte, in Wirklichkeit der »Underdog« war. Wie verlogen, wie fassadenhaft waren die Verhältnisse hier eigentlich? Wenn ich mit meiner Leitung sprach, glaubte ich manchmal mitten in einer meiner Suchtfamilien zu sein, wo nach außen alles getan wurde, um einen intakten Eindruck zu erwecken und das eigene Chaos zu verbergen.

Meine Familienhelferinnen und -helfer hatten pro Familie (und Familien mit beherrschenden Suchtproblemen gehören sicher zu den schwierigsten und gefährdendsten Konstellationen eines Familiensystems) in der Regel fünf bis sechs, in Ausnahmefällen bis zu zehn Stunden die Woche Zeit. Davon ging die Vor- und Nachbereitungszeit ab, die Zeit, die für die umfangreichen Dokumentationsaufgaben benötigt wurde. Zum Teil mussten auch die Fahrtwege, die in der Finanzierung gar nicht enthalten waren, aber bei einer großen Stadt wie unserer enorm ins Gewicht fielen, von dieser Zeit abgezogen werden. Das alles bedeutete, dass die Familienhelfer die Familien in der Regel nur einmal pro Woche besuchen konnten. Alles andere wurde per Telefon erledigt. Diese Familien aber waren schwer gefährdet und die zur Verfügung gestellten Stundenzahlen

60 Unter Gehstruktur versteht man einen sozialpädagogischen Handlungsansatz, dass die Helferinnen und Helfer in die Lebenswelt der Klientel gehen und nicht die Klientel in eine Einrichtung kommen muss.

grundsätzlich viel zu gering, um wirklich etwas erreichen zu können. Deshalb blieben die Probleme letztlich auch während der Familienhilfe unverändert und auch unverändert gefährlich. Manchmal hatte ich den Eindruck, dass die Kollegen schon aus bloßem Selbstschutz möglichst selten in ihren Familien auftauchten, weil sie den direkten Anblick all dieses Elends nicht aushalten konnten. Das war auch kein Wunder, denn man konnte seine eigene Ohnmacht bis in die Haarspitzen fühlen.

Alle redeten groß von Kinderschutz! So jedenfalls aber war es den Kolleginnen und Kollegen nicht möglich, die Kinder in diesen Familien sicher zu schützen. Wie denn auch? Und wenn was passierte, dann waren sie und ich dann mit ihnen dennoch dran, dann machte man uns Vorwürfe und meinte, wir hätten nicht richtig, nicht fachlich genug und überhaupt nicht genug gearbeitet in der Familie. Welcher Hohn! Wie sollten wir denn, wie könnten wir denn unter solchen Bedingungen? Da müssten ganz andere Dinge passieren, da müsste mehr Zeit her, viel mehr Zeit. Das aber war ein Tabu, das auch ich nicht zu brechen wagte. Mein Eindruck war auch, dass ambulante Hilfe oft auch schlicht das falsche Mittel war. Ich würde sogar sagen: in 85% dieser Familien war eine ambulante Hilfe eigentlich unangebracht. Und was dann im Rahmen ambulanter Hilfen passierte, das war wie ein Tanz auf dem Vulkan. Aber die Jugendämter und die Träger wollten halt Kosten sparen.

Die ständige Spannung aber, das Risiko, den Umgang mit der Unmöglichkeit bei gleichzeitig hoher Erwartung von außen, das alles müssen in erster Linie die Mitarbeiterinnen und Mitarbeiter an der Basis verkraften.

Empirische Untersuchungen zeigen, dass in Familien, in denen Drogenersatzstoffe wie zum Beispiel Methadon verabreicht werden, trotzdem häufig neben dem Ersatzmittel auch noch Beikonsum betrieben wird. Auch deshalb hatte ich ständig Angst davor, dass eines der Kinder, die in meinen Zuständigkeitsbereich fielen, zu Tode kommen könnte. Das ist in meiner Zeit nicht passiert. Aber es hätte, so bin ich mir sicher, durchaus passieren können!

Einmal machte ich aus konkretem Anlass die Geschäftsführung darauf aufmerksam, dass auch das städtische Drogenreferat infrage gestellt habe, ob eine so niedrig angesetzte Betreuungszeit in Familien mit einer Suchtproblematik ausreichen könne, bestehende Gefahren für die Kinder abzuwenden. Die Geschäftsleitung sagte mir daraufhin, ich solle meine eigene Bedeutung nicht überschätzen, und empfahl mir allen Ernstes, mir am besten von einem der Ärzte im Haus Valium verschreiben zu lassen. Außerdem, so bemerkte man noch, sei ich ja nicht allein. Aber das genau war ich. Die institutionelle Kälte meines Trägers, die mitunter an Zynismus grenzte, war mit Händen zu fassen.

Irgendwann erfuhr ich, dass auch meine unmittelbare Vorgängerin viele Monate wegen Burnout gefehlt hatte. Nachdem sie wiederkam, hatte sie dann nach wenigen Wochen gekündigt. Damals kam ich dem Träger gerade recht, zumal die Kollegin in der anderen Gruppe ja ebenfalls unmittelbar vor einem Burnout stand.

Irgendwann, genau gesagt, vor drei Monaten, war es dann auch bei mir so weit. Ich ging aus meinem Büro nach Hause und wusste, dass ich es nie mehr würde betreten können.

Eine Verantwortung der Politik ist nicht erkennbar

Die Zahl der wohnungslosen jungen Menschen nimmt dramatisch zu – aber es gibt keine offiziellen Lösungen dafür

Wenn Soziale Arbeit sich mit der Wohnungslosigkeit junger Menschen befasst, so schließt sie in ihre Betrachtung und Bearbeitung die Hintergründe der Wohnungslosigkeit ein, die sich aus den Biografien und Lebenswelten der jungen Menschen ergeben. Sie entwickelt auf dieser Grundlage gemeinsam mit den Betroffenen Handlungsstrategien oder auch pädagogische Ansätze, die zur Vermeidung eines zukünftigen Wohnraumverlustes beitragen.

Eine eingetretene Wohnungslosigkeit ist letztendlich oftmals das »Finale« einer längeren Entwicklung bzw. das Ergebnis einer verfestigten Problemsituation, sei es Arbeitslosigkeit, Sucht, psychische Leiden, Haft etc. Zudem scheint oft erst der Wohnungsverlust das Bewusstsein für die Notwendigkeit einer Bearbeitung der zugrundeliegenden Problemsituation bei den jungen Menschen zu wecken. Die Ursachen für dieses Phänomen sind unterschiedlich. Betroffene benannten als Ursachen dafür

Scham oder eine oftmals mit Sucht im Zusammenhang stehende verzerrte Realitätssicht.

Die Gründe dafür, dass junge Menschen in Wohnungslosigkeit geraten, sind vielfältig: Ursächlich kann ein Rauswurf aus der elterlichen Wohnung oder das Verlassen der elterlichen Wohnung aufgrund schwerwiegender sozialer Gründe sein. Auch Trennungen und ein damit verbundener Rauswurf aus der gemeinsamen Wohnung durch den ehemaligen Partner oder die ehemalige Partnerin können zu Wohnungslosigkeit führen.

Häufig liegt Wohnungslosigkeit auch die Kündigung der Mietwohnung zugrunde.

Im Vorfeld haben Vermieter in aller Regel meist schon mehrmalige Mahnungen und Androhungen einer Kündigung versendet. Sie befürchten bei Verbleib des betreffenden Mieters oftmals den Auszug anderer Mieter, was für sie einen erheblichen finanziellen Schaden zur Folge hätte. Die jungen Menschen haben in solchen Fällen die Ruhe der Nachbarn gestört, ihre Wohnung vermüllt, teilweise zerstört oder waren nicht in der Lage, hygienische Standards einzuhalten. Vor diesen Hintergründen lassen sich betroffene Vermieter nur bedingt auf ein Gespräch ein. Zudem sind bestehende Mietschulden oder auch Schäden innerhalb der Wohnung Gründe dafür, dass Vermieter oftmals die gezahlte Kaution einbehalten. Damit steht diese Summe den jungen Menschen dann nicht für eine neue Wohnung und die damit im Zusammenhang stehenden Ausgaben zur Verfügung.

Ergänzend kommt hinzu, dass aufgrund bestehender Mietschulden keine Mietschuldenbefreiung ausgestellt wird, welche aber wiederum die Voraussetzung für die Anmietung einer neuen Wohnung darstellt. Aufgrund schlechter Erfahrungen bestehen viele Vermieter neben einer Auskunft aus dem Schufa-Register, unter anderem darüber, dass keine offenen Schulden bestehen, auf den Nachweis des vorherigen Vermieters, dass der Wohnungsbewerber frei von Mietschulden ist. Diese Nachweise sind damit ausschlaggebend für eine Entscheidung zugunsten oder gegen den jungen Menschen. Da sie in aller Regel negativ ausfallen, scheitert die Aufnahme eines neuen Mietverhältnisses oftmals.

Dass Vermieter sich vor dem Hintergrund möglicher finanzieller Belastung absichern ist durchaus nachvollziehbar.

Daher wäre es von Seiten der Sozialen Arbeit mit jungen Wohnungslosen unbedingt notwendig, Angebote zu entwickeln, die es den jungen Menschen ermöglichen, »wohnen« zu lernen bzw. Mietschulden zu vermeiden, die zu einer Kündigung und dann zu den beschriebenen Kreisläufen führen.

Mietschulden entstehen, so die Erfahrungen in der Wohnungshilfe mit jungen Menschen, am häufigsten aufgrund einer vorliegenden Suchterkrankung, die dahin führt, dass die Einkommen der Betroffenen wegfallen oder auch sämtliche Mittel zur Finanzierung der Sucht verwendet werden.

Zu Mietschulden kann es auch im Zusammenhang mit dem Verlust der Arbeits- oder Ausbildungsstelle (aus betrieblichen Gründen oder selbst verschuldet) kommen. Natürlich werden in der Regel bei Arbeitslosigkeit die Mietzahlungen durch den jeweiligen Sozialleistungsträger übernommen. Betroffene erzählen jedoch, dass sie der Verlust bzw. der Schock über den Verlust des Arbeits- oder Ausbildungsplatzes handlungsunfähig gemacht hat und sie nicht in der Lage waren, Sozialleistungen zu beantragen.

Bei manchen hat der Arbeitsplatzverlust auch erst zum Konsum von Suchtmitteln und zu den entsprechenden Folgen geführt.

Betroffene geben auch an, dass sie mit den verschiedenen Sozialleistungsträgern und deren Verfahrensweisen überfordert gewesen seien. Bestimmte Verwaltungsabläufe erlebten sie als nicht transparent und für sie nicht nachvollziehbar, woraufhin sie Anträge oft falsch ausgefüllt hätten, was zu langen Bearbeitungszeiten führte.

Manchmal schaffen es junge Menschen nicht, auch wenn sie in der Ausbildung stehen und diese nicht verlieren, ihre Miete zu finanzieren oder eine Kaution zu leisten.

Oder aber sie ziehen einem Arbeitsangebot nach, geben deshalb ihre Wohnung auf, verlieren die Arbeit bald wieder und kehren in die Wohnungslosigkeit zurück. Hier spielt auch häufig eine Rolle, dass die Betroffenen, teils auch aus Naivität, fadenscheinigen Versprechen von fester Arbeit und Wohnung an anderen Orten aufgesessen sind.

Wohnungslosigkeit bei jungen Menschen kann auch im Zusammenhang mit einem Haftaufenthalt bzw. nach dessen Ende stehen. Im schwierigen Übergang aus der Haft in die wieder erlangte Freiheit gelingt es nur wenigen, unmittelbar nach der Haft oder bereits während der Haft eine Wohnung zu finden, was dazu führt, dass viele erst einmal bei Freunden und Bekannten unterkommen.

Insgesamt herrscht ein Mangel an kleinen und bezahlbaren Wohnungen und auch dadurch wird Wohnungslosigkeit begünstigt. Sie ist, wie die Aufzählung zeigt, eine Folge komplexer, ineinandergreifender Zusammenhänge.

Unsere Erfahrungen in der Arbeit mit jungen Wohnungslosen beziehen sich überwiegend auf junge Menschen, die das 18. Lebensjahr schon vollendet haben. Dies liegt darin begründet, dass bei eingetretener oder drohender Wohnungslosigkeit von minderjährigen Jugendlichen Kinder- und Jugendschutzbestimmungen greifen und ein entsprechendes Handeln einfordern. Für die Minderjährigen stehen also – zumindest auf dem Papier – im Falle der Wohnungslosigkeit flächendeckend Hilfen zur Verfügung. Ganz anders ist das, wenn junge Menschen über 18 in diese Notlage geraten. Hier gibt es keine etablierten Einrichtungen oder Lösungen von Seiten der Stadt/Jugendhilfe. Hier müssen die Einrichtungen, die mit solchen Problemlagen in Berührung kommen, improvisieren und ausprobieren, was klappt. Dabei lässt man sie leider ziemlich alleine.

Im Rahmen der Krisenintervention werden durch die Jugendhilfeeinrichtungen in unserer Stadt verschiedenste Möglichkeiten der Unterbringung für Jugendliche über 18 ausprobiert, die aber letztendlich nicht oder nur wenig dazu beitragen können, die Situation der Betroffenen nachhaltig zu verbessern. Mittels dieser Maßnahmen können in der Regel lediglich akute Gesundheitsgefährdungen verhindert oder gemindert werden:

Viele Lösungsansätze sind problematisch und tragen nicht wirklich zu einer Verbesserung bei.

So wird zum Beispiel versucht, junge Menschen in Projekte zu integrieren, die sich vorrangig an ältere Männer mit schwer wiegenden Suchtproblematiken richten. Der Großteil der jungen Menschen reagiert darauf aber mit Verweigerung oder auch Beendigung der Wohnform.

Ein Ansatz ist es auch, das soziale Umfeld des jeweiligen Jugendlichen nach Unterstützungsmöglichkeiten zu beleuchten. Nimmt der Betroffene jedoch z.B. in Anspruch bei Freunden zu wohnen, hat dies nicht selten eine weitere Intensivierung bereits bestehender Probleme zur Folge. Gerade im Kontext mit Sucht erweist sich als sehr kontraproduktiv, wenn junge Menschen bei einem ebenfalls suchtmittelkonsumierenden Bekannten unterkommen und hier in aller Regel ihren Wunsch nach Abstinenz nicht weiter verwirklichen können.

Hinzu kommt, dass die Bekannten, bei denen die Jugendlichen unterschlüpfen können, oftmals selbst nur über eine sehr kleine Wohnung verfügen. Aufgrund der räumlichen Enge kommt es häufig schnell zu Spannungen. Auch wird die Aufnahme eines anderen Jugendlichen mitunter vom Vermieter kritisch gesehen.

In den meisten Fällen ist auch ein Rückzug in das Elternhaus nicht möglich oder von neuen Problemen geprägt. Liegt eine Suchterkrankung vor, sind die Voraussetzungen für eine Reintegration in die Familie in der Regel nicht gegeben. Nicht selten ist auch von Seiten der Eltern nur eine sehr kurzzeitige Unterbringung möglich.

Eine weitere Möglichkeit im Rahmen der Krisenintervention ist die Unterbringung in einem der Obdachlosenheime der umliegenden Städte. Dieses völlig außerhalb der Lebenswelt liegende Angebot wird aber in der Regel nicht angenommen und macht den jungen Menschen auch eher noch handlungsunfähiger.

Im Sommer übernachten junge obdachlose Menschen gelegentlich im Freien. Während dieser Zeit werden sie von uns dadurch unterstützt, dass wir sie zu Ämtern begleiten bzw. mit ihnen gemeinsam nach Wohnraum suchen. Zudem können sie im Jugendclub essen und sich waschen.

In manchen Fällen ist schließlich die Unterbringung über die Notaufnahme in einem Krankenhaus die einzige Möglichkeit, Gesundheitsgefährdungen abzuwenden. Dazu ist es jedoch immer notwendig, den Versicherungsstatus abzuklären.

All diese Formen der Krisenintervention bergen für uns Praktikerinnen und Praktiker ein enormes Stresspotenzial. Das liegt zum einen daran, dass es mitunter einige Tage dauert, bis ein Kompromiss gefunden wird, sodass für uns alle oftmals am Ende des Arbeitstages viel Ungewissheit zurückbleibt. Auch kommt es für uns während solcher Kriseninterventionen verstärkt zu massiven Überstunden.

Angesichts der unzureichenden Lösungsmöglichkeiten für die geschilderten Probleme wäre es dringend erforderlich, dass die Stadt und die öffentliche Jugendhilfe sich dieser Problematik annehmen und für fachlich vertretbare und personell hinreichend ausgestattete Hilfeeinrichtungen sorgen. Davon ist leider – trotz intensiver Aufklärung und entsprechenden Forderungen von unserer Seite – bislang nicht die Rede.

Unserem Vorschlag eines gemeinsamen Diskurses, bei dem alle Beteiligten zusammen nach präventiven und interventiven Lösungsmöglichkeiten in der Hilfe für wohnungslose junge Menschen im Stadtgebiet suchen, wird nicht stattgegeben. Unsere konkreten Vorschläge für einen solchen Diskurs werden weder diskutiert noch wenigstens zur Kenntnis genommen. Stattdessen verlässt man sich einfach weiter darauf, dass verantwortlich denkende Mitarbeiterinnen und Mitarbeiter der Jugendhilfe sich die Obdachlosigkeit junger Menschen zusätzlich zu ihren eigentlichen Aufgaben mit auf die Schultern packen.

Eine Verantwortung der Politik ist nicht erkennbar.

»Jetzt reicht es uns!«

Protestgedanken aus dem Allgemeinen Sozialen Dienst einer deutschen Großstadt

Wir haben heute beschlossen, unsere Arbeitssituation nicht mehr einfach so hinzunehmen. »Es reicht«, hat meine Kollegin in der Mittagspause gesagt, »Wir müssen was machen! Wir schreiben einen Protestbrief.« Und erstaunlicherweise waren alle dafür und wollen unterschreiben.

So was gab es bei uns bis vor Kurzem noch nicht. Da haben alle nur geduldet und haben alles mit sich machen lassen, haben sich den miesen Verhältnissen hier im Amt unterworfen und geschwiegen. Aber inzwischen ist es offensichtlich so unerträglich geworden, dass Aushalten gar nicht mehr geht. Jetzt ist es also endlich so weit: Wir protestieren, wir verlangen eine deutliche Verbesserung der Arbeitssituation.

Wir wollen einen offenen Brief an die Politiker schreiben, an die Leute, die die Verantwortung für all das tragen, die weggucken und einfach den Kopf in den Sand stecken. Oder uns auch noch als unfähig und inkompetent bezeichnen! Wir werden jetzt zurückschlagen, werden sie aufwecken. Und wenn das nicht gelingt, dann gibt es noch die Presse, die Öffentlichkeit ... Wir geben ab jetzt keine Ruhe mehr!

Aber wer sollte nun erst mal einen Entwurf für das Protestschreiben machen, den wir dann diskutieren können? Es blieb an mir hängen.

Also gut. Ich setzte mich nach meinem verdammt langen Arbeitstag hin und schrieb all das auf, was wir nicht mehr ertragen können und nicht mehr dulden wollen:

Aufgrund der katastrophalen Personalsituation in unseren Bezirken wenden wir uns an Sie mit der Bitte – nein, besser: – mit dem dringenden Appell, sofortige Maßnahmen zu ergreifen, da wir uns so nicht mehr in der Lage sehen, den Kinderschutzauftrag und die gesetzlichen Aufgaben verantwortungsvoll zu gewährleisten.

Unsere Personalsituation ist unhaltbar:

Unterbesetzung ist bei uns keine Ausnahmesituation mehr, sondern fast ein Dauerzustand. Der monatelange Personalmangel vor Ort trifft auf eine seit Jahren ohnehin zu knapp bemessene Personalzumessung und auf bis zu sechsmonatige Besetzungsverfahren. Neue Kolleginnen und Kollegen erhalten in der Regel nur Zeitverträge über ein Jahr ohne Aussicht auf Verlängerung. Nicht wenige wechseln vor Ablauf ihres Vertrags zu anderen Stellen, die bessere Konditionen bieten. Auch langjährige Kollegen, die den Dauerstress nicht aushalten, gehen in andere Aufgabenfelder. Dadurch, aber auch durch die vielen Dauererkrankungen durch unseren hohen Altersdurchschnitt, und durch Schwangerschaftsvertretungen kommt es zu einer extrem hohen Mitarbeiterfluktuation. Allein in unserem Bezirk erfolgten in den letzten zweieinhalb Jahren auf zwölf vorhandene Stellen sieben Mitarbeiterwechsel.

Durch den Zeit- und Arbeitsdruck können die neuen Kolleginnen und Kollegen von den wenigen erfahrenen Mitarbeiterinnen und Mitarbeitern nicht mehr angemessen eingearbeitet werden. Sie sind von Anfang an tendenziell fachlich überfordert, da sie unter den gegebenen Umständen viel zu schnell alleinverantwortlich Familien mit komplexen Problemlagen betreuen müssen. Tatsache ist aber, dass deutlich mehr Zeit für die Einarbeitung nötig ist, um die Gefahr der fachlichen Fehleinschätzungen, insbesondere im Kinderschutzbereich, und die Fehlerquellen im allgemeinen Arbeitsablauf zu minimieren.

Im kommenden Jahr gehen einige unserer erfahrenen Kolleginnen in den Ruhestand. Weitere Personallücken sind also zu erwarten.

Der Arbeitsanfall steigt ständig an:

Gleichzeitig ist die Zahl der Neufälle in den letzten Monaten eklatant gestiegen. Mittlerweile ist ein Vollzeitmitarbeiter bei uns für 130 bis 140 Familien zuständig.

Dabei sind wir mit einer ständig ansteigenden Anzahl von Familien mit generationsübergreifenden Multiproblemlagen konfrontiert: Familien mit einer dauerhaft prekären finanziellen Situation (Hartz IV-Bezug), mit psychischen Erkrankungen und Suchterkrankungen, von häuslicher und sexueller Gewalt betroffen und von Vernachlässigung und gravierenden kulturellen Konflikten.

Durch die Einführung der beschleunigten familiengerichtlichen Verfahren ist für uns noch mehr Zeitdruck und Arbeitsanfall entstanden, ohne dass mit entsprechenden Personalaufstockungen reagiert wurde.

Wir stehen mit unseren Aufgaben und gesetzlichen Verpflichtungen zentral in der Verantwortung für den Kinderschutz. Diese Verantwortung wollen wir jetzt wahrnehmen, indem wir deutlich sagen: Mit dieser Personaldecke sind der Kinderschutzauftrag und die gewachsenen vielfältigen Jugendhilfeaufgaben und Standards nicht mehr zu gewährleisten. Wir befinden uns in einer Dauerüberlastung, die dazu führt, dass die Gefahr der Fehleinschätzungen und Fehlentscheidungen im Kinderschutzbereich nicht nur wächst, sondern real gegeben ist. Konkret heißt das, dass wichtige Standards im Kinderschutzbereich nicht mehr eingehalten werden können. Die zeitnahe, kontinuierliche und enge Zusammenarbeit mit den eingesetzten Trägern zur Überprüfung der Zielerreichung kann nicht mehr gewährleistet werden. Wir haben nicht mehr die Ressourcen zu prüfen, ob eingesetzte Hilfen tatsächlich und langfristig in der Lage sind, Kindeswohlgefährdungen abzuwenden. Die Zeit reicht auch nicht mehr, um die nötigen Hilfekonferenzen durchzuführen. Auch die kontinuierliche Teilnahme an Fallteams ist aus zeitlichen Gründen nicht machbar.

Unter den gegebenen Bedingungen können wir so gut wie keine Beratungsarbeit mehr leisten. Wer kein akutes Kinderschutzanliegen hat, muss auf einen Termin mit uns lange warten. Auch Kooperationen mit Schulen oder anderen Einrichtungen können wir nicht mehr verlässlich einhalten.

Wir, die wir diese Situation nicht zu verantworten haben, sind dann auch noch mit den berechtigten Beschwerden unserer Klienten und Kooperationspartner konfrontiert ...

So, ich glaube, das bringt es erst mal auf den Punkt!

Informationen und Anmerkungen

Soziale Arbeit, die wirklich etwas bewirken soll, die Menschen helfen kann, sich zu verändern, dazuzulernen, ihr Leben neu zu planen etc., braucht bestimmte Rahmenbedingungen und Voraussetzungen. Sind diese nicht gegeben, kann die Arbeit nicht entfaltet werden, und es bleibt bei rudimentären Interventionen, bei kurzfristigen Hilfen, die nicht auf Dauer nützen, bei oberflächlichen Veränderungen. Es kann sogar passieren, dass solche Versuche ins Gegenteil umschlagen, wenn nämlich Hoffnungen geweckt, aber nicht eingelöst werden.

Ebenso wird Soziale Arbeit zur Farce,

- wenn die Unterstützungslandschaft jenseits ihrer eigenen Möglichkeiten nur ansatzweise entwickelt ist oder fehlt (wie zum Beispiel fehlende Hilfemöglichkeiten der Nachsorge für suchtkranke Jugendliche nach einer Therapie);
- wenn sie mit der Lösung von Problemen befasst ist, die sozusagen hinter ihrem Rücken ständig neu entstehen (wie zum Beispiel wenn das Jugendamt nur eine Einzelhelfermaßnahme bezahlt, weil ihr eine Familienhilfe zu teuer ist, die Probleme aber im Familiensystem entstehen);
- wenn die betroffenen Menschen immer wieder in Lebenslagen geraten, auf die sie und auch die Soziale Arbeit selbst keinerlei Einfluss haben und die sie in unlösbare Schwierigkeiten bringt (zum Beispiel kann Soziale Arbeit Armut nicht beseitigen oder eine Wohnung besorgen, wenn das Geld fehlt, sie zu bezahlen).

Welche Voraussetzungen und Bedingungen gebraucht werden, um Sozialpädagogische Familienhilfe, Betreuung von psychisch kranken Menschen oder Suchtberatung (um nur einige Felder zu nennen) so erfolgreich wie möglich durchführen zu können, lässt sich aus den fachlichen Zusammenhängen ableiten und ist zum Teil auch empirisch belegt.

Es gibt unterschiedliche Arten von Ressourcen, die aber alle unabdingbar benötigt werden:

- Kompetenz und Fachlichkeit, sowie sozialpädagogische Grundlagen

- Personalschlüssel in Einrichtungen (wie viele Klientinnen oder Klienten müssen von einem Mitarbeiterin oder einem Mitarbeiter betreut werden), die zu erbringende Fallzahl in der Arbeit und die Aufgabenbreite

- zur Verfügung stehende Zeit für die Arbeit mit der Klientel
- Dauer einer Hilfe
- Kontinuität der Hilfen
- fachliche Unterstützung der professionellen Sozialarbeiterinnen und -arbeiter durch fachliche Beratung, Teamkontakte und Supervision sowie durch die Möglichkeit, an Fortbildungen teilzunehmen.

Die von den Sozialarbeitenden oben berichteten Zustände zeigen deutlich, was es bedeutet, wenn die erforderlichen Ressourcen zurückgehalten werden:

So ist ein Kinderheim eine traurige Aufbewahrungsstätte, wenn nicht einmal die Zeit dazu reicht, dass sich jemand mit den Sorgen und Nöten, aber auch mit den Hoffnungen der Kinder befasst.

So grenzt es ans Absurde, von einer Ferienreise für Behinderte zu sprechen, wenn dann am Urlaubsort nicht einmal Fahrzeuge zum Transport der Behinderten zur Verfügung gestellt sind.

So kann eine Sozialpädagogische Familienhilfe nicht dazu befähigen, mit den Problemen des Alltags auf Dauer selbst zurechtzukommen, wenn diese Hilfe durch jemanden ausgeübt wird, der nicht sozialpädagogisch denkt und die Familien nur entlastet und die Mängel zu kompensieren versucht.

Und so macht Jugendarbeit keinen Sinn mehr, wenn niemand da ist, der Gespräche mit den Jugendlichen führen oder mit ihnen die vorhandene Werkstatt nutzen kann.

Ein Allgemeiner Sozialer Dienst, der vor Überlastung aufgrund unbesetzter Stellen und wegen der hohen Arbeitsbelastung durch die immer größer werdenden Dokumentationsanforderungen immer weniger Zeit hat, um Klientinnen und Klienten von Angesicht zu Angesicht zu sehen, und in seinen Akten zu ersticken droht, ist eine arbeitsunfähige Instanz und ein Ort, an dem Burnout systematisch gezüchtet wird. Eine Kinderschutzwohnung, in der keine Zeit vorhanden ist, um mit den Kindern die Verletzungen und Ängste aufzuarbeiten, die ihnen zugefügt worden sind, ist den Namen Kinderschutz nicht wert.

Und die Bemühungen von Sozialarbeitenden der mobilen Jugendarbeit um wohnungslose, obdachlose Jugendliche sind für die Katz, wenn die Stadt nicht gleichzeitig für entsprechenden Wohnraum sorgt.

Genauso ist eine ambulante Psychiatrie unsinnig, wenn die Verlängerungen für die Arbeitseinsätze nicht so genehmigt werden, dass kontinuierlich und ohne zeitliche Unterbrechung mit den Patienten gearbeitet werden kann.

Unsinnig sind, um ein letztes Beispiel zu nennen, auch alle Bemühungen einer Jugendberufshilfe, wenn sich für die Jugendlichen keine echten Perspektiven auftun und sie eigentlich nur in riesigen Warteschleifen mitgeschleppt werden sollen.

Sind Ressourcen nicht in hinreichendem Maße gegeben, dann kann die Soziale Arbeit nicht das leisten, was sie eigentlich leisten könnte und auch leisten müsste.

Eine willkürliche Festlegung oder Einschränkung dieser notwendigen Ressourcen zum Beispiel je nach Haushaltslage oder abgeleitet aus dem Laienverständnis von Politik und Verwaltung, kann nicht der richtige Weg sein. Tatsächlich ist aber genau das an der Tagesordnung. Die Rahmenbedingungen für Soziale Arbeit werden heute im Wesentlichen willkürlich gesetzt und die nötigen Mittel nach Belieben zusammengestrichen, verwässert und an fachfremden Kriterien bemessen.

Soziale Arbeit wird aus Steuergeldern finanziert, sie ist Teil des gesellschaftlichen Eigentums, das der Staat für die Allgemeinheit verwaltet. Deshalb ist der Staat auch verantwortlich dafür, dass Soziale Arbeit die Bedingungen vorfindet, die sie braucht. Darüber hinaus ist er auch dafür verantwortlich, dass geleistete Hilfen nicht deshalb verpuffen, weil die sonstigen gesellschaftlichen Unterstützungen fehlen.

Gute Arbeit ist nicht leistbar, wenn die dafür notwendigen Voraussetzungen nicht gegeben sind. Verantwortlich für das chronische Fehlen von Ressourcen sind diejenigen, die durch Sparmaßnahmen, Kürzungen, einschränkende Dienstanweisungen und den Einsatz fachfremden Personals für eine prekäre Hilfelandschaft sorgen und die den Menschen Lebensbedingungen zumuten, an denen sie scheitern müssen.

Letztlich wird Geld ausgegeben, ohne damit dazu beizutragen, dass »gute« Soziale Arbeit stattfindet, weil die meisten Hilfebereiche unzureichend ausgestattet sind. Da nützt es auch nicht, die Quantität der unzureichenden Hilfen zu erhöhen, wie es zum Beispiel bei der sozialpädagogischen Familienhilfe praktiziert wurde. Volkswirtschaftlich ist dieses Vorgehen unverantwortlich und es diskriminiert die Soziale Arbeit, weil sie daran gehindert wird, erfolgreich zu arbeiten. Vor allem aber verhöhnt dieses Vorgehen die Betroffenen, denen durch »ein bisschen Soziale Arbeit« oder durch »Soziale Arbeit ohne Biss« nicht wirklich geholfen werden kann.

4. Fachliche Arbeit wird behindert oder auch verhindert

»Wir alle leben schon lange mit dieser Augenwischerei ...«

Viele der Ziele, die in den Hilfeplänen stehen, sind unter den vorhandenen Bedingungen nicht zu erreichen

Ich arbeite als ambulante Helferin in Familien mit behinderten Kindern. Meine Arbeit ist anspruchsvoll und könnte auch erfüllend sein. Und im Vergleich zu anderen ambulanten Jugendhilfemaßnahmen hat sie einen großen Vorteil, wenn man so will: Die Hilfen, die ich leiste, sind meist Hilfen, die langfristig angelegt werden, denn die Beeinträchtigungen der Menschen sind da und nicht wegzudiskutieren, wir können sie auch nicht wegtherapieren. Dieses Problem bleibt. In der Regel geht so eine Hilfe über viele Jahre. Darüber muss man sich im Klaren sein. Es handelt sich hier um Menschen mit Besonderheiten, die ihr Leben lang unserer Unterstützung und Förderung bedürfen.

In so einer Arbeit ist natürlich viel Kontinuität möglich, gleichzeitig aber sind die Verstrickungsgefahren für uns Betreuende ziemlich groß.

Bei Schwerstbehinderungen sind die Eltern meistens mit den vielen Aktivitäten, die notwendig sind, überfordert. Oft treibt die Eltern auch um, wer sich um ihr Kind kümmern wird, wenn sie das nicht mehr können.

Meistens ist in Familien mit behinderten Kindern auch die Familiendynamik problematisch. Da reicht es nicht, sich nur um das behinderte Kind zu kümmern. Da geht es darum, wie die Eltern mit ihrer Belastung umgehen, darum, dass die Geschwister nicht zu kurz kommen und darum, dass in der Familie bestehende Anspannungen aufgelöst werden können. Da ist Hilfestellung dafür nötig, dass Schuldgefühle abgebaut werden können, dass das soziale Netzwerk aktiviert und verbessert wird und vieles mehr. Migrantenfamilien haben oft weitere spezifische Probleme, die eine Lösung erfordern.

Um diese Zusammenhänge deutlich zu machen, hier das Beispiel der Familie Bender. Es gab in dieser Familie eine schwerstbehinderte Tochter, die ganztägiger Pflege und Beaufsichtigung bedurfte. Die Eltern fanden es auf den ersten Blick nicht so schlimm, dass ich so wenig Zeit hatte. Sie erwarteten vor allem Entlastung und wieder Entlastung von mir und waren mit rein kompensatorischer Arbeit voll zufrieden. Aber als Professionelle sieht man genau, dass Entlastung in der Pflege und Aufsicht nicht wirklich reichen und letztlich die Hilfe oft daran scheitert, dass sich das Drumherum nicht ändert.

Genau hier liegt aber das eigentliche fachliche Problem dieser Arbeit, das immer wieder auftritt:

Für die Umsetzung der Ziele, die zum Beispiel die Familiendynamik betreffen und die im Hilfeplan auch immer genau festgehalten werden, haben wir keine ausreichenden Ressourcen. Das heißt: wir haben eigentlich nie die Zeit, nie die realistische Möglichkeit, die Probleme, die nicht unmittelbar mit der Behinderung zusammenhängen, die aber für das Wohlergehen der ganzen Familie und damit auch des behinderten Kindes eigentlich entscheidend sind, ernsthaft anzugehen. Für das, was uns eigentlich als Aufgabe gestellt wird, reicht also die Zeit, die man uns bewilligt, grundsätzlich nicht aus. Diese Seite der Arbeit kommt eigentlich immer zu kurz. Man ist unzufrieden damit. Man kann viele Seiten seiner fachlichen Kompetenz gar nicht anbringen. Aber so was scheint in der Sozialen Arbeit ja normal zu sein. Ist ja auch von der Jugendhilfe bekannt.

Wenn man einmal wirklich darüber nachdenkt, ist es eigentlich auch aus Kinderschutzperspektive gefährlich, so zu verfahren. Aber scheinbar kümmert das auf Seiten der Bewilliger niemanden wirklich. Das ist so, als bekäme ich die Aufgabe, in zwei Stunden nach Hamburg zu fahren, würde aber vom Auftraggeber für diese Fahrt nur ein Fahrrad zur Verfügung gestellt bekommen. Das alles macht einen unzufrieden, aber irgendwie haben wir uns schon lange dran gewöhnt.

Alle leben mit dieser Augenwischerei, als sei das das Normalste von der Welt. Das prägt übrigens ja auch das ganze Feld: Die Debatte über die Inklusion behinderter Menschen klingt auf dem Papier gut. Wie Inklusion aber umgesetzt wird, hat fast nichts mehr mit dieser Debatte zu tun. So ist der Alltag.

Wir versuchen, mit dieser Misere irgendwie pragmatisch fertig zu werden. Das geht aber letztlich nur, wenn du ganz abstumpfst. Das ist der Grund, warum hier so viele tolle, engagierte Leute kaputt gehen oder das Feld verlassen.

Aber wenn du mit Mitte 40 am Ende bist und einen Neuanfang versuchst, dann ist das verdammt schwierig. Ich kann ein Lied davon singen.

Wellenbewegung mit Rückstoß

Auch in der Erziehungsberatung ist nicht mehr erwünscht, dass nachhaltige, qualifizierte Arbeit geleistet wird

Wieso ich unzufrieden bin mit meiner Arbeit, obwohl ich im durchaus privilegierten Jugendhilfebereich »Erziehungsberatung« arbeite? Ganz einfach: Weil ich nicht mehr gut arbeiten kann. Meine gefühlte Effektivität, sagen wir lieber Wirksamkeit, liegt nur noch bei 30%. Es geht darum, dass ich unter den chronisch unzureichenden fachlichen Bedingungen nicht so arbeiten kann, dass ich den Problemen der Klientinnen und Klienten angemessen gerecht werde. Meine Möglichkeiten werden nicht abgefragt. Stattdessen werde ich unter Druck und Stress gesetzt und darf diese Unzufriedenheit in mich hineinfressen. Das ist wie Perlen vor die Säue werfen. Und die Säue, vor die ich meine Perlen werfen muss, die sitzen ganz oben, in den Politiker- und auf den Verwaltungssesseln.

Meine Güte, ich bin wirklich ein Mensch, der gerne arbeitet, der Freude daran hat, anderen Menschen bei der Bewältigung ihrer Probleme zu helfen. Und bis so etwa vor acht Jahren habe ich meine Arbeit bei uns in der Erziehungsberatung mit hoher Zufriedenheit gemacht.

Wir hatten immer eine eher knapp unter der Mindestgrenze für Erziehungsberatungsstellen liegende Personalausstattung und damit recht angespannte Arbeitsverhältnisse – aber, um es auf den Punkt zu bringen: Wir hatten damals durchaus noch die Möglichkeit, Beratungsprozesse qualitativ gut zu gestalten. Wir konnten so arbeiten, wie wir es gelernt hatten, nämlich prozessorientiert. Wir konnten über den Aufbau vertrauensvoller Beziehungen zu unseren Klienten Veränderungen herbeiführen. Und das hieß auch, dass wir in den Fällen, bei denen eine tiefere Problematik zu erkennen war, so viele Termine machen konnten, wie nötig waren. Oft waren unsere Beratungen mit zwei, drei und manchmal auch schon nach einem Termin beendet. Aber manchmal mussten und konnten wir mit Familien eben auch einen Prozess über ein halbes Jahr und länger gestalten.

Diese Perspektive, also Prozesse gestalten zu können, gab uns in unserer Arbeit die nötige Ruhe und die Zufriedenheit. Und wir konnten unser Bestes für die Klientinnen und Klienten geben.

Heute schaffen wir nur noch dünne, zerfaserte Prozesse, punktuelle Unterstützungen. Wir müssen die Klienten mit guten Ratschlägen wegschicken und dann alleine lassen. Oder wir können nur einen Einstieg leisten und die Leute dann überweisen.

Aber das wirklich Schlimme ist, dass dieses Überweisen nicht funktioniert.

Die Therapeuten sind voll ausgelastet, die Kinder- und Jugendtherapeuten, Kinder- und Jugendpsychiatrien und ihre Ambulanzen und andere Kinder bzw. Familien unterstützende Institutionen ebenfalls. Nicht selten kommt außerdem von dort die Aussage, der Fall hätte eine absolut ungünstige Prognose und so etwas würden sie nicht mehr übernehmen. Oder wir erreichen mit viel Mühe, dass die Leute bereit sind, beim Jugendamt einen Antrag auf Hilfe zur Erziehung zu stellen, und erfahren Monate später, dass noch immer absolut nichts passiert ist.

Die allgemeine Überlastung des Kinder- und Jugendhilfesystems und auch die langen Wartezeiten sind verantwortlich für etwas, was ich seit einiger Zeit beobachte und was mir große Sorgen bereitet: Ich nenne es Wellenbewegung mit Rückstoß. Wir arbeiten mit Klienten in relativ kurzer Zeit und versuchen mit ihnen, einen Weg in die Zukunft zu finden, versuchen sie zu den Institutionen weiterzuleiten, die ihnen weiterhelfen könnten. Aber sie kommen nach einiger Zeit zurück, weil ihnen nicht geholfen wurde, weil einfach nichts passiert ist. Und wir haben dadurch auf einmal einen richtigen Fall-Stau bei uns, mit dem wir einfach nicht fertig werden.

Abgesehen von diesen »Wiederanmeldern« kommen seit einigen Jahren insgesamt auch deutlich mehr schwere, hoch problematische Fälle zu uns als früher, also Familien, die deutlich mehr Zeit bräuchten, wenn man ihnen wirklich wirksam helfen wollte. Das sind nicht mehr die »normalen« Probleme von Familien, die mit ihren pubertierenden Kindern nicht klarkommen oder die mit typischen Erziehungsproblemen oder Sorgen um die Entwicklung der Kinder Beratung suchen. Was ich immer mehr sehe, sind zutiefst erschöpfte Eltern, Eltern, die von Konflikten, von beruflichen Sorgen oder psychischen Erkrankungen ausgebrannt sind, Eltern mit schweren Depressionen, mit schwersten Verwerfungen durch Trennungs- und Scheidungsprobleme.

Mir fällt da gerade ein Junge ein, den ich versuche zu betreuen: Die

Eltern leben getrennt, sind aufgrund verschiedener Schicksalsschläge in den vergangenen Jahren zermürbt, beide Eltern haben neue Partner und der Junge ist am Ende: er hat den Glauben an seine Eltern verloren, seine Familie ist zerbrochen und jetzt verliert er auch noch sein Zuhause. So was sind existenzielle Probleme, die eine massive Unterstützung und eine langfristige Begleitung erfordern. Das kann ich in unserer angespannten Situation nicht leisten und muss zusehen, dass dieses Kind immer verstörter wird. Angesichts der vielen Wartefälle ist aber gar nicht daran zu denken, mehr zu tun, als die Mutter (der Vater ist nicht zur Mitarbeit bereit) mit dem Kind alle paar Wochen einzubestellen.

Und dazu kommt: Selbst wenn wir die Zeit irgendwie aufbringen könnten, hat man uns mittlerweile verboten, kindertherapeutische Arbeit zu leisten. Diese Aufgabe soll heute ganz und gar der Gesundheitsbereich übernehmen, der, wie ich es bereits angesprochen habe, selbst vollkommen überlastet ist. Der Jugendpsychiatrische Dienst beispielsweise vergibt von vorneherein für solche Familien nur einen Termin pro Quartal. Ich frage mich: wer kümmert sich wirklich um diese Kinder?

Auch wir schaffen es nicht mehr, die Termine für eine Familie dicht genug zu vergeben. In der Regel liegen statt der idealen 14 Tage vier, manchmal sogar sechs Wochen zwischen den Terminen und dann kann man wieder ganz von vorne anfangen.

Außerdem sind auch die sogenannten »Multiproblemfamilien« mehr geworden, zum Teil vom Jugendamt geschickt, zum Teil durch unsere Kooperation mit dem Stadtteilzentrum eines sozial massiv belasteten Quartiers im Ort zu uns gekommen. Auch hier können wir wenig machen. Die Familien bräuchten eine andere Art von Hilfe. Die meisten kommen nach dem einen Mal gar nicht wieder. Hier ist Erziehungsberatung die falsche Maßnahme gewesen und das Jugendamt hat sich die Sache zu leicht gemacht, hat einfach Familien auf Verdacht zu uns geschickt, obgleich sie bei einer angemessenen sozialpädagogischen Diagnostik hätten wissen können, dass die Familie mit der Erziehungsberatung nicht zurechtkommen wird. Man will so also einfach nur die Warteschleife ausnutzen, um Zeit zu gewinnen, das Jugendamt zu entlasten und Geld zu sparen.

Das alles zusammen heißt für unsere Beratungsstelle: wir bekommen immer mehr Multiproblemfamilien, die aber eigentlich ganz falsch bei uns sind, wir bekommen auch sonst immer mehr schwer belastete und belastende Fälle und dazu noch die schon abgeschlossenen, die wieder zu uns kommen, weil die Hilfen außerhalb der Beratungsstelle nicht funktioniert haben oder zu dürftig blieben.

Das alles hat natürlich weitere Folgen für unsere Arbeit:

Wegen der allseitigen und allgemeinen Überlastung des Kinder- und Jugendhilfesystems ist inzwischen das eigentlich gute Kooperationsnetzwerk praktisch zusammengebrochen. Sprechstunden im Jugendamt sind oft nicht besetzt. Dadurch muss Kommunikation über Mails laufen, was sich bei diffizilen Zusammenhängen nicht ohne Verlust machen lässt. Die Fallreflexion klappt nicht mehr. Vorbereitungszeit für ein Gespräch ist schon lange utopisch. Aber auch Nachbereitung und Reflexion sind nur noch selten möglich. Und das wöchentliche Fallteam kann nur einen Bruchteil all der schwierigen Fälle supervidieren.

Für Präventionsarbeit genehmigen sie uns jetzt nur noch 5% der Arbeitszeit. Früher waren das 25% und wir haben zum Beispiel intensiv mit Kindergärten gearbeitet, waren auf Elternabenden anwesend, haben Themenabende oder Elternseminare angeboten, haben Erzieherinnen und Erzieher mit pädagogischer Fachberatung unterstützt usw.

Was mich am meisten fertig macht, ist aber nicht die starke Arbeitsbelastung, die wir aushalten müssen. Am schlimmsten ist die Tatsache, dass wir nicht so arbeiten können, wie wir es aus fachlichen Gründen könnten und müssten. Meine Fallarbeit erlebe ich als zerfasert, als etwas, das auseinanderfällt, als zersplissen, als nicht tragfähig, nicht als etwas, was Halt, Struktur oder Kraft geben kann, sondern als ein scheinheiliges, dürftiges auf jeden Fall unzureichendes Angebot, das kaum etwas nutzt. Ich habe inzwischen keine Hemmungen mehr, ganz laut zu sagen: »Ich bin einer, der nicht gut arbeitet«, obwohl meine Vorgesetzten wie meine Kollegen bestürzt sind, wenn ich solche Äußerungen mache. Denn sie alle halten den Schein aufrecht und erzählen die Mär von der intakten Arbeit, der leistungsfähigen Kinder- und Jugendhilfe, den erfolgreichen Beratungsabschlüssen. Aber das stimmt einfach nicht. Tatsächlich können und dürfen wir unter diesen Bedingungen keine angemessene und keine fachlich gute Arbeit leisten. Das ist für mich Absurdistan. Mein gefühlter Wert von Wirksamkeit liegt bei 30% von dem, was möglich wäre.

Seit sechs Jahren weigere ich mich deshalb, mein Recht auf regelmäßige Fortbildung wahrzunehmen. Ich bin einfach nicht mehr bereit, bei diesem Possenspiel mitzumachen:

Ich lerne da die spannendsten, tollsten Methoden für eine gute Beratungsarbeit kennen und weiß doch genau, dass ich diese nie werde anwenden können, weil dafür überhaupt keine Rahmenbedingungen gegeben sind.

Wir überlegen seit Langem hin und her, ob und wie wir diese Probleme lösen können. Entweder, wir nehmen uns die fachlich notwendige Zeit und lassen den Rest der Klientinnen und Klienten einfach hinten herunterfallen, um wenigstens für einige sinnvolle Arbeit zu leisten und diesen wenigen richtig zu helfen. Aber dann lassen wir viele vor verschlossenen Türen stehen und sehen tatenlos zu, wie sie leer ausgehen.

Oder wir machen so weiter und beschränken uns auf oberflächliche Prozesse, auf bloße Anstöße und aufs Weiterleiten in eine Hilfewelt, die verstopft ist und wo überall nur noch der Sand im Getriebe steckt. Und helfen damit niemandem wirklich, nur denen, die sich dann mit unseren Fallzahlen brüsten können und erzählen, wie viel ihre Einrichtung leistet. Wie wir auch entscheiden, es ist ein falscher, verlogener Weg. Wir können nicht die richtige Entscheidung treffen, sondern wie immer nur zwischen schlechten Alternativen wählen.

Und wenn mir der Leiter unseres Trägers, ein Pfarrer und ein eigentlich freundlicher Mensch, auf meine Beschreibung dieses Dilemmas antwortet: »So ist das eben. Dann bleiben die anderen eben draußen«, dann weiß ich langsam nicht mehr, ob ich hier noch bleiben kann.

»Es wird eigentlich immer schlimmer.«

Bilanz nach fünf Jahren Familienhilfe

Als ich vor fünf Jahren als Familienhelferin anfing, hatte man gerade die wöchentliche Stundenzahl für eine Familie von acht auf sechs heruntergeschraubt. Wenige Jahre davor waren es noch zwölf Stunden pro Familie gewesen. Heute sind es nur noch ganze drei Stunden im Schnitt, es gibt auch Fälle, in denen nur eine oder zwei Stunden gewährt werden. So etwas ist heute also ganz normal, bedeutet aber inklusive Vor- und Nachbereitungszeiten und Schreibtischarbeit gerade noch mal einen richtigen Termin mit der Familie pro Woche.

Der Reduktion der Stunden steht die Intensität der Probleme in den Familien jedoch diametral entgegen. Heute wird Sozialpädagogische Familienhilfe sowieso fast nur noch in Kindesschutzfällen durchgeführt. Während die Stunden immer mehr reduziert wurden, haben sich die Problemlagen in den Familien in den letzten Jahren zugespitzt.

Unter diesen schlechten Rahmenbedingungen werden unsere Handlungsmöglichkeiten immer eingeschränkter. Genügend Zeit für psychosoziale Beratung und für den Beziehungsaufbau gibt es in der Sozialpädagogischen Familienhilfe kaum noch. Gerade aber in Fällen mit Sucht- oder Vernachlässigungsproblematik braucht es Zeit, bis eine Beziehung entsteht.

Es geht in unserer Arbeit langsam aber sicher nicht mehr um Lernen, Entwickeln, Aushandeln, Bewusstmachen, Reflektieren, Stabilisieren, Probieren, Selbständigmachen. Es gibt eine Tendenz hin zum bloßen Case Management[61]. Tatsächlich wird uns von Vorgesetzten gesagt, wir sollen bei den Familien vorbeigehen, schauen, dass sie sich vernetzen, dass sie Termine wahrnehmen, hier bei der Beratungsstelle, dort bei der Sozialberatung. Und wir sollen dann die Termine koordinieren.

Diese Rechnung aber geht überhaupt nicht auf. Unsere Familien nehmen solche »Überweisungen« meist nicht wahr, und wenn wir sie fragen, ob sie dort waren, dann fangen sie an zu lügen, zu schummeln, sich rauszureden oder sie leugnen ihre Probleme. Sie möchten einfach nicht dorthin, ihnen fehlt das Vertrauen oder der Antrieb. Da muss man erst mal mitgehen, bis sie dort Fuß gefasst haben. Wenn das klappt, geht das oft durchaus gut. Aber alleine trauen sie sich nicht. Leute mit solchen Hemmschwellen kann man nicht einfach irgendwo hinschicken oder vermitteln. Und deswegen geht das nicht mit dem Case Management.

Ich weiß aus Erfahrung, dass Klientinnen und Klienten nur durch Beziehungsarbeit Vertrauen entwickeln können. Anweisungen, Ratschläge und Verordnungen, von Fremden für sie schon ausgedachte Lösungen und Wege lassen aber kein Vertrauen wachsen, weder in die Helfer, noch zu sich selber. Nur aber, wenn Vertrauen im Spiel ist, wenn man zusammen Lösungen entwickelt, lassen Klienten sich wirklich auf uns Familienhelferinnen und -helfer ein, nehmen ernst, was man sagt, fangen an sich damit auseinanderzusetzen. Die Handlungsschritte müssen für sie persönlich umsetzbar sein, da gibt es keine Pauschallösungen, die für alle gelten. Mit der individuellen Arbeit beginnt auch Entwicklung und Veränderung. Aber es bedarf dieser Vertrauensbasis auf Gegenseitigkeit und ich muss dafür als Helferin einiges tun.

61 Case Management bedeutet die Organisation und Vermittlung von Hilfen an Klientinnen und Klienten und die weitere Kontrolle des Falles. Sie schließt keine Beziehungsarbeit und sozialpädagogische Beratung ein.

Aber das kann ich mit nur drei Stunden pro Woche für Familien, die sich üblicherweise in multiplen Problemlagen befinden, schlicht nicht leisten.

Dabei fehlt die Zeit nicht nur für die direkte Arbeit mit den Klientinnen und Klienten. Ich muss in diesen drei Stunden auch noch die fachlich notwendige Kooperation mit Schule, Kindergarten und weiteren Einrichtungen leisten. Die meisten der Kinder, die wir betreuen, haben große Probleme in der Schule. Die Eltern wiederum weichen aus Überforderung nicht selten einer Konfrontation mit den Lehrkräften aus. Eine gestörte oder abgebrochene Kommunikation mit der Schule sollte mit Hilfe der Familienhilfe überbrückt werden, sodass neue Abmachungen getroffen und Lösungen gefunden werden können. Auch diese Prozesse brauchen aber ihre Zeit.

Es finden Sitzungen statt, Telefonate müssen geführt werden. Und meistens sind in einer Familie mehrere Kinder betroffen. Auch der Austausch und die Vermittlung zwischen den betroffenen Familien und Ärzten, Therapeuten und Freizeiteinrichtungen spielen eine Rolle.

Die Arbeit im Sozialraum, also das Einbeziehen des sozialen Umfeldes der Familie, gehört mit zum Wichtigsten in der Familienhilfe. Will man Hilfe zur Selbsthilfe leisten, muss die Familie wieder in ihr Umfeld eingebunden werden.

Das alles ist aber mit drei Stunden die Woche wohl kaum möglich, und so wursteln wir alle vor uns hin und versuchen Prioritäten zu setzen. Aber das ist schwierig, denn »wenigstens ein bisschen Hilfe« ist oftmals eher kontraproduktiv.

Die Familien leiden unter Mehrfachbelastungen. Hat eine Familie zum Beispiel existenzielle finanzielle Probleme, werden sich die Eltern in der Regel nicht ausgiebig der Schulproblematik widmen können. Für das Jugendamt ist die Schulproblematik jedoch oftmals vordergründig. Im Rahmen der Familienhilfe müssen hier sinnvollerweise beide Problematiken gleichzeitig oder mindestens im gleichen Umfang angegangen werden, erst wenn das gelungen ist, stellt sich meiner Erfahrung nach eine Beruhigung und Entlastung ein. Die Eltern fühlen sich unterstützt, beginnen an sich zu arbeiten und stellen sich zum Beispiel auch mal einer schwierigen Sitzung mit einer Lehrkraft.

Mit mangelnden Zeitressourcen kann auch das für das Jugendamt oft vordergründige Ziel, Kindeswohlgefährdung abzuwenden, nicht erreicht werden – auch dann nicht, wenn es hier fünf Stunden gibt – ganz zu schweigen von nachhaltigen Zielen und Veränderungen. Teilweise enden diese Hilfen in einer Art Alibiübung. Offiziell steht der Familie eine Hilfe zur Seite, aber genau genommen hat man nur noch einen Kontrollauftrag.

Ich versuche, mich nicht mit diesen Entwicklungen abzufinden, und habe damit sogar einigermaßen Erfolg. Das verlangt von mir enorm viel Kraft und geht in etwa so:

Ich kündige bei Fallübernahme im Jugendamt gleich an, dass ich angesichts der Problemlagen und der gesteckten Ziele mehr Stunden brauchen werde. Das Jugendamt sagt dann, o.k., ich solle zusätzliche Stunden beantragen. Das mache ich dann auch und versuche, diese Stunden durchzukämpfen. Hin und wieder gelingt das. Aber allein das Verfassen der Anträge, die ich stellen muss, um an mehr Stunden zu kommen, ist ein großer zusätzlicher Aufwand. Man muss haarklein und haarscharf fachlich begründen, warum und wofür man die Stunden braucht, möglichst mit Zeit- und Detailangaben, was man tun will, fast so wie in der ambulanten Pflege. Aber nicht nur das. Man muss es dann wirklich auf sich nehmen und sagen: ›Wenn ich das und das nicht leisten kann, weil mir die Zeit dafür fehlt, dann kann die Kindeswohlgefährdung nicht eingedämmt werden‹. Wenn Jugendamtsmitarbeiterinnen und -mitarbeiter dann eine solche »Androhung« schriftlich vor sich liegen haben, trauen sie sich in der Regel nicht, den Antrag abzulehnen, weil sie damit nachweislich eine Gefährdung des Kindes in Kauf genommen hätten. Mit Hilfe dieser schriftlichen Anträge klappt die Bewilligung oftmals, aber das ist in jedem einzelnen Fall aufs Neue ein Kampf.

Ich merke allerdings, dass auch ich selbst inzwischen schon die Schere im Kopf habe und zum Beispiel nur fünf Stunden beantrage, obwohl ich aus fachlichen Gründen sicher bin, dass ich acht oder auch zehn Stunden brauchen würde. Aber ich wage es dann doch nicht, so viel zu beantragen, und mache den Rest dann eben wieder mal ehrenamtlich, damit es wirklich etwas werden kann.

Viele meiner Kolleginnen und Kollegen haben die neuen Bedingungen wohl oder übel akzeptiert. Das ist auch verständlich, denn um Stunden zu kämpfen kostet richtig Kraft. Sie verstehen ihre Arbeit immer mehr als eine Art Dienstleistung. Sie sagen: »Das Jugendamt ist mein Auftraggeber und zahlt mir eben nur drei Stunden. Gut, dann kann ich eben nicht mit zur Schule und zum Jobcenter gehen.« Und oft sagen sie sogar: »Ich kann bei dem bisschen Zeit auch nicht zu den Familien nach Hause.« Sie machen die Gespräche dann im Büro des Trägers und bestellen sich die Familien ein, wie in alten Fürsorgezeiten. Ich dachte immer, das Vor-Ort-

Arbeiten sei das ganz Besondere der Sozialpädagogischen Familienhilfe, sozialpädagogisch gesehen sozusagen das methodische Highlight der Alltagsorientierung[62].

Der Druck auf die Familienhelferinnen und -helfer wird ständig erhöht, sie betreuen zahlenmäßig immer mehr Familien und, im Vergleich zu früher, viel mehr Kinderschutzfälle. Aufgrund der steigenden emotionalen und auch physischen Belastung und des gleichzeitig immer mehr eingeschränkten Handlungsspielraums nimmt die Gefahr auszubrennen zu. Auch für die betroffenen Familien muss dies alles frustrierend sein. Will man ihnen wirklich Hilfe anbieten, sollte man das auch ernst meinen und angemessene zeitliche und professionellen Ressourcen zur Verfügung stellen.

»Wozu habe ich eigentlich studiert?«

Was im Studium gelernt wurde, wird gar nicht gebraucht

Rückblickend auf mein Studium der Sozialen Arbeit, das ich vor fünf Jahren abgeschlossen habe, erinnere ich mich an die Vermittlung eines breiten Fächerkanons, vieler unterschiedlicher Methoden, theoretischer Konstrukte und eines politischen, soziologischen und rechtlichen Hintergrundwissens. Viel war die Rede von Professionalität, Fachlichkeit, aber auch von Grenzen der Arbeit. Im Rahmen dieses Wissens um Theorien, Methoden und Zusammenhänge und im Kontext dieser erworbenen Kompetenzen würde ich mich, so dachte ich damals, in meinem zukünftigen Arbeitsleben gut bewegen können, und das würde mir eine gewisse Sicherheit vermitteln. Ich ging davon aus, dass mir innerhalb dieser Jahre ein Gerüst, eine Stütze und eine wichtige Orientierung an die Hand

62 Alltagsorientierung ist eine spezifische Ausrichtung des sozialpädagogischen Handelns. Probleme werden nicht im Rahmen von künstlichen, z.B. therapeutischen »Räumen« angegangen, sondern unmittelbar im Alltag der Klientinnen und Klienten. Dadurch enthält diese Ausrichtung einen sehr konkreten und direkten Bezug zur Lebenswirklichkeit der Menschen.

gegeben worden war, um meine zukünftige Arbeit fachlich fundiert meistern zu können und dafür dann natürlich auch Akzeptanz und Wertschätzung zu erlangen.

Nach meiner Ankunft in der Praxis wurde mir ziemlich schnell klar, dass leider nicht viel von diesem Gerüst übrig geblieben war, das grundlegend für meine Arbeit sein und mich zugleich schützen würde. Der notwendige Rahmen, innerhalb dessen ich mein an der Hochschule erworbenes, wissenschaftlich anerkanntes, evaluiertes Wissen umsetzen und anwenden könnte, wurde aufgrund von Einsparungen einfach abgeschafft. Trotzdem wird auch von mir täglich verlangt, die Arbeit qualitativ genauso gut auszuführen, »als wenn alles noch dastünde«. Ich muss meine Arbeit unter den verschärften Bedingungen leisten, wohl wissend, dass ich so nicht wirklich gut, eigentlich gar nicht richtig sozialpädagogisch arbeiten kann. Ich frage mich, wozu wir studiert haben, wenn uns in der Praxis nur eingeengte Bedingungen erwarten und von uns verlangt wird, Soziale Arbeit als »fast food« zu verabreichen und sie dann noch als »Delikatesse« oder »nahrhafte Speise« verkaufen zu müssen. Das ist so, als ob ein Bäckermeister, der in der Lage wäre, wirklich gutes Brot zu backen, in einer Brotfabrik arbeiten muss, die klumpiges, wenig nahrhaftes Brot produziert, und seine Aufgabe nur noch darin besteht, die Mehlabfüllmaschine zu überwachen.

Das ist Verschwendung von menschlichem Wissen und Betrug an denen, die auf die Leistungen der Fachleute angewiesen sind.

Und es ist gegenüber uns als studierten Sozialarbeiterinnen und Sozialarbeitern eine unglaubliche Herabwürdigung.

»Diese Sparstrategie schadet den Kindern in der Wohngruppe und uns!«

Probleme und Stress in Zeiten der Tagessatzfinanzierung

Ich arbeite in einer Wohngruppe für Kinder, also in dem Bereich, den man früher als Kinderheim bezeichnet hat. Wir sind schon lange unterbesetzt und schaffen es eigentlich nie, mehr zu tun als das, was unbedingt erforderlich ist. Das ist nicht genug. Aber seit es statt der früheren Pauschalfinanzierung die Tagessatzfinanzierung bei uns gibt, ist unsere eh angespannte Situation noch viel verschärfter und manchmal unerträglich. Das hat folgenden Grund: Unsere Einrichtung ist für zehn Plätze ausgelegt und muss zu 88% belegt sein, wenn wir nicht zuzahlen wollten. Krisen sind aber sehr unkalkulierbare Geschäfte. Und es gibt ja nur Geld für die Kinder, die auch wirklich da sind. Es gibt Zeiten, da haben wir nur fünf, sechs Kinder. Das sind dann für uns und die Kinder eigentlich immer gute Zeiten, da geht dann manches doch, was mit zehn Kids unmöglich sein würde. Nur haben wir dann aber gleichzeitig immer ein ökonomisches Problem: Es muss gespart werden. Und man spart immer am effektivsten an den Personalkosten. Der Träger hat deshalb unsere zweite Erzieherin, die in der Nachmittagsbetreuung dazukam, nach Hause geschickt. Sie musste Überstunden nehmen oder Minusstunden machen. Die Bezahlung für uns Angestellte geht zwar weiter, aber es fehlen jetzt auch die Nachtschichtzuschläge. Eine Nebenbeschäftigung wird uns allen gleichzeitig per Vertrag untersagt. Aber ich weiß, letztlich ist das noch recht human. Ich kenne etliche Träger in diesem Arbeitsfeld, die zahlen ihren Erzieherinnen einen Sockelbetrag für 20 und mehr Stunden und mehr Geld gibt es nur bei mehr Arbeitsanfall.

Die ökonomischen Zwänge haben aber noch andere fatale Folgen für unsere Arbeit: Wir müssen nämlich, um der Nichtauslastung zu entgehen, auch Kinder nehmen, die nicht aus unserem Stadtteil kommen und dafür morgens dann weitere Fahrten zu den Schulen in Kauf nehmen. Wir nehmen oft Geschwister auf, auch wenn dann bei dem einen oder anderen Kind das Alter nicht stimmt. 16-Jährige in unseren engen Schlafräumen mit drei oder vier Betten darin sind aber ein riesiges Problem. Noch schwieriger wird es, wenn Geschwisterkinder noch nicht zur Schule gehen. Morgens ist dann niemand da außer der Hauswirtschaftskraft, der diese Kinder beaufsichtigen kann. Wir übernehmen außerdem Kinder, die eigentlich intensivere und spezialisierte Angebote benötigen würden. Wir müssen halt unsere Plätze auslasten und das Jugendamt spart dabei Geld, denn der Tagessatz in solchen Spezialeinrichtungen ist weit höher als bei uns. Aber wir haben wiederum große Probleme, weil dieses eine Kind mehr Aufmerksamkeit und Zeit von uns braucht als andere, die dann zu kurz kommen. Auf diese Weise steigert sich der Stress für die Erzieherinnen. Und die Kinder bekommen von uns noch weniger. Immer öfter können wir die Ereignisse nicht mehr steuern.

Das heißt also: Wenn alles besetzt ist oder sogar überbesetzt, haben wir zwar keinen ökonomischen Zwang, aber die Situation wird für Kinder wie Erzieherinnen und Erzieher unerträglich. Bleiben wir mit nur der Hälfte der Kids, die vorgesehen sind, unterbesetzt, klappt die Arbeit gut und wir können sogar auch mal pädagogisch arbeiten. Dann aber gerät sofort der Träger in ökonomische Schieflagen und es wird für alle bedrohlich.

So etwas war früher undenkbar. Heute ist das üblich und nach Meinung der Verwaltung notwendig um Geld einzusparen. Aber diese Sparstrategie schadet unseren Kindern und uns.

»Unter solchen Bedingungen kann ich keine gute Arbeit machen.«

Familienhilfe braucht Zeit und die fehlt hier überall

Ich bin Familienhelferin, eine Supernanny sozusagen. Das sage ich immer, wenn mich einer nach meinem Beruf fragt. Dann wissen sie alle gleich, worum es geht. Nur leider habe ich nicht die Voraussetzungen dazu, auch eine gute Supernanny zu sein. Und mal abgesehen davon, stellt RTL nur in sehr knappen Ansätzen die Realität dar.

Ich beschreibe mal meinen jüngsten Fall, mit dem ich jetzt seit drei Monaten zu tun habe. Es handelt sich um einen der Fälle, die dir vom Jugendamt mit den Worten ans Herz gedrückt werden: »Eigentlich müsste das Kind raus – aber wir versuchen es halt noch mal.«

Es geht um eine alleinerziehende Mutter mit einer achtjährigen Tochter. Da ist auch noch ein Lebensgefährte, die Tochter nennt ihn »Papa«, aber er wohnt, zumindest offiziell, nicht in der Familie.

Es gibt schon seit einiger Zeit Probleme mit dem Kind. Es wurde mir als sehr schwierig beschrieben und die Mutter als nicht hinreichend erziehungskompetent. Für die Tochter gilt seit der Vorschulzeit eine Diagnose laut § 35a KJHG (seelische Gefährdung oder drohende seelische Gefährdung). Die Psychiatrie hat vor Kurzem eine Aufmerksamkeitsdefizitstörung (ADHS[63]) sowie eine histrionische Persönlichkeitsstörung (das ist eine durch egozentrisches und theatralisches Verhalten gekennzeichnete Störung) diagnostiziert. Das heißt, abgesehen vom typischen »Zappelphilipp-Verhalten«, neigt das Kind dazu, seine Umwelt mit hysterischen, stark dramatisierenden Anfällen zu schockieren, zu beeindrucken und zu steuern. Durch entsprechendes Verhalten hat das Mädchen auch versucht, die Mutter davon abzuhalten, wieder arbeiten zu gehen.

Es gab für diese Familie bereits einmal eine Sozialpädagogische Familienhilfe, die aber vorzeitig durch einen Aufenthalt des Mädchens in der Kinderpsychiatrie beendet wurde. Nun sollte eine weitere Sozialpädagogische Familienhilfe die Probleme in den Griff bekommen.

Die Mutter wurde mir vor Fallbeginn von der Kollegin aus dem Jugendamt als an der Familienhilfe sehr interessiert und mitarbeitsbereit geschildert. Als wir bei dem Einführungsgespräch mit der Mitarbeiterin vom Jugendamt zum ersten Mal zusammentrafen, wurde der bereits vorliegende Hilfeplan verlesen. Ich hatte den Eindruck, dass der Mutter die Inhalte völlig neu waren. So enthielt der Hilfeplan auch die Auflage, dass die Mutter die Kleine zu einem ADHS-Training anmelden solle. Auch die Diagnose aus der psychiatrischen Klinik bekam die Mutter erst von mir zu hören. Keiner hatte sie ihr mitgeteilt, geschweige denn erläutert.

In dem ersten Gespräch, das ich mit der Mutter alleine führte, stellte sich heraus, dass sie überhaupt keine weitere Familienhilfe haben wollte und auch das ADHS-Training ablehnte. »Warum haben Sie denn im Jugendamt nicht gesagt, dass sie keine Familienhilfe wollen?«, fragte ich

63 ADHS bedeutet: Aufmerksamkeitsdefizit-/Hyperaktivitätssyndrom

sie verdutzt. Die Antwort hat mich erschreckt: »Wer weiß, was dann alles mit meiner Tochter und mir passieren würde!« Die Mutter vertraute mir viel später an, dass sie vor Jahren, in der Kindergartenzeit ihrer Tochter, vom Jugendamt Hilfe erwartet hatte, nachdem ein Psychologe bei dem Kind eine seelische Behinderung festgestellt hatte. Aber das Jugendamt hatte ihr jede Hilfe verweigert. Das hatte sie enttäuscht und ziemlich demotiviert. Und nun wollte sie mit dem Jugendamt lieber nichts mehr zu tun haben. Aber das konnte sie ja wohl nicht sagen? Also fügte sie sich.

Das war die Ausgangssituation für meine Familienhilfe.

Hier war mal wieder jemand zu seinem »Glück« mehr oder weniger gezwungen worden, so schien es mir. Aber ich machte mich trotzdem an die Arbeit. Es galt, die Ziele, die der Hilfeplan vorgab, nun gemeinsam mit der Mutter in konkrete, erreichbare und realistische Handlungsziele umzuformulieren. Die Ziele im Hilfeplan waren eher allgemein gehalten. Ich sollte beispielsweise die Erziehungskompetenz der Mutter stärken und ihre Antriebsschwäche überwinden helfen. Und ich sollte für das Kind eine sinnvolle Freizeitgestaltung erarbeiten.

Und da stand ich nun: mit gerade mal vier Fachleistungsstunden für alle diese Ziele! Vier Stunden, das ist bei uns zurzeit das Höchstmaß – es sei denn, es liegt eine unmittelbare Kindeswohlgefährdung vor. Von den vier Stunden blieben mir nach Abzug der Fahrtzeit von einer dreiviertel Stunde, nach Abzug von Zeiten für Vor- und Nachbereitung und für die notwendige »Umfeldarbeit«, also zum Beispiel für die Kontakte mit der Schule, und nach Abzug der Zeiten für das Schreiben von Berichten und Dokumentationen, nur knapp zwei Stunden für einen wöchentlichen Familienkontakt. Aber dadurch, dass die Stundenanzahl, die ich für eine Familie bekomme, so gering ist, muss ich bei einer 40 Stunden-Stelle bis zu neun Familien annehmen. Das bedeutet neun sogenannte Multiproblemfamilien im Kopf und im Blick haben.

Im Hilfeplan stand außerdem, die Mutter solle an mir als Modell lernen, wie man mit der schwierigen Tochter umgehen müsse. Kann mir mal einer sagen, wie ich auch das noch in zwei Stunden die Woche bewerkstelligen könnte? Und es ist doch eine pädagogische Binsenweisheit, dass Modelllernen nur dann funktionieren kann, wenn sich zwischen Lernendem und Modell eine gute Beziehung entwickelt hat. Aber ich habe doch überhaupt keine Zeit für Beziehungsarbeit. Wir können nur immer durchrattern, was an Problemen und Aufgaben ansteht. Mehr nicht.

Ich frage mich bei solchen Geschichten: Sind das nicht auch alles sozialpädagogische Fachleute im Jugendamt? Warum machen die das mit?

Ich habe in meinen ersten Bericht hineingeschrieben, dass mit der Stundenzahl, die man mir gewährt, die vorgegebenen Ziele nicht zu erreichen sind. Aber das wird nichts nutzen, ich weiß es ja. Ich habe fürs ganze Jahr 250 Stunden, und wenn ich jetzt mehr brauche, dann fehlt es am Ende. Vielleicht wird man mir dann noch ein paar weitere Stunden gewähren. Aber es bleibt auch dann in jedem Fall bei einer Sozialpädagogischen Familienhilfe, die höchstens kompensatorisch wirkt: Ich kann so weder die Ziele erreichen noch überhaupt zu den eigentlichen Problemen vordringen.

Wenn ich es mir genau überlege, liegt schon der Hilfeplan schief. Denn es geht gar nicht vorrangig darum, dass die Mutter antriebsarm ist und über keine Kompetenzen verfügt. Ich würde vielmehr sagen: Das Kind ist psychisch gefährdet, weil es durch die Mutter eine permanente Entwertung erlebt. »Wenn du später erst mal hier raus bist, dann geht es mir besser!«, sagt sie zum Beispiel zu ihrer Tochter. Die Mutter hat eine sehr ambivalente Haltung zu dem Kind. Sie verletzt es immer wieder psychisch. Wenn man genau hinsieht, muss man sich über die Symptome bei dem Kind eigentlich gar nicht wundern. Im Jugendamt hat man scheinbar den naiven Glauben, man könnte solche massiven Beziehungsprobleme einfach durch eine Kompetenzzunahme der Eltern aus der Welt schaffen. Aber das alles scheint außer mir niemanden zu kümmern.

Mir ist schon klar, was das Jugendamt in Wirklichkeit bewegt: Sie haben Angst, dass der Kleinen was passieren könnte, dass die Mutter ausrastet. Sie hat einmal gesagt, sie sei früher zu Hause nur geschlagen worden. Bei ihrer Tochter würde sie gar nicht damit anfangen, sonst könnte sie vielleicht nicht mehr aufhören, das läge sicher in ihren Genen. Und statt auf den Hilferuf einzugehen, der in dieser Aussage steckt, ist dies für die Jugendhilfe nur der Anlass für Kontrolle und Vorsichtsmaßnahmen, eben zum Beispiel durch eine Sozialpädagogische Familienhilfe.

Seit die Sache mit der Kindestötung im Nachbarbezirk passiert ist und das Jugendamt wieder mal in die Diskussion kam, ist die Angst noch größer. Jetzt haben wir die Auflage, jedes Gespräch genau zu dokumentieren, um uns und vor allem unsere Vorgesetzen und Träger abzusichern. Das sind dann so Fragen wie: ›Waren die Kinder bei ihrem letzten Besuch auffällig? War die Wohnung auffällig? Wurden Vereinbarungen getroffen?‹. Letzteres ist besonders wichtig, denn wenn man zum Beispiel mit der Mutter nachweisbar vereinbart hat, dass sie zum Kinderarzt gehen muss, dann ist man aus allem raus, wenn sie es doch nicht tut und dann was passiert. Es scheint gar nicht um die Kinder zu gehen, sondern nur noch darum, dass einem nichts vorgeworfen werden kann. Alles, was gemacht wird, auch die Sozialpädagogische Familienhilfe, wird nur zur Selbstabsicherung gemacht. Man geht den Problemen nicht auf den Grund, man versucht nicht, Probleme zu verändern, Lernprozesse einzuleiten.

Klar, es ist schrecklich, wenn ein Kind stirbt, aber bevor man sich eine Meinung darüber bildet, wer hier die Schuld trägt, sollte man sich doch erst einmal die von oben aufgesetzten Arbeitsbedingungen anschauen. Die ohnehin bestehende psychische Belastung, die in diesem Arbeitsfeld auf die Mitarbeiterinnen und Mitarbeiter einwirkt, wird durch Einsparungen – ergo Unterbesetzung und zu wenig Zeit – immer noch weiter verstärkt. Ich bin fachlich sehr gut ausgebildet, kann aber meine Kompetenzen unter solchen Zeitbedingungen überhaupt nicht einsetzen.

Ich bin wütend über diese Einsparungen. Ich weiß, dass ich mehr mit den Familien erreichen könnte, wenn die Rahmenbedingungen besser wären. Es kann nicht sein, dass eine Gesellschaft Banken rettet, aber die Familien am unteren Rand dem Untergang geweiht sind.

Gute Arbeit braucht Zeit. Ich arbeite hier mit Menschen und nicht mit irgendwelchen Maschinen. Eine Veränderung im Erziehungsverhalten zum Beispiel erreiche ich nicht durch schnelleres, billigeres, oberflächlicheres Arbeiten, sondern vor allem durch viel Zeit und Beziehungsarbeit. Von unseren Klientinnen und Klienten wird zum Wohle der Kinder berechtigterweise verlangt, sich zu verändern. Aber ich kann da nicht einfach hingehen und sagen, wie das geht, was sie machen sollen. Veränderungen sind schwer zu bewerkstelligen. So etwas fällt den meisten Menschen nicht leicht, egal aus welcher Bildungsschicht sie kommen. Auch sind die Lebensumstände meistens schwierig. Und oft wird die Notwendigkeit einer Veränderung zunächst nicht akzeptiert. Und Gewohnheiten zu verändern, bei denen der Betroffene gar nicht einsieht, dass er sie verändern muss, das ist noch viel schwieriger. Eltern müssen erst einmal selbst wirklich begriffen haben, mit dem Kopf und mit dem Herzen, dass zum Beispiel etwas für die Kinder schädlich ist. Und dann erst können sie die gemeinsam erarbeiteten Handlungen, die zu Veränderung führen sollen, umsetzen. Das braucht alles viel Zeit. Und die fehlt überall. Warum eigentlich?

Ich will gute Arbeit machen. Aber so kann ich das nicht.

Informationen und Anmerkungen

Hier besteht ein Zusammenhang zu dem im vorherigen Kapitel bereits thematisierten Problem der fehlenden Ressourcen in der Sozialen Arbeit. Steht beispielsweise zu wenig Zeit zur Verfügung, kann man nicht so gut beraten, wie mit entsprechender Zeitperspektive. Möglicherweise kann man auch gar nicht mehr beraten. Die Leistungen der Sozialen Arbeit sind nicht quantitativ portionierbar. Hilfen werden unter unzureichenden Bedingungen unmöglich oder zu ihrer eigenen Karikatur. »Beraten Sie doch einfach mal etwas schneller«, ist der Ratschlag eines Vorgesetzten, der deutlich macht, dass dieser von Sozialer Arbeit nicht das Geringste versteht. Man kann vielleicht schneller Aktenordner sortieren, aber man kann nicht schneller beraten.

Das Gleiche gilt, wenn ich eine Hilfe mittendrin abbrechen muss, weil die zur Verfügung stehende Zeit abgelaufen ist und die Hilfe nicht weiter verlängert wird. Es gilt auch, wenn ich gezwungen werde, eine Methode zu nutzen, die in der entsprechenden Situation nichts bringt, oder ein Ziel anzusteuern, was aus fachlicher Sicht noch gar nicht auf der Tagesordnung stehen dürfte.

Was die Sozialarbeiterinnen und Sozialarbeiter gelernt haben, wird heute in der praktischen Arbeit oft nicht abgefragt. Qualifikationen und Erfahrungen bleiben dann einfach ungenutzt, weil ein Träger sie gar nicht in seinem sozialarbeiterischen Billigangebot verwenden kann.
Nicht gefragt ist bei sehr vielen Trägern auch die Fähigkeit, durch eigenes Denken zu Lösungen zu kommen. Lieber soll man sich einfach an das Einrichtungshandbuch halten und keine eigenen Wege versuchen.

Wie sich »gute«, fachliche Soziale Arbeit von der verkürzten und oberflächlichen Sozialen Arbeit unter neoliberaler Regie unterscheidet und warum, soll hier an einem Beispiel verdeutlicht werden:

Eine Mutter mit drei Kindern (2, 5 und 12 Jahre alt) braucht Sozialpädagogische Familienhilfe. Es geht dabei um die bessere Versorgung und Erziehung der Kinder, um Verhaltensstörungen des 12-Jährigen, der in der Schule durch Aggression und Schulverweigerung auffällt, um die schlechte Beziehung zwischen Mutter und ihrem Ältesten, um Ärger mit dem Sozialamt und um die Bearbeitung der Gewalterfahrungen durch den Vater der Kinder, der die Familie vor einem Jahr verlassen hat. Wirklich fachlich angemessen wäre nun folgendes Vorgehen:

Die Familienhelferin nimmt Kontakt zur Familie auf. Sie hat zwölf Stunden Zeit in der Woche, um mit der Familie zu arbeiten. In der ersten Zeit geht es vor allem darum, zur Mutter, aber auch zu den drei Kindern, ein stabiles Vertrauensverhältnis aufzubauen, die Ziele, die das Jugendamt genannt hat, auf Machbarkeit und auf die Sicht der Betroffenen hin zu prüfen und mit den Betroffenen Pläne zu schmieden. Die Familienhelferin arbeitet zum einen allein mit der Mutter. Dafür gibt es pro Woche einen Gesprächstermin am Vormittag, während die beiden größeren Kinder in Schule und Kindergarten sind. Für das Krabbelkind kommt in dieser Zeit eine Honorarkraft mit, die während des Gespräches nebenan mit ihm spielt. In diesen Gesprächen zwischen Mutter und Helferin werden Themen behandelt, die manchmal gar nicht unbedingt zu den vorgegebenen Zielen passen, die aber der Mutter wichtig sind und die ganz offensichtlich bearbeitet werden müssen, damit die Mutter für neue Aufgaben und Kompetenzen aufgeschlossen wird.

Zweimal kommt die Familienhelferin in die Familie, einmal nachmittags, wenn alle Kinder da sind und einmal in der Abend- und Zubettgeh-Phase. Hier kann sie die Familie in Interaktion beobachten und direkt mit ihnen problematische Verhaltensweisen besprechen, gemeinsam mit der Familie zusammen sein, am Familienleben teilnehmen etc.

Darüber hinaus trifft sich die Familienhelferin einmal pro Woche mit dem Ältesten, unternimmt etwas mit ihm, arbeitet mit ihm an seinen sozialen Problemen und stützt ihn in Schul- und Familienkontexten.

Nach einem dreiviertel Jahr kann die Familienhelferin die Einzelgespräche mit der Mutter gegen gemeinsame Gespräche mit der Mutter und dem ältesten Sohn austauschen. Hier arbeitet sie nun durch Gespräche u. Ä. an der Verbesserung der Mutter-Sohn-Beziehung.

Die Hilfe dauert insgesamt zwei Jahre. Im letzten Jahr geht es dann schließlich auch gezielt um den Aufbau neuer Kompetenzen der Mutter, aber auch der Kinder – gemäß ihrer altersbedingten Fähigkeiten. Und erst jetzt wird es auch möglich, mit allen gemeinsam über die Gewalterfahrungen zu sprechen.

Nach Ablauf der eigentlichen Hilfe besteht noch für ein weiteres halbes Jahr die Möglichkeit für die Familie, alle 14 Tage mit ihrer früheren Familienhelferin zusammenzutreffen und Aktuelles zu besprechen und dabei immer wieder neu Kraft zu schöpfen.

Das wäre also ein Beispiel für eine »gute Soziale Arbeit«, bei der alle Möglichkeiten ausgeschöpft werden können und damit auch wirkliche und nachhaltige Veränderungen erreicht werden. Faktisch aber sieht heute eine Sozialpädagogische Familienhilfe ganz anders aus: Ein Zeitumfang von 12 Stunden die Woche für eine Familie ist in der Sozialpädagogischen Familienhilfe unter heutigen Bedingungen völlig ausgeschlossen. Bei Fällen, in denen es nicht direkt um eine eklatante Kindeswohlgefährdung geht, hat ein Familienhelfer in der Regel ganze vier Stunden (bei akuter Kindeswohlgefährdung maximal sechs Stunden). Von dieser Zeit gehen dann noch die Fahrtzeiten, alle Telefonate, das Berichteschreiben und die Ämtergänge ab. Von ausreichend bezahlter Vor- und Nachbereitungszeit und Reflexion der geleisteten Arbeit kann überhaupt keine Rede mehr sein. Die Dauer für einen solchen Fall würde sich ohnehin maximal auf ein Jahr beschränken. Eine Nachbetreuung ist ausgeschlossen.

Die von den vier genehmigten Fachleistungsstunden unter Abzug der Zeit für Vor- und Nachbereitung, Berichte, Kontakte zu Träger und Behörden usw. verbleibenden zwei Stunden würden nur für einen einzigen längeren Kontakt pro Woche reichen. Da könnten bestenfalls anstehende aktuelle Probleme geregelt werden, man könnte der Familie Ratschläge erteilen, könnte vereinbarte Aufträge kontrollieren und neue Aufgaben stellen. In diesem Zeitrahmen wäre weder ein vorsichtiges und tastendes Vorgehen möglich, noch bliebe überhaupt Zeit für ausführlichere Gespräche, für das gemeinsame Erleben des Familienalltags und so weiter. Eine gesonderte Arbeit mit dem Sohn wäre auch nicht drin.

Es kann unter diesen Umständen kaum erwartet werden, dass sich am Familiensystem, an den internen Beziehungsproblemen und an der Kompetenz der Mutter etwas nachhaltig ändern würde. Nach Beendigung der Hilfe bliebe die Familie ohne Hilfe und es bestünde eine durchaus hohe Wahrscheinlichkeit, dass sich die Probleme, zum Beispiel des älteren Jungen, weiter zuspitzen. Irgendwann wäre dann eine weitere Maßnahme mit weitaus geringerer Erfolgswahrscheinlichkeit dran, denn die Lage verhärtet sich vermutlich immer weiter. Den Familienhelferinnen und -helfern heute bleibt aber gar nichts anderes übrig, als so reduziert und fachlich so unzureichend mit den Familien umzugehen.

So eingeschränkt und fachlich unbefriedigend arbeiten zu müssen, ist nicht nur eine Situation, die die Berufsmotivation der professionellen Sozialarbeitenden zum Einschlafen bringt und ihren Selbstwert verletzt. Vor allem wird auf diese Weise die Soziale Arbeit zu genau dem gemacht, was sie offenbar sein soll: eine angepasste, preisgünstige und für den aktivierenden Staat brauchbare Dienstleistung.

Sozialarbeitende leiden darunter, dass sie nicht so arbeiten dürfen, wie sie könnten. Sie wollen besser, hilfreicher, qualifizierter arbeiten. Sie werden also nicht nur schlecht bezahlt, wie es im zweiten Kapitel deutlich wurde, ihre Fähigkeiten und Qualifikationen werden auch weder respektiert noch anerkannt, und eigentlich wird ihnen deutlich gemacht: »Was soll der ganze Unsinn mit dem Studium? Was ihr tun sollt, das kann jede Reinigungskraft auch. Und die ist billiger. Also, wenn euch euer Job lieb ist, passt euch einfach an!«

Empört sind viele Sozialarbeitende vor allem aber auch darüber, dass die Politik es sich leistet, die Chancen, die in der Sozialen Arbeit stecken, zu vergeben, obwohl so viele Menschen in dieser Gesellschaft dringend auf entsprechende Unterstützung angewiesen sind.

5. Soziale Arbeit ist heute oft nicht mehr als ein »Tropfen auf den heißen Stein«

161 **»Das könnte ich genauso gut auch lassen.«**
Mit nur drei Stunden für die Familie ist die Arbeit nicht mehr sinnvoll

164 **Informationen und Anmerkungen**

Du hast keine Chance, aber nutze sie

Die mobile Jugendarbeit hat immer weniger reale Möglichkeiten, Jugendlichen zu helfen

Im Rahmen meiner Tätigkeit in der Mobilen Jugendsozialarbeit sitzen mir an meinem Schreibtisch viele junge Leute gegenüber. Was mir in meiner Arbeit täglich begegnet, lässt für mich die Schlussfolgerung zu, dass es bei jungen Menschen mit gravierenderen Problemen im Hinblick auf die strukturellen Bedingungen und die Chancen für eine Veränderung oder Verbesserung ihrer Lage ziemlich mau aussieht.

Das Wort Schreibtisch habe ich hier im Zusammenhang mit dem Arbeitsfeld Mobile Jugendsozialarbeit ganz bewusst gewählt. Früher wäre das absurd gewesen, diese Arbeit am Schreibtisch auszuführen. Aber es hat sich bei uns nach den Kürzungen vieles massiv geändert. So ist es einigen Projekten der Mobilen Jugendsozialarbeit im ländlichen Raum überhaupt nicht mehr möglich, mobil zu sein, weil kein Geld für das nötige Benzin, geschweige denn für ein Dienstfahrzeug vorhanden ist.

Im Wesentlichen arbeite ich mit »benachteiligten« Jugendlichen. Meine Arbeit wird im § 13 SGB VIII als Integration solcher Jugendlichen in unsere Gesellschaft beschrieben. Das bedeutet praktisch: Hilfe bei der Arbeits- und Lehrstellensuche, Wohnungssuche, Suchtentwöhnung, Hilfe bei familiären Schwierigkeiten etc.

Das zu verwirklichen, ist aber mittlerweile zu einem beinah unlösbaren Unterfangen geworden. Dabei fehlt es keineswegs an der Motivation der jungen Menschen. Es mangelt vielmehr an den gesellschaftlichen Rahmenbedingungen für eine Veränderung hin zu einer Integration. Im Klartext: Die Türen, die in ein integriertes Leben führen würden, sind quasi mit bürokratischen Schlössern verriegelt oder sie gehen so schwer auf, dass es für einen jungen Menschen allein fast unmöglich ist sie zu öffnen.

Wir erleben regelmäßig die Situation, dass unzählige Sozialarbeiterinnen und -arbeiter verschiedenster Sozialleistungsträger einem langzeitarbeitslosen jungen Menschen Mut zur Überwindung seiner bestehenden

Suchtproblematik machen und ihm zum Beispiel eine Lehrstelle in Aussicht stellen. Entschließt er sich, sein Problem anzugehen, sieht die Wirklichkeit für ihn dann aber in den meisten Fällen folgendermaßen aus: Der Jugendliche ist ein Jahr weg. Er macht eine Entgiftung, anschließend laufen Therapien. Kommt er nach Hause zurück, erhält er aufgrund vorheriger Mietschulden keine Wohnung und bekommt daher keine Lehrstelle, da Wohnraum in der Regel dafür eine Voraussetzung ist. Einen Platz in betreuten, das heißt begleiteten Wohnformen, gibt es für ihn nicht mehr, wenn er über 18 Jahre alt ist. Also zurück zu den alten Kumpels, weil es draußen schneit … ach, das geht schon.

Aber es geht eben nicht. Wir erleben junge Menschen, die eine Lehrstelle aufnehmen, um sich aus dem ALG II-Bezug zu lösen, sich jedoch dann mit dem Problem konfrontiert sehen, dass laut SGB II ab dem ersten Tag der Ausbildung sämtliche, damit meine ich wirklich alle, Leistungen nach SGB II eingestellt werden. Gleichzeitig fängt aber die Arbeitsagentur, die für die schulische Ausbildungs- und Berufsausbildungsbeihilfe zuständig ist, erst mit dem ersten Tag der Ausbildung an, die Beihilfe zu berechnen. Diese Berechnung kann sich dann mitunter über zwei Monate hinziehen. Und das bedeutet zwei Monate keine Miete zahlen können, was zu einer fristlosen Wohnungskündigung führen wird, und wenn nicht, dann zumindest zu einer emotional schwer zu ertragenden Zeit.

Besonders im ländlichen Raum kommt dann noch hinzu, dass ohne Geld auch der Weg zur Ausbildung zu einem Problem wird. Viele Jugendliche sind dann mitunter, weil es billiger ist, erst einmal krank oder verschweigen ihre Ausbildung und lassen sich vom Jobcenter überzahlen oder brechen ihren Versuch, aus ALG II herauszukommen, entnervt wieder ab. Es folgt der Rückfall in die Sucht und damit der Rückfall in den ALG II-Bezug.

Und wer trägt die »Schuld« für die ausgebliebenen Lebensveränderungen? Laut eines voranstürmenden Neoliberalismus wird die natürlich den jungen Menschen selbst in die Schuhe geschoben. Vielleicht ist auch noch die mobile Jugendarbeit schuld. Die fehlenden gesellschaftlichen Rahmenbedingungen jedenfalls bleiben in der Regel unhinterfragt.

»Eigentlich können wir für die Kinder nur das Allernötigste tun.«

Die Krisenwohnung überfordert alle: Kinder, Erzieherinnen und Erzieher und die Leitung

Also gut, ich erzähle dir jetzt, wie das in unserer Krisenwohnung war:

Eine Einrichtung mit einem super Ruf war das, wir waren für die familientherapeutischen Diagnosen hoch anerkannt und über unsere Stadt hinaus im ganzen Ruhrgebiet bekannt. Das Jugendamt unserer Stadt belegte uns gerne, auch mit Klientinnen und Klienten aus anderen Stadtteilen, obwohl wir eigentlich nur für den Norden der Stadt zuständig sein sollten.

Ich bin seit zehn Jahren Sozialarbeiterin, ich habe gerne da gearbeitet, war dort sogar einige Zeit in der pädagogischen Leitung. Aber weißt du, so gut der Ruf nach außen war, wenn man genauer innen hineinschaute, dann sah man, mit welchen Opfern dieser gute Ruf erkauft war. Irgendwann musste ich weggehen, weil ich selber die riesige Belastung nicht mehr aushalten konnte, und ich wollte auch nicht mehr mitansehen, wie gestresst die acht Erzieherinnen und Erzieher waren. Seltsamerweise hatten wir eine ganz niedrige Krankenquote. Alle hielten durch, kamen auch mit schweren Erkältungen zur Arbeit, alle fühlten sich in hohem Maße verantwortlich: für die Kinder, aber auch für den Träger. Dessen Ruf galt es zu erhalten. Wir waren ja alle davon abhängig. Aber viele gute Leute gingen fort, immer wieder, warfen das Handtuch. Ja, ich schließlich auch.

Unsere Krisenwohnung für Kinder war in einem schönen Einfamilienhaus untergebracht, mit einem Garten, mit einem großen Spiele-Raum. Unser Träger war durchaus verständnisvoll, sogar die Bezahlung war nicht so schlecht, wie ich es inzwischen bei anderen Trägern kennengelernt habe.

Aber dennoch war die Arbeit nicht wirklich zu schaffen. Zehn Krisenplätze hatten wir für Kinder, die wegen Kindeswohlgefährdung aus ihren Familien genommen worden waren. Sie blieben maximal drei

Monate. Bis dahin wurde geklärt, wie es weitergehen könnte: Rückführung in die eigene Familie, Pflegefamilie, Heim, betreutes Wohnen? Deshalb fand in unserer Einrichtung eine intensive Diagnostik statt, insbesondere mit der Familie. Die Kinder, die meisten zwischen sechs und 13 Jahre alt, lebten in dieser Zeit bei uns in der Einrichtung.

Man muss sich vorstellen, was diese Kinder in der Zeit alles zu bewältigen hatten: sie mussten damit fertig werden, dass sie aus ihrer Familie genommen worden waren, viele hatten Gewalt oder sexuellen Missbrauch erlebt, waren psychisch verletzt und verunsichert worden. Hier bei uns mussten sie sich nun – aber nur auf Zeit – in einer ganz anderen Umgebung ein- und zurechtfinden, mussten Kontakte und Beziehungen zu anderen Kindern knüpfen (die ihrerseits schwierig waren und mit Problemen belastet) und zu fremden Erwachsenen. Außerdem galt es, den bisherigen Alltag so weit wie möglich aufrechtzuerhalten, vor allem war es immer Ziel, dass die Kinder weiter in ihre bisherigen Schulen gehen konnten.

Das alles bedeutete für die Einrichtung ein hohes Maß an organisatorischer und sehr viel an konkreter Arbeit: Die jüngeren Kinder brachten einen enormen Pflegebedarf mit sich. Es galt laufend, Gespräche mit den Lehrerinnen und Lehrern zu führen. Die Erzieherin, die morgens Dienst hatte, wenn die Kinder zur Schule mussten, hat dann für zehn Kids Frühstück gemacht, Brote mitgegeben, Schulranzen kontrolliert, Nachrichten der Lehrer abgehakt, die Kinder mit dem Auto zur Schule gebracht (bei den meisten war die besuchte Schule ja nicht mehr um die Ecke). Man stelle sich eine alleinerziehende Mutter mit zehn Kindern vor und deren Belastung. Aber sie würde ihre Kinder besser kennen, alle Kinder jeden Tag und morgens wie abends erleben und eine Beziehung zu jedem Kind haben.

Bei uns waren Kinder manchmal nur zwei Wochen da. Und selbst die, die drei Monate blieben, konnte man in dieser Zeit noch nicht wirklich kennenlernen. Umso schwieriger war die Situation am Morgen, wenn alle auf einmal geweckt und für die Schule fertig gemacht werden mussten.

Acht Erzieherinnen, das klingt vielleicht erst mal viel. Aber die acht mussten die gesamte Zeit, also sieben Mal 24 Stunden pro Woche abdecken. Am Nachmittag hatten wir eine Zeit lang in den Nachmittagsstunden sogar eine Doppelbesetzung, was auch bitter notwendig war. Aber trotzdem kamen wir immer nur zum Erledigen der wichtigsten Sachen und Anliegen. Wir mussten ständig organisieren, planen, abstimmen. Dazu kamen die notwendigen Einkäufe, die vielen Fahrten zur Schule, die persönlichen Elternkontakte und die Kontakte am Telefon, die sehr häufig stattfanden, da für die Familien die Situation ja auch ungeklärt und aufwühlend war. Viele Eltern kamen auch tagsüber in den Wohnbereich zu ihren Kindern. Das halte ich auch für sinnvoll. Aber auch das musste begleitet werden, auch da fielen Fragen an, die beantwortet werden mussten. Und von uns wurde erwartet, dass das alles klappte.

Und dann war es bei uns ja auch so, wie es in jedem Kinderheim ist: Die Erzieherin, die am Morgen da ist, die ist nicht mehr da, wenn die Kinder abends ins Bett gehen (was meist eine besonders problematische Situation ist), und ist auch am nächsten Tag nicht da. Mittags fand dann immer ein Übergabegespräch statt, in dem die abgebende Erzieherin der übernehmenden Erzieherin die wichtigsten Ereignisse und die zu beachtenden Dinge mitteilte. Aber nichts war kontinuierlich. Und der Kommunikationsverlust war unglaublich groß. Unter diesen Bedingungen kann sich auch kaum eine wirkliche Beziehung zwischen Kindern und Erziehern herstellen. Das Bezugskindersystem, bei dem jedes Kind eine feste Person des Personals als Ansprechpartner hat, ist so bei uns auch kläglich gescheitert. Das geht einfach alles zeitlich nicht.

Und so schafften wir es so gut wie nie, mit Kindern Einzelkontakte zu haben und Gespräche zu führen oder uns um die Besonderheiten und Störungen der Kinder zu kümmern. Unsere Kraft und Zeit reichte gerade mal dazu, die notwendigen Alltagsangelegenheiten zu regeln: Die Kinder waren in Sicherheit, sie wurden versorgt, sie konnten und mussten schlafen, auf ihre Schulangelegenheiten wurde geachtet, gesundheitliche Erfordernisse und medizinische Maßnahmen wurden verlässlich geleistet, das war's dann aber auch. Sicher, das sind Schwierigkeiten, die Heimerziehung schon immer mit sich gebracht hat – nur, dass wir eben kein normales Heim waren, wo die Kinder meist eher eine lange Aufenthaltsperspektive haben, wo sich die Katastrophen nicht so jagen und wo die Gruppen viel konstanter bleiben. Bei uns wechselten ständig die Gruppenzusammensetzungen, die Kinder waren immer wieder neuen gruppendynamischen Prozessen ausgesetzt, die viel Kraft kosten konnten. Auch die Zimmer mussten oft gewechselt werden, wenn die Belegung sich veränderte. Da war so viel zu regeln und zu organisieren.

Und wenn dann unsere Therapeutinnen und Therapeuten immer wieder fragten, warum wir nicht mehr pädagogisch arbeiten würden, warum wir nicht mit einzelnen Kids spielten, warum wir keine Gespräche führten, nichts Freizeitmäßiges unternähmen, dann gerieten die Erzieherinnen und Erzieher auch noch unter Druck und ich dazu. Denn von denen sah niemand wirklich ein, dass uns die Zeit dafür fehlte. Die Leitung meinte immer nur, es sei eine Frage der Organisation und der Kompetenz, das alles trotzdem hinzukriegen. Und so gerieten die Erzieher neben ihrem Stress mit dem Alltag der Kinder auch noch in eine Lage, in der sie sich angeschuldigt und entwertet fühlten. Keine gute Situation. Und ich als pädagogische Leitung musste vermitteln, war aber selber in diesen Alltagsstress eingebunden. Ich habe verstanden, warum mehr nicht ging. Aber auch mir wurde nicht geglaubt.

So sah es aus in dem Haus mit dem guten Ruf, ich will ihn nicht schmälern. Aber bezahlt haben dafür die Erzieherinnen und Erzieher mit ihrer Kraft und Lebenszeit. Und für die Kinder kam auch lange nicht so viel dabei heraus, wie eigentlich nötig gewesen wäre. Mitunter war das kaum mehr als ein Tropfen auf den heißen Stein.

Irgendwann bin ich gegangen. Trotz all der Vorteile und guten Seiten dieser Arbeitsstelle. Weil ich denke, das war ein System, das ging ganz klar auf unsere Kosten.

»Wir schaffen es nur, den Asylbewerberinnen und Asylbewerbern das Leben ein bisschen erträglicher zu machen.«

Hilfeleistungen für Menschen in Not und Krisen am Rande des Existenzminimums

Ich arbeite als Sozialarbeiterin in einer Erstaufnahmestelle für Asylbewerberinnen und Asylbewerber.

Es fehlt uns vor allem die Zeit. Meistens hat man zu wenig Zeit, und es reicht nicht für alles, was man durchsetzen könnte, und das ist wirklich frustrierend.

Aber erst einmal muss ich sagen, dass die Arbeit hier sehr vielschichtig ist. Wir fangen an mit der Aufnahme der Asylbewerber; sie bekommen ein Zimmer und dann werden sie aufgenommen. Sie erhalten eine

Karte, mit der Karte können sie die Erstaufnahmeeinrichtung verlassen, können essen gehen.

Wir sind für alles verantwortlich was die Asylbewerberinnen und -bewerber anbelangt. Wir haben hier ungefähr 50 verschiedene Nationen. Ich bin vor allem verantwortlich für die englisch und französisch sprechenden Asylbewerber. Es ist immer ein Vorteil, wenn man Sprachen beherrscht, mit denen man sich mit ihnen verständigen kann. Wir sind für Verschiedenes zuständig: Zu den Behörden gehen, die Menschen bei Behördengängen unterstützen. Die medizinische Versorgung fällt auch darunter, ebenso der Küchenbereich.

Und immer, wenn die Asylbewerberinnen und -bewerber irgendwelche Probleme haben, kommen sie zu uns, und wir versuchen, die Probleme zu lösen. Wir treffen uns auch mit den Familien und machen Kinderarbeit.

Uns belastet natürlich, dass wir momentan sehr viele Asylbewerber haben, so ungefähr 470 Menschen. Das macht die Arbeit nicht immer leicht. Wir versuchen zwar, alle Probleme zu lösen, aber es gibt Situationen, in denen die Asylbewerberinnen und -bewerber nicht zufrieden sind. In der Regel sollten sie hier maximal drei Monate bleiben. Aber es geschieht oft, dass sie vier, sechs, sieben oder gar neun Monate hier sind.

Wir haben außerdem auch Probleme bei der Verteilung. Das heißt, es gibt nicht ausreichend Heimplätze bei uns. Das ist dann mitunter sehr schwierig, und je länger die Asylbewerber hier bleiben, desto mehr Probleme erwachsen daraus. Schon mehrmals wurden die Einrichtung bzw. Zimmer angezündet. So was resultiert auch aus der Unzufriedenheit darüber, dass wir nicht ausreichend Zeit haben, uns mit den Problemen auseinanderzusetzen und mit den Flüchtlingen zu sprechen. Dafür kommen einfach zu viele Asylbewerberinnen und -bewerber auf eine Betreuungsperson. Wir tun immer alles Menschenmögliche. Aber was wir tun können ist einfach zu wenig.

Bei uns arbeiten vier Sozialarbeiterinnen und -arbeiter in Schichten, das heißt, vormittags und nachmittags von 7 Uhr morgens bis 18 Uhr abends und auch am Wochenende sind wir anwesend. Früher haben wir auch am Sonntag gearbeitet. Jetzt ist es so, dass wir nur am Samstag arbeiten, also von Montag bis Samstag. Aber es sind Urlaubszeiten dazwischen und Krankheitszeiten. Dabei sind wir pro Schicht ja nur zu zweit tätig, für zwei Häuser, ein großes Männerhaus und ein großes Familienhaus. Wie ich schon sagte, es sind um die 470 Asylbewerberinnen und -bewerber momentan da, davon ungefähr 100 Kinder.

Man kann hier als Sozialarbeiterin nie mit sich und der Situation zufrieden sein, weil man immer und ständig zu wenig Zeit hat. Man könnte immer mehr tun, man möchte immer mehr da sein, und wenn man bedenkt, dass 100 Leute auf einen Sozialarbeiter kommen – das ist so vorgegeben –, dann ist das eigentlich schon viel, was wir tun. Wenn es erforderlich ist, Überstunden zu machen, dann leiste ich sie. Man muss natürlich achtgeben, dass man nicht selbst an seine Grenzen kommt.

Es gibt auch gute Momente, Erfolge, Zufriedenheit:

Die Leute sind auch dankbar. Sie drücken einem die Hand oder sie umarmen dich. Am schönsten ist es, anerkannt zu werden oder zu sehen, wenn sie glücklich sind. Schön ist es auch, wenn andere, die zurückgehen, sagen, dass diese begrenzte Zeit in Deutschland ihnen geholfen hat, die größten Probleme zu überwinden, und sie jetzt auch wieder in ihr Heimatland zurückkehren können oder wollen. Aber es gibt auch die, die glücklich sind, dass sie bleiben können und die hier eine Perspektive entwickelt haben.

Neben der Erstaufnahme bin ich auch in einer Abschiebehafteinrichtung tätig; ich führe dort psychosoziale Gespräche. Die Menschen dort legen mir ihre Probleme dar, und ich versuche, ihnen zu helfen.

Eine Frau aus Syrien hat zum Beispiel erlebt, dass ihr Mann vor ihren Augen umgebracht wurde. Ihr selbst wurde in beide Beine geschossen. Sie kam ins Klinikum einer Nachbarstadt, wurde dort vorsorgt und danach kam sie zu uns. Sie ist natürlich ein sehr schwieriger »Fall« gewesen. Die erste Zeit hat sie sich sehr stark zurückgezogen und ihr Zimmer kaum verlassen. Sie hatte nur über das Internet Kontakte. Nach ihrem Aufenthalt in unserer Einrichtung wurde sie nochmals in einer Klinik behandelt. Wir haben versucht, dieser Frau zu helfen, so weit es möglich war und so weit sie es zugelassen hat. Sie hat nur sehr wenig Englisch gesprochen; es war eine schwierige Zeit.

Leider reichen bei sehr vielen die Gründe nicht aus, um als politische Flüchtlinge hierbleiben zu dürfen. Das ist dann schlimm, besonders auch für die Kinder: Sie sind aus ihrem Kulturkreis herausgerissen worden, haben sich hier eingelebt und müssen dann womöglich wieder woandershin. Da blutet einem das Herz, denn sie können doch nichts für ihre Situation.

Und wir können nichts für sie tun.

Was mich hier immer besonders berührt, ist, wenn die Familien mit Kindern kommen. Hier gibt es einen Spielplatz, einen Volleyballplatz und einen Fußballplatz. Aber das ist natürlich nicht genug, um den Kindern über Wochen und Monate ausreichend Beschäftigung zu geben. Familien sind immer in einem einzigen Raum untergebracht, und die Eltern stehen bereits dadurch unter Druck. Die Einrichtung und die Zimmer sind nur recht mäßig ausgestattet und bieten nur das Nötigste. Die Kinder bleiben fast immer bei den Eltern und für die wird es dann schwer, auch nur ein Minimum an Beschäftigung für sie zu finden, da die Kinder ja auch keine Möglichkeit haben, zur Schule zu gehen. Die Eltern erhalten zehn Euro Taschengeld pro Woche und die Kinder fünf. Das ist wenig. Allerdings haben wir hier Vollverpflegung und die hier Untergebrachten erhalten von uns alle Mahlzeiten. Also haben sie das Geld zur freien Verfügung, zum Beispiel um den Kindern Süßigkeiten zu kaufen oder um in beschränktem Rahmen etwas mit den Kindern zu unternehmen.

Ja, ich würde sagen, insgesamt hätte ich gerne mehr Zeit. Ich möchte den Kindern gerne Deutschunterricht geben, im Familienhaus mehr machen, mit den Kindern in den Zoo gehen – aber das kostet alles Geld, das muss man bezahlen können. Wir arbeiten zusammen mit einem Kinderzentrum. Dort gehen wir mit den Kindern hin; aber das geht auch höchstens einmal alle Vierteljahre. Und da nimmt man dann 20 Kinder mit. – Was aber macht man mit den anderen?

Was wir auch schaffen, es reicht nie aus.

»Was können wir schon für diese Menschen erreichen?«

Menschen in Wohnungsnot gibt es immer mehr

Ich bin studierte Sozialpädagogin. Seit 17 Jahren arbeite ich nun schon in der Beratungsstelle für wohnungslose Menschen und Menschen in Wohnungsnot. Ich habe schon viel gesehen und auch einen Wandel im Klientel mitverfolgen können, doch langsam wird es wirklich immer erschreckender. In unserer Stadt wird die Beratung immer schwieriger, weil immer mehr Mittel fehlen und Kolleginnen und Kollegen weggekürzt werden. Auch Sprachbarrieren stellen mich mittlerweile vor einige Schwierigkeiten und dazu kommt, dass immer mehr Kinder involviert sind. Und ich will gar nicht von dem schlechten Wohnungsmarkt in unserer großen Stadt anfangen. Und letztlich, was können wir schon für die Menschen erreichen?

Zwei Beispiele von gestern;

Gestern früh kam eine Frau mit drei Kindern zu mir. Das jüngste davon war gerade erst acht Monate alt. Die vier kamen aus der Türkei. Aufgrund schwieriger Familienverhältnisse und ihres gewalttätigen Mannes dort, der sich von ihr getrennt hatte, war die Frau durch das Rote Kreuz nach Deutschland ausgeflogen worden und landete ohne alles in Berlin.

Zu mir kam sie nun, nachdem sie einige Tage auf der Straße und dann in einem Frauenhaus geschlafen hatte. Unvorstellbar für mich der Gedanke, mit einem acht Monate alten Kind auf der Straße zu übernachten.

Immerhin konnte ich die Klientin an die Soziale Wohnhilfe[64] vermitteln, sodass sie zunächst erst einmal einen Raum mit fließend Wasser, Betten, Heizung und einer Möglichkeit zum Kochen hat. Da ihre Kinder noch so jung sind, müsste hier eigentlich das Jugendamt zuständig werden und helfen, doch die Mühlen der Bürokratie mahlen langsam und ich bin froh, wenigstens etwas für sie getan zu haben.

Trotzdem tut es mir leid, weil ich weiß, wie lang der Weg noch sein wird, bevor all die Ungewissheit verschwunden ist und die Kinder endlich ein geregeltes Leben und ein stabiles Umfeld haben werden.

Es ist einfach schwer zu ertragen, wie immer mehr Menschen mit kleinen Kindern auf solche Weise oder auch aus gerade geräumten Wohnungen vor dem Nichts stehend zu uns kommen.

Und eine zweite Frau kam dann auch noch zu mir. Sie stammte aus Rumänien und wollte in Deutschland einen Neuanfang wagen. Aus dem

64 Die Soziale Wohnhilfe (ein Sozialdienst) ist für die sozialpädagogische Beratung im Bereich Fachstelle für Wohnungsnotfälle zuständig. Ihre Tätigkeiten sind u.a. Beratung und Unterstützung bei bestehender Wohnungslosigkeit und ordnungsbehördlicher Unterbringung, sowie zum Erhalt von Wohnraum und zur Vermeidung drohender Wohnungslosigkeit. Hier erfolgt auch die Prüfung eines Bedarfs auf Betreuung nach §§ 67, 68 SGB XII (z. B. betreutes Wohnen).

alten Elend ins neue Elend. Sie hatte sich offensichtlich ihre besten Kleider angezogen, kam mit Laptop und Jobbewerbungen. Sie war gelernte Chemielaborantin und hatte sich seit einigen Wochen hier aufgehalten. Sie hatte in Hostels gelebt und Bewerbungen abgeschickt, vielleicht sogar ein oder zwei Bewerbungstermine wahrgenommen. Sie hatte sich so große Mühe gegeben, doch nun war ihr Geld für Hostels aufgebraucht und sie hatte weiterhin keinen Job. Ich konnte sie in die Notübernachtung vermitteln, doch ich denke, ihr bleibt nur der Weg zurück nach Rumänien. Mehr kann ich nicht für sie tun.

Es müssten ganz andere Sachen passieren, um dieses Elend wirklich zu beenden, mit dem ich täglich konfrontiert werde:

Die Stadt müsste mehr bezahlbaren Wohnraum schaffen und so die sozialen Verhältnisse verbessern.

»Alles richtig gemacht und trotzdem alles umsonst!«

Vergeblicher Versuch eines Jugendlichen, aus Arbeitslosengeld II in eine Vollzeitbeschäftigung zu kommen

Unser Kontakt zu Hannes kam zustande, weil ihm seine Cousine von dem Projekt Mobile Jugendsozialarbeit erzählt hatte. Zu diesem Zeitpunkt war Hannes bereits seit ungefähr acht Monaten ohne festen Wohnsitz, was hieß, dass er ständig wechselnd bei verschiedenen Freunden und Bekannten unterkam. Bis zu seinem Rauswurf hatte er gemeinsam mit seinen drei Brüdern bei seiner Mutter gewohnt, es gab jedoch ständig Streit. Nachdem dieser wieder einmal eskaliert war, passten die Schlüssel nicht mehr, als er nach der Arbeit nach Hause kam.

Zu diesem Zeitpunkt war Hannes 20 Jahre alt. Aufgrund seiner damals bestehenden Vollzeitbeschäftigung fiel ihm die Wohnungssuche schwer. Sein Vertrag war befristet und er hatte deshalb auch Angst, eine eigene Wohnung bei Eintritt einer Arbeitslosigkeit nicht mehr bezahlen zu können. Dabei wusste er um die Schwierigkeiten, in seinem Alter eine Wohnung durch das Jobcenter finanziert zu bekommen.

Nach den ersten Gesprächen bei uns stellte sich schnell heraus, dass eine Rückkehr von Hannes in die elterliche Wohnung absolut nicht möglich war, da seine Mutter sich dagegen verwehrte und auch schon einen eigenen Umzug geplant hatte. Also begab sich ein Projektmitarbeiter von uns gemeinsam mit Hannes auf Wohnungssuche. Als dann aber der Arbeitsvertrag auslief, stellte sich schnell heraus, dass die Leistungen der Bundesagentur für Arbeit (ALG I), die noch aus der vorausgegangenen Ausbildung resultierten, den Bedarf nicht deckten. Hannes musste also ergänzend ALG II beantragen. Hierfür wurde es erforderlich, noch einmal genau und detailliert darzulegen, warum trotz seines Alters eine eigene Wohnung notwendig war. Die Gründe dafür schilderte der Projektmitarbeiter in einem mehrseitigen Situationsbericht, der Auskunft über die bestehende Lage sowie die Entwicklung dorthin gab.[65]

Nach der endlich durchgesetzten Genehmigung des Auszugs von Hannes (der ja eigentlich schon vor acht Monaten geschehen war), unterstützte das Projekt der Mobilen Jugendsozialarbeit ihn weiterhin intensiv bei der Wohnungssuche.

Nachdem Hannes endlich eine Wohnung gefunden hatte, begab er sich auf Arbeitssuche. Er fand sehr schnell ein Angebot einer lokalen Montagefirma. Nach Kontaktaufnahme wurde ein Bewerbungsgespräch vereinbart. Direkt, noch während dieses ersten Gespräches erfolgte die mündliche Zusage, jedoch unter der Voraussetzung, dass er noch am selben Tag mit nach Berlin fahren müsse, da die Firma dort einen Auftrag hät-

65 In der Praxis gilt ein Rauswurf aus der elterlichen Wohnung oftmals nicht gleich als »Auszug«. Wenn junge Menschen unter solchen Bedingungen dann trotzdem an einem anderen Ort schlafen und dieser Ort außerhalb ihrer Stadt liegt, erfüllen sie den Sachstand einer Ortsabwesenheit und werden vom Jobcenter sanktioniert. In fast allen Fällen wird nach dem Rauswurf eine Prüfung vorgenommen, ob der junge Mensch eigenen Wohnraum anmieten darf. Das ist rechtlich im SGB II so geregelt. Die Vorgehensweise der jeweiligen Jobcenter mögen in diesem Zusammenhang dem rechtlichen Auftrag entsprechen, moralisch ist dieses Vorgehen jedoch fraglich. Bis zur Genehmigung oder vielmals auch Ablehnung vergeht meist viel Zeit, was gerade bei fehlenden Betreuungsangeboten der Sozialen Arbeit junge Menschen dazu zwingt, bei Bekannten oder, wie oft geschehen, im Freien zu schlafen. Wenn die Wohnungslosigkeit schon eine geraume Zeit besteht, also der junge Mensch den Zustand, im Freien oder bei Fremden oder Freunden zu schlafen, der elterlichen Wohnung vorzieht, nimmt er damit eine Gefährdung seiner physischen und psychischen Gesundheit in Kauf.

te. Aus Angst, sonst die Stelle nicht zu bekommen und möglicherweise vonseiten des Jobcenters bzw. der Bundesagentur für Arbeit sanktioniert zu werden, stimmte Hannes zu. Diese Angst war durchaus berechtigt, denn es gibt fast keine Gründe, die in einer solchen Situation, wie sie Hannes hatte, davor schützen, nicht deutschlandweit vermittelt zu werden. Außerdem ist man verpflichtet, jedes Jobangebot anzunehmen. Das wissen natürlich auch die Arbeitgeber.

Also fuhr Hannes mit nach Berlin. Bis zu diesem Zeitpunkt bestand noch kein schriftlich ausformulierter Arbeitsvertrag, aus dem wenigstens der Stundenlohn hervorging. In Berlin angekommen, sollte sich dieser Zustand auch für die nächsten zwei Wochen nicht ändern. Die tägliche Arbeitszeit betrug in der Regel zwölf Stunden und mehr, geschlafen wurde in einer Pension. Hannes berichtete, er habe immer wieder nach seinem Arbeitsvertrag gefragt, da er sich stetig darum sorgte, sich aufgrund von illegaler Beschäftigung strafbar zu machen. Zudem berichtete er über ein schlechtes Arbeitsklima und von Beleidigungen und Drohungen gegen seine Person. Auch eine Einarbeitungszeit habe es nicht gegeben. Nach zwei Wochen ohne einen Tag frei bekommen zu haben, ging es Hannes nach eigenen Angaben ziemlich schlecht. Er fragte nochmals nach einem schriftlichen Arbeitsvertrag. Als er wieder vertröstet wurde, rief er einen guten Freund an und ließ sich aus Berlin abholen.

Als er sich zwei Tage später arbeitslos meldete, erlebte er eine böse Überraschung: Obwohl er alle Gründe darlegte, die zur Beendigung der Arbeit geführt hatten, wurde ihm unterstellt, die besagte Arbeitsstelle durch Eigenverschulden verloren zu haben. Hatte doch bereits der Arbeitgeber bei der zuständigen Behörde angerufen und das unentschuldigte Fernbleiben gemeldet. Daraufhin verhängte die Bundesagentur für Arbeit eine dreimonatige Sperrzeit. Hannes war am Boden zerstört: Eine Sperrzeit bedeutete drei Monate ohne Geld für Miete für die Wohnung, in die er gerade eingezogen war und wo er noch die Raten für die Kaution zahlen musste. Drei Monate kein Geld für Essen und für alles Weitere, und dazu noch keinerlei familiären Rückhalt. Der Anruf bei seinem Vermieter war sehr schwer für Hannes und brachte nur das Ergebnis, dass der auf seine Miete zum vertraglich vereinbarten Termin bestand, ansonsten würde eine fristlose Kündigung erfolgen. Gemeinsam mit einem Anwalt gingen wir gegen die Sperrzeit in Widerspruch, zudem wiesen wir nach, dass der Arbeitgeber während der ganzen Zeit keine Abgaben an die Krankenkasse abgeführt hatte. Da aber zu diesem Zeitpunkt nicht klar war, wann über diesen Fall abschließend entschieden werden würde, blieb die Sperrzeit erst einmal bestehen.

Während dieser Zeit leistete das Projekt schlicht existenzielle Hilfe in Form von kostenloser Nahrung und Mobilität. Sämtliche Termine bei den verschiedenen Behörden blieben natürlich bestehen. Dazu zählten auch die der sanktionierenden Bundesagentur für Arbeit, die, um die finanzielle Situation wissend, weiter Termine im gesamten Landkreis vergab, stets unter Androhung weiterer Sperrzeiten bei Nichterscheinen[66].

Mehrere Gespräche wurden geführt, um den Vermieter dazu zu bringen, von einer fristlosen Kündigung abzusehen. Ohne Erfolg: Die Kündigung wurde ausgesprochen. Ein Jahr später wurde unsere Klage vonseiten des Sozialgerichtes übrigens als unbegründet abgelehnt. Hannes hat das alles so hingenommen, seine Widerstandskraft war ausgeschöpft, er wollte nicht länger. Derzeit wohnt er noch immer in der Wohnung, geduldet vom Vermieter, weil die Miete inzwischen wieder läuft, aber dennoch gekündigt. Innerhalb der Wohnung gäbe es viel zu tun, er traut sich jedoch nicht, gegenüber dem Vermieter etwas in Hinblick auf eine Verbesserung des Wohnraumes zu verlangen. Hannes hat seitdem immer wieder versucht, seine bestehenden Mietschulden zurückzuzahlen bzw. eine neue Wohnung zu finden. Mit einer fristlosen Kündigung und Mietschulden aber, so meint er, wäre dies eine eher aussichtslose Sache. Auch Arbeit hat er weiter gesucht. Er hatte sogar mehrere, oft allerdings nur auf einen Monat befristete Stellen angenommen, andere Möglichkeiten

66 Diese Vorgehensweise ist innerhalb des besagten Landkreises nicht untypisch. Junge Menschen, die sich bei der Arbeitsagentur oder dem Jobcenter vorstellen, erhalten nach Antragstellung erst einmal einen Termin bei einem Vermittler. Bei unter 25-jährigen Jugendlichen ist das ein Vermittler mit Arbeitssitz in der 18 km entfernten Großstadt. Dorthin sind die öffentlichen Verbindungen schlecht und kosten den Jugendlichen alles in allem um die 15 Euro (die er natürlich nicht rückerstattet bekommt). Sollte man nicht davon ausgehen können, dass ein Antrag auf ALG II-Leistungen gestellt wird, weil man nichts hat und auch niemanden, der einen finanziell unterstützt? Woher sollen die Menschen dann das Geld für die Fahrt nehmen? Gleichzeitig führt ein Nichterscheinen unter Umständen bereits zu einer Sanktion, oder der Antrag wird gänzlich wegen mangelnder Verfügbarkeit des Antragstellers zurückgewiesen. Vor diesem Hintergrund stellt sich der Mobilen Jugendarbeit vor allem in ländlichen Räumen oft die Aufgabe, jungen Menschen »Mobilität« zu ermöglichen und durch das Bereitstellen von Nahrung (während der mitunter langen Bearbeitungszeit) eine existenzielle Grundsicherung zu leisten, um negative gesundheitliche Folgen zu mindern. Und natürlich beinhalten trotz all der Unterstützung solche Prozesse für den jungen Menschen ein enormes Potenzial an psychischem Stress.

hatte es nicht gegeben. Natürlich bringen diese einmonatigen Stellen immer viel Stress mit sich, da nach einem Monat ein neuer Antrag beim Amt gestellt werden muss (Prozedere: Antrag stellen, Antrag wird ausgehändigt, Abgabetermin in zwei Wochen, Abgabe, Bearbeitung in der Regel einen Monat). Trödelt dann der Arbeitgeber mit der Einkommensbescheinigung, sodass der Antrag nicht bearbeitet wird, schaltet Hannes sein Handy aus und geht nicht mehr zum Briefkasten.

Bei meinem letzten Besuch drückte er mir wieder einen Stapel Schreiben vom Jobcenter mit der Aufforderung »Bitte erklär's mir« in die Hand. Immer noch bleiben die unterschiedlichen Verfahrensweisen für ihn ein Rätsel und sind für ihn nicht vorhersehbar. Natürlich versäumt er dadurch auch so manches. Ich versuche Hannes das zu erklären, aber er legt die Schreiben weiterhin neben einen Stapel ungeöffneter Briefe.

Ich erlebe wie hier bei Hannes oftmals bei jungen Menschen, die aufgrund von negativen Entwicklungen frühzeitig die elterliche Wohnung verlassen mussten, einen gewissen Grad der Überforderung und sorge mich, ob es ihnen gelingen wird, eine eigene Wohnung zu führen. Plötzlich sind sie für alles selbst verantwortlich. In einem Haushalt, wo stetig Stress war, wo der Jugendliche immer draußen war, blieben etwaige soziale Kompetenzen mitunter auf der Strecke. Diese nun zu erlernen, ist vor dem Hintergrund, dass nichts schiefgehen darf, schwierig. Oft tauchen Probleme auf. In manchen Fällen genießt der Jugendliche seine neue Freiheit zu laut, er freut sich, nicht mehr mit seinen Geschwistern in einem Zimmer schlafen zu müssen, endlich Freunde einladen zu können. Es gibt was nachzuholen und schließlich geht es Kumpels auch so wie ihm vor ein paar Monaten. Und vielleicht nimmt er auch noch jemanden auf, der selber gerade zu Hause rausgeflogen ist. Vor diesem Hintergrund lässt sich die pädagogische Arbeit in der Jugendarbeit auch unter dem Begriff »Leben lernen« zusammenfassen.

Es bleibt nur der Versuch. Aber bei Irrtum droht eventuell gleich wieder eine Kündigung. Und mit einer fristlosen Kündigung im Rücken ist es für den betroffenen Jugendlichen oft sinnvoller, sein Facebook-Profil nach wirklich guten Freunden abzugrasen, als nach einer neuen Wohnung zu suchen.

»Wir sind eigentlich nur ein Alibi.«

Gegen das formalistische Verhalten der Behörden kommt man in der Wohnungslosenhilfe nicht an

Ich arbeite seit zwölf Jahren in verschiedenen Bereichen der Wohnungslosenhilfe. Seit zwei Jahren bin ich bei meinem jetzigen Träger beschäftigt und habe hier eine feste Stelle. Ich mache Beratung und Betreuung für wohnungslose Jugendliche und Erwachsene. Diese Betreuungsstunden müssen beim Sozialamt genehmigt werden. Pro Fall kann ich pro Woche 3,5 Stunden aufwenden. Mitunter aber habe ich Einsätze, wo ich den ganzen Tag eine Klientin oder einen Klienten betreue, mit ihr oder ihm im Jobcenter versuche, irgendwas durchzusetzen, mit Pontius und Pilatus rede und dann abends feststelle, dass ich nicht nur meine 3,5 Stunden für diesen Klienten verbraucht habe, sondern eigentlich das Kontingent von zwei Wochen. Da gibt es keinen Ausgleich. Ich kann ja den Klienten jetzt nicht einfach für 14 Tage im Stich lassen! Und die anderen werden mich genauso brauchen. Solche Einsätze bedeuten dann Mehrarbeitsstunden, die vom Entgelt nicht erfasst sind. Das ist das eine.

Dann werden natürlich auch bei uns die Leistungen gedeckelt. Für meine Klientinnen und Klienten brauche ich immer einen Betreuungsauftrag vom Jugendamt oder vom Sozialamt – und viele Fälle, bei denen es noch vor fünf Jahren selbstverständlich Betreuungsstunden gab, werden heute nicht mehr bewilligt. Rechtsansprüche und Gesetzestexte werden mittlerweile geradezu kleinmütig ausgelegt. Für uns sind das dann Fälle, bei denen wir noch genauer, noch ausführlicher argumentieren müssen, um den Anspruch schließlich doch durchzusetzen.

Trotzdem werden Anträge auf Betreuung durch die Wohnungslosenhilfe oft einfach abgelehnt, zum Beispiel wenn jemand noch eine Wohnung hat, egal, wie die Lebensumstände dort sind. Lieber wird direkt in Obdachlosenunterkünfte eingewiesen. So wurde einem jungen Mann, der bei seiner Mutter wohnte und mit ihr zusammen auf einem Sofa schlafen musste, der Antrag abgelehnt. Es bestände kein Bedarf, denn es sei ja eine Unterkunft da. Das Gleiche passierte einem Mann, der in Trennung von seiner Frau, aber immer noch in der gemeinsamen Wohnung lebte. Er wollte raus, weil er die Situation unerträglich fand, denn seine Frau schlug ihn regelmäßig. Aber das fand die Behörde nicht so tragisch. Schließlich wäre es normal, dass man in Trennungszeiten nicht so nett miteinander umgehe. Und immerhin habe er doch eine Wohnung.

Die Behörde sieht nur nach den formalen Voraussetzungen und interessiert sich häufig nicht dafür, wie es den Betroffenen geht und was sie durchmachen müssen. Das ist oft sehr schwer zu ertragen, auch für mich.

Was mich erschreckt ist, dass neuerdings Leute wohnungslos werden, die es in der gleichen Situation vor, sagen wir zehn Jahren, niemals geworden wären. Da sind Familien betroffen, Leute, die seit 20 Jahren arbeiten und nichts mit dem Sozialamt zu tun hatten, und die durch irgendeinen blöden Zufall in diese Situation hineingeraten sind. Viele Leute sitzen vor mir und können dieses Schicksal selbst kaum fassen.

Vor zwölf Jahren waren 70% der Wohnungslosen Männer, heute sind das bei uns in der Einrichtung nur noch gut die Hälfte. Auslöser sind besonders bei Frauen meist irgendwelche »Life-Events«, zum Beispiel Trennungssituationen. Oder der Wohnungswechsel wird notwendig, weil die Wohnung von der Hartz-Behörde nicht voll übernommen wird – sie ist zu teuer und zu groß. Und selbst wenn es dabei nur um 12 Euro geht: der Umzug steht an. Maximal sechs Monate zahlt das Jobcenter die Wohnung noch, wenn einmal festgestellt wurde, dass sie zu groß oder zu teuer ist. Dann ist es vorbei. Aber die Betroffenen finden oft nur schwer eine neue Wohnung: es gibt einfach zu wenig geeigneten bezahlbaren Wohnraum. Eigentlich alle sind verschuldet. Oft glauben sie auch viel zu lange, dass es irgendwie schon gehen wird. Und dann kommen sie zu uns gerannt und sagen: In drei Wochen kommt der Gerichtsvollzieher. Auch die Familienobdachlosenplätze sind neuerdings ständig voll belegt.

Seit Hartz IV hat sich hier alles verschärft. Du bekommst nur Unterstützung für einen Umzug, wenn du bereits irgendeine Wohnung hast. Hast du keine, stehst du auf der Straße, dann gibt es keine Unterstützung bei der Suche, beim Einzug, bei der Neueinrichtung.

Die Sanktionierungsmethoden der Jobcenter erzeugen eine Atmosphäre der Angst und der Demütigung. Hier gelten nur Paragrafen. Auf die Menschen wird keine Rücksicht genommen. Manchmal könnte man meinen, es gehe bei all dem eigentlich darum, Menschen fertigzumachen.

Die Kosten, die bei Obdachlosigkeit für die Behörde entstehen, fallen am Ende höher aus, als wenn man eine geringe Mietdifferenz weitergezahlt hätte. Warum dann das alles?

Man hat immer wieder den Eindruck, dass hier willkürlich entschieden wird. Ich selbst bin nun seit zwölf Jahren dabei, aber ich bin bis heute nicht durchgestiegen, warum bei Sachbearbeiter A in einem ganz ähnlichen Fall anders entschieden wird als bei Sachbearbeiterin B. Und von Bezirk zu Bezirk gibt es genau solche Unterschiede auch.

Manchmal fragst du dich, warum du das alles machst. Ich kann ja bestenfalls meine Leute stärken, sie auf die Tortur vorbereiten, auf die Widersprüchlichkeiten und Unklarheiten und die offenbare Willkür, die sie im Jobcenter erwartet, kann mit dabei sein und den Sachbearbeitern deutlich machen, dass ein Anspruch berechtigt ist. Und ich kann meine Leute vor der gemeinen und unsensiblen Art und Weise schützen, mit der sie im Jobcenter vor allem im Eingangsbereich behandelt werden.

Am Ende muss ich ihnen aber doch deutlich machen, dass die anderen am längeren Hebel sitzen und dass ihnen nichts anderes übrig bleibt, als die Machtverhältnisse zu akzeptieren und zu ertragen. Das widerspricht allem, was ich den Betroffenen eigentlich vermitteln möchte: nämlich sich nicht entrechten und deklassieren zu lassen.

Man sieht mich nicht unbedingt gerne im Jobcenter. Ich bin ihnen sicher ziemlich lästig. Oft muss ich mich mit Mitarbeiterinnen und Mitarbeitern dort im Namen der Klientinnen und Klienten anlegen. Wenn völlig unsinnige Sanktionsverhältnisse vorliegen, die ganz offensichtlich nur Schikane sind, dann interveniere ich auch direkt. Ich muss die Mitarbeiter im Jobcenter mitunter an ihren Auftrag erinnern, der ja auf dem Papier steht. Manchmal erreiche ich auch was auf dem Rechtsweg.

Die meisten Sachbearbeiterinnen und -bearbeiter wissen inzwischen, dass es Stress gibt, wenn ich auftauche. Und nach zwei, drei Jahren, in denen ich mich durchgeklagt und durchgesetzt habe, zeigt sich sogar manchmal so etwas wie Respekt.

Wenn Praktikantinnen oder Praktikanten zu mir kommen, dann tun die mir fast leid mit ihren Vorstellungen von Gerechtigkeitsausgleich und all den Illusionen, was wir für die Leute erreichen könnten.

Das hier ist nichts anderes als ein Alibi des sich selber dekonstruierenden Sozialstaates.

Ich mache mir keine Illusionen.

»Ich muss versuchen, wieder gutzumachen, was da verbockt wird.«

Schulsozialarbeit hat vor allem mit den Problemen zu tun, die die Schule selbst hervorruft

O.K., also ich bin Sozialarbeiterin und 2009 in das neue Schulsozialarbeitsprojekt hier im Ort eingestiegen. Ich habe vorher schon viele Jahre in der Jugendhilfe gearbeitet, aber ich wollte mal das Feld wechseln. Außerdem schien mir die Mitarbeit eines sozialpädagogischen Institutes an dem überregionalen Projekt interessant und ich hoffte auf gute fachliche Qualität und verbesserte Strukturen in diesem Arbeitsfeld.

Sagen wir mal so: Persönlich bin ich ganz zufrieden. Ich habe – im Unterschied zu vielen Kolleginnen und Kollegen – eine feste volle Stelle und kann hier wirklich sozialpädagogisch arbeiten, auch wenn meine Möglichkeiten als einzige Sozialarbeiterin an der ganzen Grundschule natürlich eingeschränkt sind: Ich werde schwerpunktmäßig mit Einzelfallarbeit beschäftigt und so manches, was gerade Schulsozialarbeit auch erfüllen könnte und sollte, ist zeitlich für mich nicht drin.

Was mich in meiner Arbeit massiv beschäftigt ist vor allem der Stress, der Leistungsdruck, der ja in unserer Gesellschaft allgemein zunimmt und der auch die Grundschulen inzwischen voll erfasst hat. Ich hatte zum Beispiel heute den Anruf einer Mutter, die sich weinend darüber beklagte, dass ihr Sohn, der die erste Klasse besucht, auf dem Zeugnis einen verbalen Vermerk bekommen habe, dass er im Rechnen noch nicht weit genug sei. Sie beteuerte, der Junge könne doch aber schon rechnen und er sei nun von der Schule bloßgestellt und so dargestellt worden, als sei er behindert.

Die Eltern stehen total unter Druck, sie wollen, dass ihre Kinder schnell lernen, dass sie gute Leistungen bringen. Und auch die Lehrerinnen und Lehrer betrachten das Bedürfnis eines Kindes, mal einfach nur abzuhängen und sich auszuruhen, schon gleich als Zeichen von mangelnder Reife und machen sich Sorgen, ob das Kind vielleicht irgendwie nicht in Ordnung sein könnte. Das greift um sich und die Erstklässler sind schon voll davon erfasst. Viele Kinder leiden richtig darunter, dass sie nicht so gut sind wie andere, und stehen ständig unter irgendeinem Druck – unter Zeitdruck und unter Leistungsdruck.

Sicher, viele Kinder bringen auch aus ihrer Familie, aus ihrem Milieu Probleme mit. Aber die Schule, wie ich sie heute erlebe, die ja eigentlich dazu beitragen könnte, diese Probleme aufzufangen, setzt eher noch eins drauf und verstärkt diese Probleme. Ja, das ist der makabre Hintergrund meiner Arbeit: Ich arbeite in der Schule und muss versuchen, wieder gutzumachen, was die Schule verbockt.

Das sind vor allem die auf dem Papier so wunderschön und nett klingenden Reformen, die von der Kultusverwaltung in den letzten Jahren durchgedrückt worden sind. Diese Reformen erreichen in der Wirklichkeit nicht nur das nicht, was sie angeblich erreichen sollen. Sie konterkarieren vielmehr ihre eigenen Absichten. Alle diese Reformen, sei es die Ganztagsschule, sei es das Zeugnis ohne echte Schulnoten[67], sei es das »JÜL«[68], sind aus meiner Sicht faktisch, also so, wie sie in der schulischen Wirklichkeit gelebt werden, für die Kinder schädlich: Die müssen nämlich immer wieder neu die gruppendynamischen Prozesse in Klassenverbandsstrukturen durchmachen. Viele Kinder gehen auch in der jetzigen Offenheit der Strukturen unter. Angebote werden zu Nötigungen: die Zeit nach der Schule wird total kontrolliert, verplant und eben wieder nur verschult.

Auf dem Papier sieht alles nett und super aus. Zum Beispiel hat jede Schule ihren Ruheraum. Um den aber benutzen zu dürfen, muss sich ein Kind offiziell anmelden. Das tun sie nicht. Also bleibt er leer. Von dem im Konzept angestrebten Rhythmus zwischen Anspannung und Entspannung ist lediglich die permanente Anspannung geblieben.

Aber alle schweigen dazu. Die Lehrerinnen und Lehrer mucken nicht auf. Die Reformen werden durchgeführt. Sie sind vom Senat angewiesen. Die Erzieherinnen und Erzieher wiederum sehen sehr wohl, was schiefläuft, sie haben aber keine Luft, denn sie sind mit der kontrollierenden und absichernden Struktur voll ausgelastet.

In gewissem Sinne gehen die Reformen alle nach hinten los. Vielleicht deshalb, weil es dabei eigentlich gar nicht um die Förderung der Kinder

67 Statt Noten gibt es verbale Beurteilungen.
68 »Jahrgangsübergreifendes Lernen«

geht, sondern darum, das Ansehen unseres Landes nach außen zu verbessern. Es geht eben nicht, dass die führende Industrienation Deutschland bei PISA so mäßig abschneidet.

Ich persönlich rechne damit, dass uns noch ein großer Schock bevorsteht, wenn die JÜL-Jahrgänge durchgelaufen sind und man die Ergebnisse dieses Bildungsprozesses sieht. Es wird leistungsstarke, aber viele psychisch kranke Kinder geben und noch mehr Leistungsversager, die quasi abgeschrieben wurden.

Es ist frustrierend zuzuschauen, wie die Probleme der Kinder sich verschärfen oder auch erst entstehen. Die Rahmenstrukturen in der Schule kann ich nicht ändern. Aber ich versuche, auch unter diesen miesen Bedingungen das Beste für die Kinder und die Eltern zu erreichen, und ich bin mir sicher, dass es ihnen trotz allem auch noch was bringt. Sonst könnte ich diese Arbeit gar nicht machen.

Aus der Sucht heraus und dann zurück auf Start

Hilfen, die den Rückfall verhindern könnten, werden nicht geschaffen

Michael wurde von einer anderen Institution an unser Projekt der Mobilen Jugendsozialarbeit vermittelt. Zum damaligen Zeitpunkt lag bei ihm eine starke Abhängigkeit von der Droge Crystal Meth[69] vor. Seine konkreten Wünsche an die Einrichtung bezogen sich damals auf eine Unter-

69 Crystal Meth: dabei handelt es sich um ein Amphetamin, welches seit Mitte der 1990er-Jahre den Weg auf den ostdeutschen Mark gefunden hat und hier von jungen Menschen neben Cannabis am häufigsten konsumiert wird. Diese Droge ist relativ leicht herzustellen und damit im Vergleich zu anderen chemischen Drogen wie Kokain sehr preiswert. Besonders gefährlich ist dabei, dass eine schnelle Abhängigkeit eintritt und dass der Konsum relativ schnell zu ernsthaften, mitunter bleibenden physischen und psychischen Schäden führt.

stützung bei der Auflösung seiner Wohnung, die er aufgrund ausgebliebener Mietzahlungen verloren hatte. Er selbst fand die Tatsache, dass er seine Wohnung verloren hatte, nicht so schlimm. Schließlich war gerade die Langzeitentwöhnungsbehandlung durch den zuständigen Rententräger genehmigt worden. Er hätte die Wohnung somit ohnehin aufgeben müssen, meinte er, denn er sei sich gar nicht sicher, ob er je in diese Stadt zurückkehren würde. Es handelte sich um eine ostdeutsche Kleinstadt, deren soziale Infrastruktur, wie auch die öffentlichen Verkehrsmittel, lange Zeit vernachlässigt und zum großen Teil auch abgebaut worden war.

Nach dem ersten Gespräch mit Michael erklärte sich unser Projekt bereit, ihn bei seinem Auszug zu unterstützen. Wir vermittelten zwischen ihm und seinem Vermieter und halfen dabei, Möbel unterzustellen (eine solches Angebot wird immer notwendiger). Direkt nach der Wohnungsauflösung begab sich Michael dann auch in eine klinische Entgiftung. Während dieser Zeit hielt er kontinuierlich Kontakt zu verschiedenen Mitarbeitern der Mobilen Jugendarbeit.

Zur Biografie von Michael: Zur Zeit seiner ersten Kontakte mit uns war Michael 32 Jahre alt und sein erster Konsum von Crystal Meth lag gut 15 Jahre zurück. Er hatte ein Kind, zu dem aber kein Kontakt bestand. Es lief eine Insolvenz und sein Name im Schufa-Register blinkte bestimmt rot. Eine Haftstrafe hatte er bereits verbüßt und kannte fast keine Menschen, die nicht irgendetwas mit Drogen zu tun hatten. Seine Beziehung wechselte zwischen den Polen überschweifender Liebe und exzessiver Gewalt. Am ersten Arbeitsmarkt hatte er schon seit Jahren nicht mehr aktiv teilgenommen. Eigentlich verfügte er sogar über eine abgeschlossene Ausbildung. Aber in seinem Beruf fand er keine Anstellung mehr, da er diesen schon zu lange nicht mehr ausgeübt hatte. Zu seinen Eltern bestand schon seit Jahren kein Kontakt mehr und ich vermute, es gab ausreichend Gründe, warum diese bis zum heutigen Tage nie Thema irgendeines Gespräches mit Michael waren.

Während seiner Zeit in der Therapie schrieben wir uns regelmäßig via Internet: Wir diskutierten über die Gefahr eines Rückfalls in der Therapie. In erster Linie aber entwickelten wir Pläne und Visionen für eine Zeit danach, für ein mögliches Leben ohne Drogen.

In dieser Zeit seines Therapieaufenthaltes war Michaels Situation auch in Gesprächen mit Kolleginnen und Kollegen immer wieder Thema. Vor allem aber bewegten uns die Fragen: »Was, wenn er sich entschließt hierher zurückzukehren, und noch schlimmer: wohin mit ihm, wenn er abbricht?«. Obwohl er hier wegwollte, fühlte er sich auch irgendwie mit der Stadt verbunden, war hier als Kind und Jugendlicher und als Erwachsener gewesen. In vielen Emails mit ihm hatten wir überlegt, was für die Zeit danach wohl das »Beste oder wenigstens das geringere Übel« für ihn wäre. Innerhalb der Therapie legte man ihm nahe, in einer fremden größeren Stadt »neu anzufangen«. Aber Michael fand das dann, obwohl er ja schon selbst in diese Richtung überlegt hatte, doch keine so gute Idee, da er dort niemanden kennen würde, nicht einmal jemanden, der selbst Stress mit Drogen habe. Es konnte also gut sein, dass er doch wieder hier landen würde, und das war für uns ein Dilemma, weil es bei uns eben keine Hilfemöglichkeiten für ihn gab. Michael war in unserer Einrichtung schon richtig. Aber wir wussten nur zu gut, dass uns die Ressourcen fehlten, ihm nach seiner Therapie im Rahmen einer Nachbetreuung wirklich und nachhaltig helfen zu können.

Im Vorfeld seiner eventuellen Rückkehr suchten wir dann also gemeinsam hier nach Wegen für ihn. Eine eigene Wohnung zu finden würde wohl schwierig werden, besser wäre eine sozialpädagogisch begleite Einrichtung, meinten wir. Diese aber fehlt im gesamten Landkreis, genauso wie weitere Angebote einer etwaigen Nachsorge. Lediglich verschiedene Wohnheime für trockene Alkoholiker hätten ihn unter gewissen Umständen aufgenommen. Hier jedoch war oft eine Voraussetzung, regelmäßig Tests abzuleisten und diese auch selbst bezahlen zu müssen. Mit der Aussicht auf vorläufigen ALG II-Bezug war dies allerdings für Michael nicht finanzierbar.

Auch hätte er sich in unzählige Selbsthilfegruppen für alkoholkranke Menschen setzen können. Dies war jedoch keine wirkliche Option für ihn, das wussten wir schon. Und in besagtem Landkreis gibt es aktuell nur einen Suchtberater, der junge Menschen zu illegalen Drogen berät, der ist aber nur mittels öffentlicher Verkehrsmittel zu erreichen und so überbucht, dass für Michael monatlich nur ein einstündiger Termin möglich gewesen wäre.

Das Ende der Therapie rückte näher, eine Wohnung aber nicht. Bei irgendeinem Kumpel wäre er bestimmt untergekommen, aber diesen Schritt wollten wir nicht gehen müssen.

Wie schon befürchtet, kehrte Michael in unsere Stadt zurück. Weil es einfach keine andere, gute Lösung gab, entschloss sich unser Projekt zu einer bis dato erst einmal angewandten Lösung: eine Notwohnung wurde angemietet. In diese zog Michael erst einmal ein.

Ihm und uns stellte sich damit aber eine riesige Herausforderung: Von einem durchstrukturierten Tagesablauf mit regelmäßigen Gesprächen, mit Gemeinschaft und in erster Linie mit Sicherheit in einer pädagogisch und suchttherapeutisch geprägten Umgebung nun plötzlich in eine eigene Wohnung – und das innerhalb weniger Stunden! Wie konnten wir das auffangen?

In Kooperation mit einer offenen Jugendeinrichtung gelang es unserem Projekt der Mobilen Jugendsozialarbeit zu dieser Zeit ein neues Angebot zu entwickeln und zu finanzieren. Ein Teil dieses Angebots war es, von Sucht betroffenen jungen Menschen jeden Morgen ein Frühstück anzubieten. Innerhalb dieses Rahmens wollten wir eine Anlaufstelle schaffen, um ins Gespräch zu kommen, Termine zu besprechen und auszuwerten oder auch zukünftige zu planen. An diesem regelmäßigen Angebot nahm nun auch Michael teil. Ohne dieses Angebot, so sagt er rückblickend, wäre er damals nicht clean geblieben. Dies habe er nur durch die Gemeinschaft sowie durch die Unterstützung verschiedener Ansprechpartnerinnen und -partner geschafft. Durch das neue Projekt war der Club jetzt durchgängig von 10 Uhr früh bis abends 21 Uhr geöffnet. Michael half innerhalb der Projekte aus und erwarb somit eine feste Tagesstruktur.

Dieser positiven Entwicklung stand jedoch entgegen, dass es ihm nicht gelang, eine Tätigkeit zu finden, die ihn vom Jobcenter unabhängig gemacht hätte, geschweige denn, seinem Ziel nach der Aufnahme einer neuen Ausbildung auch nur ein Stück näher zu kommen. So verstrichen die Wochen und außer einem regelmäßigen Frühstück, Gesprächen und einer Möglichkeit, Wäsche zu waschen, konnten wir nicht viel für ihn tun.

Am schwersten fiel Michael die Kontaktaufnahme zu anderen Menschen. Er war, so sagte er, zu lange weggewesen. Von seinen Freunden vor der »Drogenzeit« hatten viele jetzt Familie und feste Jobs. Er fand keinen Zugang mehr zu ihnen. Die drogenlose Welt war eine gänzlich neue für ihn und alle »Kompetenzen«, für die er früher Ansehen und Respekt erhalten hatten, zählten in dieser Welt nicht viel. Michael beschrieb die Welt der Drogen als wirkliche »Parallelwelt«, die mit seiner jetzigen und der unseren nur wenig Gemeinsamkeiten besäße, sie habe ihre vollkommen eigenen Regeln und komme eigentlich nur im Rahmen von Gericht und Polizei in Kontakt mit der »normalen Welt«.

Irgendwann kam der Rückfall, der sich im Nachgang betrachtet abgezeichnet hatte, uns aber doch überraschte.

Das Wissen darüber, dass jene kleinen Angebote das Äußerste waren, was wir hatten leisten können, und das mehr nicht ging, um etwas gegen diesen schier übermächtigen Gegner Crystal Meth zu setzen, lähmte erst einmal alle Mitarbeiterinnen und Mitarbeiter. Was sollten wir noch tun, was dem entgegenhalten? Konnten wir solchen jungen Menschen wie Michael in dieser schweren Zeit überhaupt helfen?

Wir versuchen ständig, mit konsumierenden jungen Menschen Visionen eines Lebens ohne Sucht zu entwickeln, Vorstellungen einer harmonischen Beziehung, einer gelingenden Arbeitstätigkeit etc. Und dann gehen sie in Therapien und stehen danach in einem Vakuum, in dem nichts vorwärtsgeht. Das genannte Beispiel steht dabei für eine Vielzahl junger Menschen, die von uns begleitet wurden. Die meisten von ihnen scheiterten an den nicht vorhandenen Hilfeprojekten und Nachsorgeeinrichtungen.

»Das könnte ich genauso gut auch lassen.«

Mit nur drei Stunden für die Familie ist die Arbeit nicht mehr sinnvoll

Seit zwei Monaten soll ich eine alleinerziehende Mutter mit einer sechsjährigen Tochter betreuen. Das Jugendamt erwartet laut Hilfeplan von meiner Betreuung, dass das Kind ab kommenden August in die Schule kann. Es ist schon einmal zurückgestellt worden und wirkt entwicklungsverzögert.

Als ich die kleine Familie kennenlernte, war mir schnell klar, warum das Kind noch nicht schulreif ist. Die Mutter ist nicht in der Lage, dieses Kind zu fördern. Fragen des Kindes werden als lästig empfunden, es gibt kein einziges Bilderbuch in der Wohnung, die Mutter spricht mit dem Kind in abgehackten, verknappten Sätzen, der Fernseher läuft den ganzen Tag.

Die Mutter hält nichts von Bildung und Schule, sie hat ein wenig Angst vor der Zeit, wenn ihre Tochter mit Schulaufgaben nach Hause kommen wird. Sie selber hat keinen Schulabschluss. Sie liebt ihre Tochter, aber was die kognitive Förderung angeht, ist sie hoffnungslos überfordert. Außerdem scheint sie in einer Art Konkurrenz zu ihrer Tochter zu leben. Ich habe den Eindruck, sie möchte es eher verhindern, dass ihre Tochter ihr eines Tages überlegen sein wird. In den Kindergarten geht das Kind bisher nicht, weil die Mutter das Anmeldeformular seinerzeit nicht ausfüllen konnte. Das ist ihr heute noch peinlich.

Nach dem ersten Gespräch bin ich nach Hause gegangen und habe mir überlegt, was ich mit meinen drei Stunden in dieser Familie anfangen soll, oder besser gesagt: was ich damit anfangen kann. Von den drei Stunden gehen Fahrtzeiten ab, ich muss mich vorbereiten, muss mit Ämtern telefonieren, Kontakte zum Umfeld knüpfen – da bleibt gerade mal Zeit für einen einzigen Termin bei der Frau zu Hause. Ich bin also weder in der Lage, mit dem Kind zu arbeiten noch der Mutter beibringen, wie sie beispielsweise mit dem Kind spielen könnte, wie sie mit ihm sprechen sollte. Das alles kann ich ihr bestenfalls empfehlen. Aber ich weiß schon jetzt, dass diese Ratschläge von ihr überhaupt nicht umgesetzt werden können. Da würde man ganz anders vorgehen müssen. Und an der Beziehungsstruktur, die eine Unterstützung des Kindes möglicherweise systematisch verhindern wird, kann sich nichts ändern. Wenn man hier nicht ansetzt, werden alle Bemühungen von außen um die kognitive Entwicklung der Tochter umsonst sein, denn die Tochter liebt ihre Mutter auch und spürt sehr wohl deren Ängste, und will sie nicht verletzen. Auch daran müsste man arbeiten. Das geht sicher nur, wenn man die Chance hätte, zu beiden erst einmal eine gute Beziehung aufzubauen. Davon kann bei meinem jetzigen Job keine Rede sein.

Verdammt schade! Die Kleine bekommt also doch keine Chance! Und wenn das Kind in die Schule kommt, dann wird die Mutter ihm keine Hilfe sein. Wenn sich in der Familie die Grundeinstellung zum Thema Lesen, Wissen, Bildung etc. nicht verändert, wird die Schulreife der Kleinen gar nichts nützen.

Jetzt kann ich tatsächlich nur einen einzigen Termin in der Familie pro Woche wahrnehmen. Ich gehe dann mit der Mutter die anstehenden Termine und die Aufgaben durch, die sie zu übernehmen hat. Manchmal versuche ich, ihr wirklich Ratschläge zu geben. Aber es ändert sich überhaupt nichts an dem Verhalten der Mutter und dem Entwicklungsstand des Kindes. Wie auch? Aber ich sehe schon jetzt, wie mir das Jugendamt vorwerfen wird, dass die Kleine trotz meiner Bemühungen immer noch nicht schulreif geworden ist.

Soziale Arbeit braucht Zeit; wenn sie etwas verändern, etwas mit den Menschen zusammen erreichen will. Und sie hat überhaupt nur einen Sinn, wenn sie nachhaltig ist, hat unser Professor immer gesagt. Was wir hier tun, ist eigentlich rausgeworfenes Geld. Denn so wirkt Sozialpädagogische Familienhilfe nicht, so ist sie nicht mehr als ein leeres Versprechen.

Informationen und Anmerkungen

Tropfen auf den heißen Stein sind bekanntlich nichts als wirkungslose, verpuffende Ereignisse, die nicht weiterbringen. Der Kompromiss: ein »bisschen Soziale Arbeit« ist ein fauler Kompromiss. Ein bisschen geht eben nicht, ist zu wenig und damit eigentlich auch überflüssig. Tatsächlich geht es hier nur um eine Alibifunktion der Politik.

Es gibt unterschiedliche Konstellationen, in denen die Bemühungen der Sozialen Arbeit nicht mehr erreichen können, als es in diesem Bild angedeutet wird.

Mehr als ein Tropfen auf den heißen Stein kann Soziale Arbeit nicht sein, wenn ihr die erforderlichen Ressourcen verweigert, gestrichen, vorenthalten werden.

Eine stationäre Einrichtung für Kinder, bei der der Personalschlüssel so knapp ist, dass keine Zeit bleibt für eine persönliche Ansprache aller, ist nicht viel besser als die Heime, die es vor 1970 gab und die damals heftige Kritik auslösten.

Eine Schulsozialarbeit, bei der eine 30-Stunden-Kraft fünf Schulen gleichzeitig zu betreuen hat, kann kaum mehr leisten, als in den Schulen Sprechstunden zu halten. Das aber ist keine Soziale Arbeit mehr. Das sind kleine, kaum wirksame Versatzstücke, die nach dem Zusammenkürzen übrig geblieben sind.

Eine Familienhilfe, in der nur ein Kontakt pro Woche zur Familie möglich ist, ist außerstande, die anstehenden Probleme sozialpädagogisch, also nachhaltig zu lösen.

Für die Klientel bedeutet die Tendenz, Soziale Arbeit so auszustatten, dass sie nicht wirklich zu etwas führen kann: Es wird ihnen nicht geholfen, sie werden vertröstet, verschaukelt und in Warteschleifen geschoben. Für die Sozialarbeiterinnen und Sozialarbeiter bedeutet das: sinnloser Verschleiß, Erfolglosigkeit, Frust und den Vorwurf von außen, etwas nicht geschafft zu haben.

Darüber hinaus führt die Einengung der Sozialen Arbeit auf bestimmte, für die neoliberale Sozialpolitik interessante Themen wie die Employabilität (Arbeitsfähigkeit) in vielen Fällen dazu, dass Menschen bei Problemen geholfen werden soll, die gar nicht den wichtigen Kern ihrer eigenen Anliegen treffen. Auch hier bleibt Soziale Arbeit nichts als ein Tropfen auf einen heißen Stein, denn die eigentlichen Probleme bleiben unberührt und werden nicht weiter beachtet. An dieser Stelle zur Illustration ein Fallbeispiel:

Dimitrij, ein junger Mann, mittlerweile mit befristeter Aufenthaltserlaubnis, war vor einigen Jahren aus Kroatien als Kriegsflüchtling nach Deutschland zu Verwandten gekommen. Nun erhielt er ALG II und war vom Jobcenter zu dem mit diesem kooperierenden Jugendmigrationsdienst geschickt worden. Ziel der Beratung sollte sein, eine Weiterbildung und dann einen Arbeitsplatz zu finden – um damit dann langfristig vielleicht auch eine unbefristete Aufenthaltsgenehmigung zu bekommen. Auch sollte es darum gehen, dass er möglichst bald von der Unterstützung unabhängig würde und sein Geld selber verdienen könne.

Der Berater beim Jugendmigrationsdienst merkte schnell, dass Dimitrij nur mit einem halben Ohr dabei war, wenn er ihm die Weiterbildungsmöglichkeiten offerierte, wie es das Jobcenter wünschte. Schon im ersten Gespräch stellte er fest, dass der junge Mann mit ganz anderen Problemen zu kämpfen hatte. So kam er mit der deutschen Mentalität nicht zurecht, fühlte sich überall ausgegrenzt und hatte Heimweh. Gleichzeitig belasteten ihn noch immer seine Gewalt- und Kriegserlebnisse in der Heimat, über die er mit niemandem sprechen konnte. Zudem wollte er gerne bei seinen Verwandten ausziehen, weil er sich dort nicht wohlfühlte.

Darauf einzugehen hatte der Berater jedoch weder die Zeit noch die Befugnis[70]: Vorgeschrieben ist ihm die Methode des Fallmanagements und in diesem Zusammenhang eine strenge Fokussierung auf das für das Jobcenter zentrale Thema und die entsprechenden Ziele. Der Einsatz anderer Beratungsmethoden ist ebenso wie die Behandlung weiterer Themen – zumal ja auch die jeweilige Stundenzahl begrenzt ist – ausgeschlossen. Möglich war es also im vorliegenden Fall nur, den Weg von Dimitrij zu einer bezahlten Arbeit zu unterstützen, wobei die einzelnen Schritte des Betroffenen einer deutlichen Kontrolle unterzogen werden müssen. Ein Vertrauensverhältnis und Beziehungsarbeit sind nicht erwünscht. Die Beziehung zwischen dem Berater beziehungsweise Manager und dem Klienten soll rein sachlich nüchtern sein.

Dimitrij wird – wenn es ihm gelingt, seine anderen Probleme wegzuschieben oder zu verdrängen – mithilfe des Jugendmigrationsdienstes möglicherweise einen Weg aus der finanziellen Abhängigkeit finden. Man muss aber befürchten, dass er das in dem oben beschriebenen Set-

70 Die Arbeit in den Jugendmigrationsdiensten wird in den Bundesländern unterschiedlich gehandhabt. Im Fallbeispiel wird die Jugendmigrationsberatung in enger Kooperation mit den Jobcentern durchgeführt und entsprechend reglementiert.

ting ohne weitere Unterstützung nicht schaffen wird. Damit gehört er zu jenen Aktivierten, die das Angebot vermeintlich ausgeschlagen haben. Die Hilfe war eben doch nur ein Tropfen auf den heißen Stein.

Wenn die gesellschaftlichen Verhältnisse um die Soziale Arbeit herum unzureichend, prekär oder gefährdend sind, nutzt Soziale Arbeit auch nichts. Man kann einen Wohnungslosen beraten, unterstützen, trösten, ihn begleiten – aber wenn es keine bezahlbaren Wohnungen gibt, bleibt er in seiner Lage gefangen.

Soziale Arbeit kann letztlich nicht gegen unzulängliche strukturelle Verhältnisse anarbeiten, solange diese selbst unangetastet bleiben. In diese Situation gerät Soziale Arbeit jedoch überall dort, wo sie Menschen zu helfen versucht, die von anderen Instanzen der Gesellschaft behindert, sanktioniert, unter Druck gesetzt, fortgestoßen oder systematisch entwertet werden, wie etwa in der Flüchtlingsarbeit oder auch im Kontext des ALG II. Hier bedeutet die Hilfe der Sozialen Arbeit deshalb auch nicht mehr als einen Tropfen auf den heißen Stein, weil andere Kräfte das Problem erzeugen, festhalten und die Interventionen ins Leere laufen lassen.

Dass die Hilfen die Betroffenen oft nicht weiterbringen, ist letztlich Folge einer unzureichenden gesellschaftlichen Verantwortung von Politik, Wirtschaft und Verwaltung für eine Soziale Arbeit, die etwas bewirken kann:

Wichtige Themen werden ausgeklammert, Hilfen zu schlecht ausgestattet und Soziale Arbeit in Situationen verschlissen, in denen die Umstände und Gegebenheiten um den Klienten herum eine Verbesserung und Lösung der Probleme verhindern beziehungsweise diese Problemlagen überhaupt erst erzeugen.

6. Aus Kostengründen werden fachlich notwendige Hilfen vermieden oder Hilfen ganz verweigert

»Wer sich nicht anstrengt, bekommt auch nichts.«

Begabtenförderung nicht für Randgruppenkinder?

Heißt es nicht, dass begabte Kinder gefördert werden sollen? Geht nicht jede Menge Geld in Eliteschulen und Eliteuniversitäten? Aber was ist mit einem hochbegabten Kind, das das Pech hatte, in einen sozialen Brennpunkt hineingeboren worden zu sein? Steht da nicht eigentlich was von Förderung der Minderjährigen im SGB VIII?

Ich kenne einen Jungen, ich nenne ihn Felix. Ich betreute mal seine Familie als Familienhelferin. Felix ist der zweitälteste Sohn einer alleinerziehenden Mutter. Das Älteste der Kinder war im Heim, der jüngere Bruder hatte massive Schulversäumnisse, die jüngste Schwester war den Lehrerinnen und Lehrern aufgefallen und man vermutete eine Lernbehinderung. Nur Felix, der damals 15 war und auf den sich meine Aufgaben gar nicht bezogen, hatte keines der üblichen Schulprobleme. Seine Problematik fiel mir nur sozusagen nebenbei auf, am Rande. Aber auch sie schien mir gravierend.

Der Junge war hochintelligent und hatte zum Glück eine sehr gute, verständnisvolle Klassenlehrerin. Seine Förderung zu Hause allerdings war äußerst mäßig. Für die alleinerziehende Mutter gab es bei diesem Sohn keinerlei Problem, außer, dass er ihr manchmal mit seinen Fragen und seinen vielen Interessen auf die Nerven ging.

Die Lehrerin brachte dem begabten Jungen laufend Anregungen mit, damit er sich außerhalb der Schule mit geistiger Nahrung beschäftigen konnte. So kam er auf das Fachgebiet Astronomie und schrieb einen Aufsatz über dieses Thema, der in die Hände eines Professors der Universität am Ort gelangte. Der war begeistert von dem Jungen und bot ihm an, sein Schulpraktikum an der Uni durchzuführen. Das hat dann auch tatsächlich stattgefunden und war unglaublich bereichernd für Felix.

Aber danach war wieder Flaute und er langweilte sich gewaltig. Seine Mutter verstand die Situation nicht und war auch nicht in der Lage, irgendwelche Initiativen für ihren Sohn zu ergreifen.

Als mir das Problem klar wurde, klopfte ich beim Jugendamt an und schlug vor, für den Jungen einen Einzelhelfer bereitzustellen, der ihn in seiner geistigen und intellektuellen Entwicklung fördern, ihn anregen und ihm weitere Bildungsmöglichkeiten eröffnen könnte – also das tun, was eigentlich die Rolle der Familie gewesen wäre und was in jeder Familie der gebildeten Schichten auch sicher so laufen würde. Die Entwicklung dieses hochbegabten Kindes würde unter den bestehenden Bedingungen und ohne Unterstützung von außen massiv beeinträchtigt, so meine Aussage.

Der Kollege vom Jugendamt lächelte mich nicht unfreundlich, aber ein wenig mitleidig an: »Aber Frau K., das sind doch Idealvorstellungen!« Hilfe wurde nicht in Aussicht gestellt.

Mein zweiter Versuch, etwas Wirksames für diesen Jungen und seine Zukunft zu tun, war, einen Familienrat anzuregen, um so die Ressourcen der Verwandtschaft für den Jungen auszuschöpfen. Die Mutter konnte ich von der Idee überzeugen, wenn sie auch ein wenig Angst davor zu haben schien. Aber sie fand es gut, wenn etwas für ihren Sohn getan werden würde. Ich war sehr froh, dass sie inzwischen so positiv eingestellt war. Noch vor ein paar Monaten war es für sie überhaupt nicht einsehbar gewesen, dass ausgerechnet ihr kluger Sohn Hilfe bräuchte. Der Mitarbeiter vom Jugendamt gab schließlich auch nach, zumindest hatte ich den Eindruck. Da nicht ich, sondern eine andere, neutrale Person diesen Familienrat durchführen sollte, wurde vereinbart, dass damit meine Familienhilfe beendet sein würde. Ich war einverstanden, weil ich glaubte, auf diese Weise etwas für Felix erreicht zu haben. Und dann warteten wir alle.

Nach sechs Wochen war immer noch keine Zusage an die andere Kollegin, die diese Aufgabe übernehmen sollte, beziehungsweise ihren Träger ergangen. Ich sprach mit der Mutter: Die hatte auch noch nichts gehört, war aber nach wie vor bereit, mitzumachen. Obwohl ich ja gar nicht mehr zuständig war, rief ich beim Jugendamt an. Der Kollege meinte zögernd: »Ja, will die Mutter das denn auch überhaupt wirklich?« Ich erzählte von meinem jüngsten Gespräch mit ihr. »Tja, aber liebe Frau Kollegin, dann muss sie auch was dafür tun! Dann muss sie mich hier jeden Tag am Telefon nerven. Dann muss sie um diese Hilfe betteln, erst dann weiß ich, sie will sie wirklich.«

Ich war konsterniert. »Aber das kann sie ja nicht. Schließlich bin ich dort als Familienhelferin gewesen, weil sie so etwas nicht alleine hinkriegt, weil sie zu antriebsarm ist, weil sie Angst vor Behörden hat und auch weil sie nicht begreift, warum für ihren Sohn Bildung so wichtig ist. Und jetzt verlangen Sie, sie soll auf einmal dafür kämpfen?«

»Wer nicht kämpfen will, der bekommt auch nichts. So ist es nun mal und heute sowieso.«

Und dabei wird es bleiben und der hochbegabte Felix hat keine Chance, einfach nur deshalb, weil er in einem sozialen Brennpunkt lebt, weil sein Elternhaus nicht für seine Bildung kämpfen kann und weil die Jugendhilfe sich in keiner Weise zuständig für ihn fühlt.

Ich jedenfalls verstehe den § 1 des Kinder- und Jugendhilfegesetzes[71] anders.

»Wenn es Kindern schlecht geht, dann müssen Sie das als Profi eben aushalten können, Frau Kollegin!«

Erziehungshilfe wird nur noch gewährt, wenn ein »massiver« Kinderschutzbedarf besteht[72]

Ich arbeite nun seit gut 20 Jahren in der Jugendhilfe, erst lange im stationären Bereich und jetzt, seit letztem September, als Schulsozialarbeiterin in einer Grundschule in einem sozialen Brennpunkt. Angestellt bin ich bei einem freien Träger und das Schulsozialarbeitsprojekt wird wissenschaftlich begleitet.

71 Laut § 1, Absatz 3 Pt. 4 KJHG soll die Kinder- und Jugendhilfe »dazu beitragen, positive Lebensbedingungen für junge Menschen und ihre Familien sowie eine kinder- und familienfreundliche Umwelt zu erhalten oder zu schaffen«.

72 Nach § 27 KJHG besteht ein Rechtsanspruch auf Hilfe zur Erziehung bei Fällen, in denen diese Hilfe notwendig und geeignet ist. Von der notwendigen Voraussetzung einer Kindeswohlgefährdung, oder gar einer »massiven Kindeswohlgefährdung« ist im Gesetz nicht die Rede. Voraussetzung ist vielmehr eine »dem Wohle des Kindes nicht ausreichende Erziehung«, bzw. wie Münder es im Frankfurter Kommentar (2012) erläutert: »Voraussetzung ist eine Sozialisationssituation des und der Minderjährigen, die nicht ausreicht, um eine gesunde seelische und /oder körperliche und/oder geistige Entwicklung eines Minderjährigen zu gewährleisten.«

Eigentlich bin ich mit meinen Aufgaben und Möglichkeiten als Schulsozialarbeiterin ganz zufrieden. Die Zusammenarbeit mit den Lehrerinnen und Lehrern und mit der Schulleitung klappt recht gut. Alle haben begriffen, dass in einem sozialen Brennpunkt die Frage auf der Tagesordnung steht: Wie können wir den Schwächsten helfen, wie können wir sie besser fördern? Mein Aufgabengebiet ist vor allem Beratung – Beratung von Lehrerinnen, Lehrern, Eltern, Schülern und Schülerinnen. Ich kann hier also sehr wohl sozialpädagogisch tätig sein. Mit der Schule arbeite ich arbeitsteilig, aber eben sehr kooperativ.

Was mich in diesem Arbeitsfeld aber seit Monaten immer fassungsloser macht und mich auf die Palme bringt, das ist die Zusammenarbeit oder auch eben Nichtzusammenarbeit mit dem zuständigen Jugendamt. Kooperation kann man das nicht nennen. Und was das Jugendamt selbst betrifft, so muss ich in aller Härte sagen: Die hebeln das SGB VIII[73] nach Strich und Faden aus, negieren es und ein effektiver Kinderschutz scheitert am Jugendamt selbst. Ich weiß, das klingt verrückt. Aber ich stehe dazu. Genauso ist es und es ist ein Skandal!

Natürlich komme ich ständig mit Kindern und ihren Familien zusammen, bei denen vieles im Argen liegt. Mein ganzes Augenmerk als Schulsozialarbeiterin gilt diesen Familien. Ich habe viele Kontakte mit ihnen und arbeite ganz konkret im Familienbereich. Das mag anders sein als in anderen Stadtteilen, in denen Schulsozialarbeiterinnen und -arbeiter tätig sind. Aber in einem sozialen Brennpunkt wie in unserem laufen fast alle Probleme gleich auf eine familiär ungünstige oder problematische Konstellation hinaus und da werde ich dann aktiv.

Dennoch gibt es genug Fälle, in denen ich alleine nicht weiterkomme, wo ich die Unterstützung des Jugendamtes brauche oder auch solche Situationen, wo ich mich zu einer Kinderschutzmeldung veranlasst sehe. Ich füge diesen Meldungen jedes Mal umfangreiche Berichte über meine bisherigen Bemühungen sowie Stellungnahmen der Lehrerschaft bei.

In den ersten sieben Monaten meiner Tätigkeit im Brennpunkt habe ich drei oder vier Meldungen an den Allgemeinen Sozialen Dienst im Jugendamt gemacht, allerdings waren die Reaktionen sehr merkwürdig oder es wurde auch gar nicht reagiert.

Da war zum Beispiel der Fall der Maria P., Erstklässlerin. Seit Wochen konnte man sehen, wie sie sich zunehmend von den anderen Kindern und auch vor den Lehrerinnen und Lehrern und mir zurückzog. Als ihr Reiß-

73 SGB VIII ist das KJHG (Kinder- und Jugendhilfegesetz)

verschluss an der Jacke kaputtgegangen war, weinte sie und wollte nicht nach Hause. Als ihre Brille heruntergefallen war, bekam sie Angst. Schließlich sagte sie uns, dass sie vom Vater immer wieder wegen ähnlicher Sachen geschlagen worden wäre. Das Kind war ganz offensichtlich völlig angstbesetzt.

Wir sprachen mit dem Vater, der jede Gewalt in seiner Familie verneinte und nichts davon gemerkt haben wollte, dass seine Tochter immer stiller und depressiver geworden war. Daraufhin machte ich mit Unterstützung der Lehrerinnen und Lehrer eine Kinderschutzanzeige und hing einen genauen Bericht über die Beobachtungen und Gespräche an, die bei uns gelaufen waren.

Drei Wochen passierte nichts. Dann erhielt ich eine Einladung zu einem Gespräch, zu dem auch der Vater eingeladen worden war.

Die Mitarbeiterin des Allgemeinen Sozialen Dienstes hatte ganz offensichtlich meinen Bericht nicht gelesen. Sie bezog mich mit keinem Wort in das Gespräch ein, sondern führte in meiner Anwesenheit, aber ganz alleine, ein längeres Gespräch mit dem Vater. Sie sprach mit ihm über seinen Vaterstolz, seine Lebenssituation. Sie verhielt sich ganz ressourcenorientiert, wie manche so was nennen. Aber sie berührte mit keiner Andeutung den im Raum stehenden Vorwurf der Gewalt oder die Probleme seiner Tochter.

Schließlich habe ich mich doch eingemischt und angemerkt, dass es da aber noch das Problem gäbe, dass seine Tochter von ihm offenbar geschlagen würde, zum Beispiel, wenn ihr etwas kaputtgegangen sei. »Aber das sind doch nur Spekulationen«, wischte die Jugendamts-Mitarbeiterin meine Worte vom Tisch und sagte zum Vater: »Alles klar, wir setzen uns noch mal in einem halben Jahr zusammen.«

Solche Situationen und Kooperationspannen mit dem Jugendamt passierten immer wieder.

Dann hieß es eines Tages, es würde ein Gespräch anberaumt mit mir, dem Jugendamt und meinem Träger. Und ich erfuhr hintenherum, dass es eine Beschwerde des Allgemeinen Sozialen Dienstes über mich gegeben habe. Ich fand die Aussicht auf so ein Gespräch ganz gut, denn ich wollte endlich konstruktive Lösungen für die Zusammenarbeit mit dem Jugendamt finden.

Doch dann kam es ganz anders: Das Gespräch, an dem meine Chefin, unsere stellvertretende Leiterin, ich und Mitarbeiterinnen des Allgemeinen Sozialen Dienstes teilnahmen, dauerte zwei Stunden und als einzige Vereinbarung kam heraus, welches Faxgerät für die Kinderschutzmeldungen benutzt werden solle. Ansonsten beklagten sich die vier Jugendamts-Mitarbeiterinnen heftig und ausführlich darüber, wie schlecht es ihnen in ihrer Arbeitssituation ginge. Es gab keine Kooperationsvorschläge. Was mich betraf, wurde mir vorgeworfen, dass ich das Jugendamt mit Meldungen und Aufforderungen belaste, die sie für unangemessen hielten.

Konkret wurde mir vorgehalten, dass sich meine Meldungen quasi auf Lappalien bezögen. Für Beratung hätten sie im Allgemeinen Sozialen Dienst keine Zeit und außerdem würden sie sich nur noch um Fälle des »massiven Kinderschutzes« kümmern können. Nicht massiv genug waren für sie offensichtlich Fälle, in denen Kinder seelischem Druck ausgesetzt sind, wo Kinder verwahrlost herumlaufen und niemand ihnen Halt und Schutz bietet, wo Kinder Hunger haben. Die Aussagen gipfelten im Ratschlag: »Wenn es Kindern schlecht geht, dann müssen Sie das als Profi eben aushalten können!«

In diesem Moment habe ich mich gefragt, ob ich wirklich mit Mitarbeiterinnen eines Jugendamtes spreche.

Auf alle Fälle solle ich mich nicht so oft melden. Schulsozialarbeit sei schließlich eingerichtet worden, um den Allgemeinen Sozialen Dienst zu entlasten, nicht um ihm mehr Arbeit zu machen. Ich war fassungslos und bin es noch. Was ist denn das für ein Verständnis von Jugendhilfe und dem notwendigen Zusammenwirken verschiedener Akteure im Sinne des Kindeswohls?

Und mein Träger? Die stellvertretende Leiterin hat, genau wie ich, nach diesem Erlebnis ein Gespräch mit der Leitung unseres Trägers gefordert. Aber dazu kam es bis heute nicht. Stattdessen stand meine Chefin in meinem Büro und rastete aus über meine angeblichen Unverfrorenheiten. Sieben Jahre gute Kooperation ihres Trägers mit dem Jugendamt hätte ich auf einen Schlag kaputtgemacht. Andere Kolleginnen waren dabei und konnten es miterleben.

Ich bin fassungslos und ratlos dazu. Wer steht denn hier noch für eine gute Jugendhilfe?

Mein Eindruck ist, dass eine gute Jugendhilfe für unser Jugendamt nur eine ist, die nichts kostet. Und dass Kinderschutz erst dann zu Handlungen zwingt, wenn das Leiden der Kinder öffentlich sichtbar wird oder wenn der Fallausgang möglicherweise für das Jugendamt selbst gefährlich werden könnte.

So kostengünstig wie möglich – den Bach runter

Aus Gründen der Effizienz wird keine Hilfe oder die falsche Jugendhilfe-Maßnahme gewährt

Ich habe beruflich einen langen Weg zurückgelegt. Jetzt also bin ich bei der Jugendhilfe gelandet, habe erst als Schulsozialarbeiter gearbeitet und arbeite nun seit einiger Zeit als Einzelhelfer und betreue Jugendliche mit schwieriger Biografie und meist massiven Auffälligkeiten.

Und ich muss sagen, ich bin von meiner Arbeit und ihrer Notwendigkeit voll überzeugt und das Gesetz, also das Kinder- und Jugendhilfe Gesetz (KJHG), das für meine Arbeit gilt, hat mich beeindruckt, als ich es kennenlernte.

Nur, und da bekomme ich allmählich ziemlich Bauchschmerzen: was da auf dem Papier steht, ist nicht das, was wirklich passiert. Man kann sich heute auf die Jugendämter und die dort tätigen Sozialarbeiter-Kolleginnen und -Kollegen in dieser Hinsicht offenbar nicht mehr verlassen.

Gut, es gibt bei den Jugendämtern ab und an auch Sozialarbeiterinnen und -arbeiter, die wenigstens ganz offen sagen: »Tut mir leid, die Zeiten haben sich geändert, das und das können wir nicht mehr machen. Das kriege ich nicht finanziert. Das ist Mist. Aber es ist so. Tut mir sehr leid für Ihren Jugendlichen.« Die finde ich ja zumindest ehrlich und authentisch, auch wenn ich mich wundere, dass sie das einfach so hinnehmen.

Aber richtig schlimm sind die – und die habe ich schon zuhauf kennengelernt – die behaupten, dass Jugendhilfe heute genau das tue, was im Gesetz stehe und die auch noch stolz darauf sind, dass es so ist, wie es ist. Wie kann man sich nur so sehr selbst belügen, sich und die anderen und auch die Klienten? Und diese Jugendamtsmitarbeiterinnen und -mitarbeiter, das sind dann auch genau die, die alles tun, um Begründungen für die Notwendigkeit neuer oder weiterer Hilfen abzuschmettern oder einfach zu ignorieren. Sie bemühen sich intensiv darum, eine Kindeswohlgefährdung und die Indizien dafür nicht wahrzunehmen, einfach, weil sie wissen, dass sie keine teuren Hilfen zur Erziehung im darüber entscheidenden Fallteam[74] durchbekommen. Ich verstehe so was nicht.

Das sind doch gestandene Fachleute. Kennen die denn das Gesetz nicht? Aber man hat manchmal wirklich den Eindruck, dass sie dort im Fallteam so etwas erwartet wie »der heiße Stuhl«.

Zum Beispiel bei Henrik, einem Jugendlichen, der zwölf war, als ich ihn kennenlernte.

Der Junge zeigte schon damals alle Zeichen von psychischer Vernachlässigung und hatte große Beziehungsschwierigkeiten, Tendenzen zur Schulverweigerung, zu illegalen Sprayaktionen. Es war mir klar: Wenn hier keine Unterstützung käme, würde das alles eskalieren. Von den Eltern war nichts zu erwarten, sie ließen ihn faktisch und beziehungsmäßig im Regen stehen. Er hatte in seiner Familie überhaupt kein Selbstwertgefühl entwickeln können. Es hatte nie einer an ihn geglaubt.

Im Rahmen unserer Jugendarbeit aber, woher ich Henrik kannte, gab es mit ihm in einem Kunstprojekt und im Rettungsschwimmerkurs überraschende Erfolge, es gelang uns, ihn zu motivieren, ihn sogar dazu zu bekommen, für andere Verantwortung zu übernehmen. Dort war er wohl zum ersten Mal in seinem Leben stolz auf seine Leistungen und er entdeckte unerwartete Fähigkeiten an sich.

Ich konnte damals in der Rolle des Schulsozialarbeiters den Sozialarbeiter im Jugendamt von der Notwendigkeit eines »Betreuten Wohnens« überzeugen und Henrik war wohl von dieser Perspektive durchaus angetan. Aber aus irgendwelchen Gründen beschloss man im Amt dann doch, erst einmal ein »Clearing« einzuschieben, das hieß ein Einzelhelfer nach (§ 30 KJHG) sollte sich um ihn kümmern und herausfinden, ob das Betreute Wohnen wirklich nötig sei.

Diese Clearingphase[75] dauerte unglaublicherweise ein ganzes Jahr. In diesem Jahr wurde der Junge weiterhin den Strukturen seines Elternhau-

74 Als »Fallteam« wird das Gremium bezeichnet, in dem Anträge für Hilfen zur Erziehung besprochen und genehmigt werden. Heutzutage sitzt auch ein Vertreter des Sachgebiets Wirtschaftliche Jugendhilfe, das für die Finanzierung aller Hilfen für Kinder, Jugendliche und junge Volljährige nach dem SGB VIII zuständig ist, in dieser Besprechung und entscheidet mit über die Frage, ob eine Hilfe finanziell getragen wird. Auf diese Weise kann sich der Finanzsektor gegenüber der fachlichen Entscheidung durchsetzen. Das ist im Gesetz so nicht vorgesehen, dort ist für die Entscheidung, ob eine Hilfe gewährt werden soll, von einem Team aus ausschließlich Sozialpädagoginnen und -pädagogen die Rede.

75 Eine Clearingphase wird mitunter der eigentlichen Hilfe vorgeschaltet. Sie soll eine bessere Entscheidungsgrundlage liefern über die Frage, ob und welche Hilfe geleistet werden soll.

ses ausgesetzt. Dann, nach einem Jahr, kam auch von der Seite des Einzelhelfers die Bestätigung, dass der Junge im Interesse seines Wohles nicht zu Hause leben könne. Also nahmen wir das Gespräch mit dem Allgemeinen Sozialen Dienst wieder auf, der ja vor einem Jahr zunächst diese Klärungsphase hatte haben wollen. Nun, da die gewünschte Klarheit erreicht war, schien uns die Sache mit dem »Betreuten Wohnen« ganz einfach und selbstverständlich.

Aber die Überraschung im Jugendamt war groß: Der gleiche Sozialarbeiter nämlich, der ein Jahr zuvor die Notwendigkeit einer Unterbringung von Henrik außerhalb seines Elternhauses durchaus für richtig und notwendig gehalten hatte, erklärte unverblümt, dass Henrik heute schon im Keller eingesperrt und halbtot geschlagen werden müsse, damit hier eine Hilfe zur Erziehung außerhalb der Familie bezahlt würde. Kurz: Er bekäme bei der vergleichsweise harmlosen Situation heute keine Hilfe mehr durch. Die Zeiten hätten sich eben geändert.

Also ist alles beim Alten geblieben. Henrik wohnt zu Hause. Seine Auffälligkeiten haben sich verschärft. Mit zwölf hätte man noch was bei ihm ausrichten können.

Bei ihm wäre unbedingt intensive Beziehungsarbeit nötig gewesen und keine von vorneherein inhaltlich wie zeitlich begrenzte, halbherzige Maßnahme, die eigentlich nur den Zweck verfolgte, die richtige Maßnahme zu verhindern.

Jetzt ist für mich leider klar: aus dem Jungen wird nichts mehr. Der geht mit dem Segen der Jugendhilfe den Bach runter. Ich frage mich aber, wozu dann das Gesetz? Wo bleibt die Fachlichkeit, die genaue Analyse eines Bedarfs, die Lebensweltorientierung[76], der systemische Ansatz[77], weiß davon denn heute keiner mehr etwas?

Oder bei Oliver: Oliver war ein Junge mit massiven Verhaltensstörungen und psychischen Auffälligkeiten und mit einer Tendenz zu plötzlicher Gewalt. Der Junge wirkte seelisch behindert oder zumindest gefährdet. Hintergrund für seine Probleme waren die massiven Konflikte mit seinen Eltern, die ihrerseits miteinander heftige Konflikte auslebten.

76 Lebensweltorientierung ist eine fachliche Ausrichtung der Sozialen Arbeit (vgl. Thiersch 2012).

77 Systemisches Arbeiten erfordert, dass man die Zusammenhänge eines Falles zu erkennen versucht und nicht einfach nur am Symptom herumbastelt.

Als er sich im Alter von 13 Jahren mit seiner Mutter nach einem Streit regelrecht prügelte, entschloss sich das Jugendamt, ihn zum Vater zu geben. Die Aufgabe, den Jungen bei dem Aufenthaltswechsel zu unterstützen und gleichzeitig zu kontrollieren, ob die vom Jugendamt definierten Auflagen vom Vater auch erfüllt würden (denn die zuständige Sozialarbeiterin sah die Lage sehr kritisch und neigte dazu, einen Sorgerechtsentzug zu beantragen) wurde mir als Einzelhelfer übertragen.

Ich begleitete dann also den Umzug des Jungen weg von der Mutter zum Vater. Aber beim Vater war es für ihn nicht besser. Schließlich war sein Sohn seelisch behindert und erforderte vom Vater viel Aufmerksamkeit und einen enormen Zeitaufwand. Der Vater hatte es sich wohl zu einfach vorgestellt. Ich selbst habe damals auch keine gute Beziehung zum Vater entwickeln können. Ich denke, er sah mich als Konkurrenz.

Schließlich führte meine Arbeit zu einem eindeutigen Ergebnis: Auch der Vater war nicht in der Lage, den Jungen aufzunehmen und für sein Wohl zu sorgen. Der Junge brauchte professionelle Hilfe, Beziehungsangebote und spezielle Hilfe bei seiner offensichtlichen seelischen Behinderung.

Ich schrieb einen entsprechenden Abschlussbericht, dem ich noch Stellungnahmen verschiedener Fachkolleginnen und -kollegen beilegte, die mit mir zusammen in dieser Familie tätig gewesen waren. Unter anderem waren dies eine Psychologin des KJPD[78] sowie der Schulsozialarbeiter, der Klassenlehrer und andere sozialpädagogischen Fachkräfte, die Oliver kannten.

Als der Bericht dem Jugendamt vorlag, überschlugen sich für mich die unglaublichsten Ereignisse:

- Für Oliver war inzwischen im Amt jemand anders zuständig. Die bisher zuständige Sozialarbeiterin hatte den Bezirk gewechselt und wochenlang war die Akte nicht greifbar.

- Die neue zuständige Kollegin war ohne Akte nicht bereit und scheinbar nicht in der Lage zu handeln und ließ meinen Bericht einfach links liegen.

- Die Einschätzung, dass Oliver nach § 35a (seelische Behinderung oder Bedrohung durch eine seelische Behinderung) unterzubringen sei, akzeptierte sie von vorneherein nicht und meinte, das könne man auch wesentlich kostengünstiger haben.

78 Kinder- und Jugendpsychiatrischer Dienst

Als sich dann wiederum die Mutter an mich wandte, weil sie sich nicht richtig behandelt fühlte, machte ich zusammen mit ihr einen Termin mit der Sozialarbeiterin im Jugendamt aus. Die hatte zu meiner Überraschung inzwischen doch ein Heim ausgesucht. Aber es war natürlich eine Unterbringung nach § 34[79], also keine spezielle Betreuung für seelisch Behinderte. Hier im Jugendamt nahm also keiner Rücksicht auf Olivers spezielle Probleme. War eine Unterbringung nach § 35a zu teuer[80]? Oder sah man einfach die Notwendigkeit nicht? Meine Einwände fanden jedenfalls kein Gehör.

In diesem Gespräch ignorierte mich die Kollegin im Jugendamt ohnehin vollständig, was ich sehr merkwürdig fand. Immerhin hatte ich ein ganzes Jahr im Auftrag des Jugendamtes mit dem Jungen und seiner Familie gearbeitet. Sie begrüßte mich nicht und ließ mich einfach stehen.

Oliver kam dann tatsächlich in die vorgesehene Einrichtung, floh nach zwei Wochen mit einem Mädchen, das ganz ähnliche Probleme hatte, und landete nach zwei weiteren Wochen mit ihr zusammen in der Kinder- und Jugendpsychiatrie. Auch hier schaffte er es, aus der geschlossenen Abteilung zu entweichen.

Zwischenzeitlich lebte er wieder mal beim Vater, der inzwischen nach Mecklenburg-Vorpommern gezogen war. Aber das klappte natürlich auch nicht lange. Aktuell hat man ihn in einer Pflegefamilie untergebracht, habe ich gehört.

Vielleicht ist das ja was, ich würde es ihm so sehr wünschen!

Das ist immer wieder das Gleiche, denke ich: Die Kolleginnen und Kollegen im Jugendamt wissen genau, was im Gesetz steht, sie wissen, wie die Hilfe funktionieren und wie sie ausgestattet sein müsste – aber sie tun so, als sei das nicht wahr und speisen die Helfer und die Klienten einfach mit halben Sachen ab, die nichts bringen und nichts bringen können und die die Lage eigentlich immer nur noch verschlimmern.

79 § 34 meint die stationäre Unterbringung in einer Einrichtung der Kinder- und Jugendhilfe.

80 Beim Vorliegen einer seelischen Behinderung muss eine stationäre Unterbringung auch therapeutische Elemente enthalten und einen höheren Anteil an individueller Zuwendung und Betreuung. Das bedeutet konkret, dass eine Unterbringung nach § 35a mehr Kosten verursacht.

»Wozu ist Jugendhilfe eigentlich da?«

Die notwendige Hilfe wird verweigert

Was ist die Aufgabe des Jugendamtes? Ich frage es mich immer wieder. In meinem Arbeitsfeld, in der Schulsozialarbeit, häufen sich Beispiele, bei denen sich das Jugendamt unglaublich verhält, so als hätten die Mitarbeiterinnen und Mitarbeiter dort den Auftrag, Anträge auf Hilfe für Kinder in Not und bei drohender Gefährdung möglichst abzuwiegeln und als nicht erforderlich abzuweisen. Was steht im § 1 des Kinder- und Jugendhilfegesetzes? Jugendhilfe soll junge Menschen in ihrer individuellen und sozialen Entwicklung fördern und dazu beitragen, Benachteiligungen zu vermeiden oder abzubauen (vgl. § 1, Abs. 3 Pkt. 1 KJHG). Das kann ich kaum noch glauben, wenn ich mir die Wirklichkeit ansehe. Nur ein paar Beispiele:

Sinti-Geschwister – ein neuer Versuch mit Sozialpädagogischer Familienhilfe ist dringend erforderlich

In der Grundschule im Bezirk K. unserer Großstadt geht ein Sinti-Geschwisterpaar zur Schule, zwei Jungen von neun und elf Jahren. Die hochproblematische Situation der Kinder ist zum Teil bekannt: Es gab Mordfälle in der Familie. Die Eltern leben heute getrennt, die Kinder leben im Haushalt der Mutter. Die Kinder wirken beide ziemlich verwahrlost.

In der Vergangenheit hat schon eine Art Mini-Sozialpädagogische Familienhilfe stattgefunden, ein Jahr lang mit einem wöchentlichen Stundenaufwand von drei Stunden, und wurde dann ohne Erfolg wieder eingestellt.

Der neunjährige Junge hat in der Schule in diesem Schuljahr 90% Fehlzeiten. Er läuft den ganzen Tag alleine im Stadtteil herum. Offenbar kümmert sich keiner um ihn. Die Lehrer und ich, die Schulsozialarbeiterin, sind beunruhigt. Wenn der neunjährige Junge in die Schule kommt, hat er weder Arbeitsmaterial noch Verpflegung dabei. Die Begründung der Schulversäumnisse beider Kinder sind nach Aussagen der Mutter Unwohlsein und Krankheiten. Zum Arzt geht sie nicht mit den Kindern, Entschuldigungen bei der Schule bleiben aus. Der Eindruck ist bedrückend: Die Mutter ist hoch verschuldet und mit der Erziehung der Jungen ganz offensichtlich überfordert. Von der Mutter allein ist keine Abhilfe zu erwarten. Sie scheint damit überfordert, den Kindern Grenzen zu setzen und ihnen einen strukturierten Tagesablauf zu gewährleisten.

Die problematische Familiensituation wird auf unser Drängen hin schließlich im großen Fallteam des Jugendamtes verhandelt, an dem immerhin neun Personen teilnehmen, allein fünf vom Jugendamt. Nach gut zwei Stunden fasst die fall-führende ASD-Mitarbeiterin[81] das Ergebnis so zusammen: »Ich denke nach«. Danach passiert lange nichts. Die Schule erfährt nicht, was das Jugendamt vorhat und ob es überhaupt etwas vorhat.

Im Einvernehmen mit der Schule mache ich endlich eine Kinderschutzanzeige. Keine Reaktion.

Nach drei Monaten wird bekannt, dass jetzt immerhin doch ein neuer Familienhelfer in der Familie arbeitet, dieses Mal mit fünf Stunden die Woche. Wir werden in die Planung wieder nicht einbezogen.

Überforderte Mutter – aber sie will halt keine Hilfe

Der achtjährige Kevin aus unserer Schule hat nur noch verfaulte Zahnstümpfe im Mund. Er hat nie Essen dabei, wirkt auf der ganzen Linie verwahrlost. Montags und freitags fehlt der Junge regelmäßig, ohne Entschuldigung.

Ich besuche ab und zu die Mutter. Sie ist berufstätig und hat fünf Kinder. Sie ist durchaus nicht böswillig oder uninteressiert an den Kids, aber sie schafft es nicht, den Überblick zu bekommen, ist völlig überfordert. Irgendwann gab es den Vorschlag, der Junge könne wenigstens in den Hort gehen. Nichts ist passiert. Trotz mehrfacher unterstützender Schreiben (zum Beispiel ein Hinweis auf die erforderlichen Unterlagen für den Hortantrag) wurde der Junge nicht im Hort angemeldet. Daraufhin hatte ich im nahe gelegenen Jugendfreizeitheim, das der Junge gelegentlich von sich aus besucht, einen kostenlosen Platz in der »Schulgruppe« (intensive Hausaufgabenbetreuung) organisiert. Da die Mutter nicht kam, um den Vertrag zu unterschreiben, verfiel der Platz.

Ich habe vor Kurzem bei der Mutter einen neuen Hausbesuch angekündigt, weil ich meine, dass der Junge ein Recht darauf hat, anders, besser versorgt zu werden. Die Mutter machte die Tür nicht auf. Ich konn-

81 Bei Helfer- oder sog. Fachgesprächen, in denen es um Fälle des Jugendamtes geht, ist immer die Mitarbeiterin oder der Mitarbeiter des Allgemeinen Sozialen Dienstes federführend, d.h. sie oder er muss den Kontakt zwischen allen Gruppenmitgliedern halten und sie oder er trägt letztlich die Verantwortung für die Gesamtsituation.

te sie nicht erreichen. Als Schulsozialarbeiterin kann ich dann nichts machen und muss unverrichteter Dinge wieder gehen[82].

Daraufhin habe ich mich ans Jugendamt gewandt, habe meinen Eindruck beschrieben, Berichte der Lehrerinnen und Lehrer hinzugefügt, das Protokoll meines Gespräches mit der Mutter dazugelegt. Ich habe keinen Kinderschutzantrag gestellt. Ich dachte, es sei klar und müsse hinreichen, um zu belegen, dass hier ein Anspruch auf Hilfe zur Erziehung bei einer »Nichtgewährleistung einer ihrem Wohl entsprechenden Erziehung«[83], wie es im Gesetz formuliert ist, vorlag. Hilfe darf nach Gesetz nicht erst kommen, wenn das Wohl von Kevin ernsthaft gefährdet ist, also Tod und Teufel drohen. Obwohl ich durchaus der Meinung war, dass das Wohl dieses Jungen auch schon jetzt durchaus gefährdet war.

Die Antwort aus dem Jugendamt ließ ein wenig auf sich warten und kam dann in einer knappen Mail, der nichts mehr folgte: »Ich erreiche die Mutter auch nicht«[84].

Der Junge kotet immer noch ein, aber der Fall ist abgeschlossen

Ein achtjähriger Junge aus einer unserer Schulklassen kotet seit langer Zeit massiv ein. Er wurde vor Kurzem nicht zur Klassenfahrt mitgenommen, weil er stinkt und die anderen Eltern sich und ihre Kinder dadurch belästigt fühlen. Er wird ausgegrenzt und von den Kindern gemobbt. Die Schule hat verlangt, dass das Einkoten ärztlich untersucht wird. Es ist nichts passiert.

Als ich mich intensiver mit dem Fall und der Mutter beschäftige, wird mir einiges klarer: Die alleinerziehende Frau leidet seit einem Verkehrsunfall an einer neurologischen Störung. Eine Kopfverletzung hat ihr Gedächtnis beeinträchtigt. Dadurch ist es für sie schwierig geworden, ihren drei Kindern gerecht zu werden. Nur ein kleines Beispiel: Sie backt einen Kuchen und weiß danach aber nicht mehr, welches ihrer Kindern denn nun Geburtstag hat.

82 Nur die Mitarbeiterinnen und Mitarbeiter des Allgemeinen Sozialen Dienstes haben die Möglichkeit, in solchen Fällen den Einlass durch eine gerichtliche Verfügung zu erzwingen

83 Dies ist die gesetzlich vorgeschriebene Gewährungsvoraussetzung für eine Hilfe zur Erziehung.

84 Deshalb haben die zuständigen Personen im Jugendamt, im Unterschied zu Sozialarbeiterinnen und -arbeitern, die bei freien Trägern arbeiten, auch die Pflicht und die Möglichkeiten, im Falle eines Verdachtes auf Gefährdung von Kindern, den Einlass zu erzwingen, auch wenn er nicht freiwillig eingeräumt wird.

Die neurologische Störung macht aber auch die Zusammenarbeit mit ihr schwer. Vereinbarungen werden nicht eingehalten. Sie werden einfach vergessen.

Früher, vor dem Unfall, gab es in dieser Familie allerdings auch schon Probleme. Alle drei Kinder der Familie haben aufgrund von Krankheiten und Beeinträchtigungen einen besonderen Bedarf. Schon damals kotete der Junge ständig ein. Eine Sozialpädagogische Familienhilfe verlief laut Akte angeblich sehr gut und wurde schließlich bereits nach einem halben Jahr als erfolgreich abgeschlossen. Wörtlich heißt es in der Akte, die ich lesen konnte, weil die Maßnahme bei meinem eigenen Träger gelaufen war. »Der Junge kotete noch immer ein. Aber alle Unterstützungen wurden eingeleitet.« Ich verstehe nicht, wieso von Erfolg gesprochen werden kann, wenn der Junge nach wie vor einkotete.

In meinem aktuellen Gespräch mit der Mutter kommen wir auf die damalige Familienhilfe zu sprechen. Sie erinnert sich daran und sie fand es gut damals. Sie würde sich gerade heute so etwas wieder wünschen. Freilich, das Einkoten sei von der Hilfe und danach nicht verschwunden …

Ich mache daraufhin einen Bericht für das Jugendamt und schlage vor, eine neue Familienhilfe in die Familie zu schicken, vor allem, damit das Problem des Einkotens bearbeitet werden kann.

Das Jugendamt antwortet postwendend: »Der Fall ist abgeschlossen.«

Traumakind[85] unversorgt?

Zwei Jungen, die in unsere Schule gehen, leben seit einiger Zeit bei ihren berufstätigen Großeltern.

Im Leben der Kinder gab es ein schreckliches Trauma: Der Vater tötete die Mutter und sperrte danach die beiden Kinder zu der toten Mutter ins Bad ein.

Für die hochtraumatisierten Kinder gab es danach dann verschiedene Hilfen. Der Ältere hat eine Traumatherapeutin, zu der er jede Woche von der Großmutter ans andere Ende unserer großen Stadt gebracht werden muss. Der Jüngere geht in die sozialpädagogische Tagesgruppe, hat aber bis heute keine Psychotherapie erfahren.

85 Als psychologisches, seelisches oder mentales Trauma wird eine seelische Verletzung bezeichnet, welche durch die starke psychische Erschütterung aufgrund eines Erlebnisses hervorgerufen wird. Derartige Ereignisse können in einem Menschen extremen Stress auslösen und Gefühle der Hilflosigkeit oder des Entsetzens erzeugen, sowie das Selbst- und Weltbild dauerhaft oder vorübergehend erschüttern. Hierdurch können die normalen Verarbeitungsprozesse im Gehirn blockiert werden und es kommt zur Ausbildung von psychischen Symptomen.

Die Großeltern fühlen sich neben ihrer Berufstätigkeit mit den beiden lebhaften und seelisch so massiv belasteten Kindern überfordert. Zudem munkelte man, der Vater der Kinder könne demnächst vorzeitig aus der Haft entlassen werden, was sich aber Gott sei Dank als Fehlmeldung herausgestellt hat. Die Lage ist trotzdem immer angespannt.

Ich habe mich gemeinsam mit der Großmutter intensiv darum bemüht, auch für den jüngeren Bruder eine Traumatherapie zu finden. Das Jugendamt arbeitete insofern mit, als man der Großmutter der Kinder eine Liste der Traumatherapeutinnen und -therapeuten in unserer Stadt aushändigte. Da könne sie sich nun eine oder einen aussuchen. Die Großmutter wusste gar nicht, wie sie das anstellen sollte. Aber schließlich gelang es ihr mit meiner Hilfe doch, einen Therapieplatz zu organisieren, der allerdings wieder am anderen Ende der Stadt lag, dieses Mal in der entgegengesetzten Richtung. Die Großmutter meinte erschrocken, dass sie ganz unmöglich auch noch den zweiten Jungen einmal pro Woche zur Therapie durch die ganze Stadt begleiten könne.

Ich habe deshalb im Jugendamt angefragt, ob es möglich sei, dem zweiten traumatisierten Kind einen Einzelhelfer nach § 30 KJHG zur Verfügung zu stellen, der ihn zur Therapiesitzung begleiten könne. Als Antwort kam die Bemerkung, das Jugendamt hätte nicht die Aufgabe, Begleiter für Fahrten mit dem öffentlichen Nahverkehr zu bezahlen. Auf meine Argumentation hin, dass der Einzelfallhelfer die Begleitsituation sehr gut für Gespräche und Unterstützung des Kindes nutzen könne, wurde mir mitgeteilt, das Kontingent für dieses Kind sei ausgeschöpft. Er besuche schließlich die sozialpädagogische Tagesgruppe und mehr sei nicht drin.

Gut, denke ich, stimmt, das müsste jetzt eigentlich die sozialpädagogische Tagesgruppe leisten. Aber von dort höre ich nur: keine Zeit. Das zahlt uns keiner.

Nun macht es doch die Großmutter, aber ich warte nur darauf, dass sie zusammenklappt und erneut die Kinder zu leiden haben werden.

Aber das Kontingent ist halt ausgeschöpft. Da ist wohl nichts mehr zu machen. Trauma hin, Trauma her.

»Und das Jugendamt macht die Augen zu.«

Vorhandene Probleme bei Kindern und Jugendlichen werden verharmlost

Manchmal kann man es einfach nicht fassen. Stell dir vor: heute sitzt Patrick vor mir, ein 16-jähriger Junge aus meiner Schule. Ich kenne ihn jetzt seit einem Jahr. In der Zeit ist er vier Mal von zu Hause weggelaufen, weil er es bei seiner Mutter nicht aushält. Ich habe schon mehrfach mit ihr sprechen können, habe sie sogar dazu bewegt, in die Familienberatung zu gehen. Das hat sie aber schnell wieder abgebrochen. Sie ist nicht so einfach bereit, sich zu verändern oder nachzugeben.

Es ist eine Frau, die ihren einzigen Sohn total einengt, mit ihm »Psychospielchen macht«, wenn er aus ihrem Rahmen ausbricht. Sie muss immer recht haben, schreibt ihm haarklein vor, was er zu machen und zu lassen habe, kontrolliert ihn ständig, macht ihm seine Freunde mies, kurz: man kann gut nachvollziehen, warum der Junge das nicht mehr aushält.

Heute kam er zu mir ins Schulsozialarbeiter-Büro, war wieder weggelaufen, saß da und weinte vor sich hin. Er wollte einfach nicht zurück. Und ich dachte bei mir: »Wenn Jugendliche in einer solchen Not sind, muss ihnen jemand helfen können. Dafür gibt's doch das Jugendamt, dachte ich. Und ich rief beim Krisendienst[86] an, denn da schien mir der Fall hinzugehören.

Die Kollegin am anderen Ende wurde ungehalten. Ob ich wisse, wie viele Fälle sie habe und wie viele davon weitaus schwieriger seien, als der, den ich ihr schildere. Oder, so fügte sie mit vorsichtiger Stimme hinzu, ob vielleicht irgendeine Gefahr der Fremd- oder Selbstgefährdung vorliege?

So weit sei es noch nicht, meinte ich, aber das ändere doch nichts an der Tatsache, dass hier ein Jugendlicher völlig am Ende sei und nicht mehr weiter wisse.

86 Der Krisendienst des Allgemeinen Sozialen Dienstes ist rund um die Uhr besetzt.

Das würde sich sicher wieder geben, meinte sie. Und überhaupt, wenn einer mit 16 Jahren mal nicht zu Hause schlafe, das sei doch auch nichts Besonderes.

Da stehe ich nun. Eigentlich wollte ich Patrick beibringen, dass er sich immer Hilfe holen kann, wenn es mal in seinem Leben nicht weitergeht. Aber jetzt zweifele ich, ob ich ihm damit nichts vormache. Seine angeblich harmlosen Probleme fallen heute scheinbar nicht mehr in den Zuständigkeitsbereich der Jugendhilfe. Man lässt ihn mit seiner Mutter allein und hofft vermutlich, dass die Bombe erst platzt, wenn er 18 ist und damit dann das Jugendamt angeblich nicht mehr zuständig ist.

Manchmal habe ich den Eindruck, die Kolleginnen und Kollegen im ASD haben nur noch zwei Ziele: Alles abzuwimmeln, damit kein Geld ausgegeben wird. Und Situationen vermeiden, bei denen in der Öffentlichkeit Katastrophen wie Misshandlungen, Tötungen, Selbstmorde bekannt werden könnten.

Und wie erkläre ich das alles nun Patrick?

Die Rechnung ohne den Wirt gemacht

Auf einmal ist Schluss mit der Einzelfallhilfe

Ich bin fassungslos! Obwohl mir vor fünf Wochen die im Jugendamt zuständige Sozialarbeiterin eine Verlängerung meiner Einzelfallhilfe für den kleinen Kevin zugesagt hatte – heute heißt es auf einmal: keine Verlängerung. Nichts mehr. Es gibt kein Geld und es gibt keine Möglichkeit, eine Verlängerung zu begründen, das heißt, sie einem der Kriterien zuzuordnen, die man erfüllen muss, damit Geld fließen kann.

Außerdem können die Eltern die erhöhte Zuzahlung nicht leisten, die seit Jahresbeginn gefordert wird. Und das bedeutet: jetzt ist Schluss. Ob eine Hilfe für Kevin notwendig ist, ob sie fachlich geboten ist – und weiß der Himmel, das ist sie! – das ist offenbar unwichtig. Kevin bekommt ab jetzt also keine Hilfe mehr. Punkt.

Schließlich bekommt auch die Familie von Kevin schon seit Monaten keine Unterstützung mehr. Die Sozialpädagogische Familienhilfe, die ohnehin nur schweren Herzens und nur mit einer geradezu minimalistischen zeitlichen Ausstattung bewilligt worden war, wurde schon nach sechs Monaten eingestellt. Denn angeblich hatte man die Ziele schon erreicht: Der Vater hatte sich bereit erklärt, eine Suchtberatung aufzusuchen und die Ordnung in den Schränken schien gebessert.

Als sei das ausreichend! Als würde das genügen! Diese vier Kinder leben mit ihrer arbeitslosen, computersüchtigen und völlig überforderten Mutter zusammen und mit einem Vater, der seine Schichtdienstbelastung mit reichlich Alkohol zu kompensieren versucht und regelmäßig den Kindern gegenüber Gewalt anwendet, wenn ihm der Kragen platzt. Der Haushalt der Familie sieht heute genauso verwahrlost aus wie vor drei Jahren, als ich mit der Einzelfallhilfe für Kevin angefangen habe, und der Umgang miteinander ist genauso lieblos geblieben. Alle Kinder sind nach wie vor deutlich entwicklungsverzögert. Ihr Verhalten weist auf seelische Vernachlässigung hin und ihre ganze Förderung besteht im von morgens bis abends laufenden Fernsehprogramm.

Und trotzdem wurde die Sozialpädagogische Familienhilfe einfach beendet. Dafür gibt es aus meiner Sicht keinen vernünftigen Grund, außer, dass man das Geld lieber spart. Genauso ist jetzt auch mit der bis heute noch weiter bestehenden Einzelfallhilfe für Kevin einfach Schluss.

Da ist doch, verdammt noch mal, der Wurm drin! Und das war er in diesem Fall von Anfang an: Da wurden von Beginn an nur halbe Sachen gemacht, wurden Hilfen lange verzögert, die Klienten hingehalten, wurden Hilfen nur minimal ausgestattet und Hilfen im selben Fall isoliert.

Die Einzelfallhilfe für den damals vierjährigen Kevin wurde im November 2009 aufgrund einer Anzeige durch die betreuende Kindertagesstätte eingesetzt. Kevin war zu dem Zeitpunkt in seiner Entwicklung verzögert, hatte Sprachprobleme und sein Verhalten schwankte zwischen Provokation und Rückzug – auch oder gerade aufgrund von mangelnder Kommunikationsfähigkeit.

Als ich damals die ersten Male zum Hausbesuch in der Familie war, kamen mir auch die anderen Kinder gleich entgegen, sahen mich sofort als ihre Ansprechpartnerin. Ich stellte fest, dass alle Kinder und der Haushalt äußerlich stark verwahrlost waren – Körperpflege, Kleidung, Wohnungseinrichtung. Und die Kinder erzählten mir sehr bald von Gewalt durch den betrunkenen Vater.

Ich sprach mit der Mutter über die Erzählungen der Kinder und über meinen Eindruck von ihrem Haushalt und ihrer Familie. Ich versuchte sie davon zu überzeugen, dass sie mehr Hilfe bräuchte als nur die Einzelfallhilfe für den sprachgestörten Sohn, nämlich Hilfe bei der Bewältigung ihrer eigenen Probleme und der Betreuung der Kinder. Die Mutter war durchaus zugänglich und bereit mitzuarbeiten. Sie öffnete sich von Mal zu Mal mehr und schilderte ihre eigene Unzufriedenheit über die Situation der Familie und auch über die Alkoholsucht ihres Mannes und dessen Gewalttätigkeiten.

Ich ermutigte deshalb die Mutter, sich an das Jugendamt zu wenden, und versicherte ihr, dass ihr das Jugendamt ganz sicher unterstützend zur Seite stehen würde.

Das folgende Gespräch beim Jugendamt mit der Mutter und mir blieb erst mal ohne den gewünschten Erfolg auf weitere Hilfe vonseiten des Jugendamtes. Man war trotz der ganz offensichtlichen familiären Hintergründe nur bereit, die Einzelfallhilfe für das Kind Kevin zu genehmigen. Erst mit großer Zeitverzögerung wurde schließlich dann doch eine Sozialpädagogische Familienhilfe installiert. Ich war sehr froh, denn das wäre natürlich für diese Familie mit ihren schwerwiegenden Problemlagen von Anfang an die bessere Hilfe gewesen. Wenn man von vorneherein gleich eine Familienhilfe installiert und die Einzelfallhilfe dafür gestrichen hätte, ich wäre einverstanden gewesen, denn so, ohne gleichzeitig auch mit den Eltern arbeiten zu können, brachte meine Arbeit nicht besonders viel.

Zu meiner Verwunderung wurde aber auch die Einzelfallhilfe weiter finanziert. Unglaublicherweise verbot man mir aber gleichzeitig vom Jugendamt aus, mit der Familienhilfe zusammenzuarbeiten und mich fachlich auszutauschen. Wozu haben wir eigentlich gelernt, systemisch zu denken? Wozu haben wir gelernt, Menschen und ihre Problemlagen ganzheitlich zu sehen und nicht an Symptomen rumzudoktern, sondern den Ursachen auf den Grund zu gehen und dort anzusetzen? Noch heute kann ich nur noch den Kopf schütteln über eine fachlich so unsinnige Anweisung.

Aber was blieb mir übrig? Ich musste mich von da ab also ganz und gar auf Kevin beschränken und habe mich dann auch auf ihn konzentriert. Tatsächlich konnte ich sogar – zusammen mit der Logopädin – einiges für Kevin erreichen. Aber das war meist nicht von langer Dauer. Es ist ja nicht verwunderlich, dass unter diesen Bedingungen die mühsam erarbeiteten Fortschritte bei einem Kind wieder verloren gehen, wenn zu Hause in der gleichen Zeit unverändert Vernachlässigung und mangelnde Anregung herrschen. Meine Arbeit und meine Erfolge mit Kevin wurden buchstäblich jeden Tag von der Familiensituation zurückgedreht.

Das kam sicher auch daher, dass die beiden Hilfen ja wie gewünscht völlig nebeneinanderher liefen. Ich bekam gar nichts von dem mit, was in der Familienhilfe gemacht wurde. Viel kann es ja nicht gewesen sein, bei gerade mal vier Stunden pro Woche, einschließlich Vor- und Nachbereitung, das ist im Grunde nur ein richtiger Kontakt pro Woche, mehr nicht.

Ich frage mich, warum nur wird so was Halbherziges gemacht? Die Sozialpädagogische Familienhilfe lebt als Methode davon, dass sie im Alltag der Familie wirkt, dass sie hinreichend Zeit hat, um Lernprozesse einzuleiten und zu begleiten, dass sie die Familien nicht bevormundet und ihnen schlicht sagt, was sie zu tun haben, sondern in mühevoller Arbeit zu erreichen versucht, dass die Familien anfangen, selbst über ihre Probleme und deren Lösungen nachzudenken. Warum wird diese Hilfe derartig kaputtgespart? Handelt denn hier keiner mehr verantwortlich? Und ich als Fachfrau, die gute Kontakte zur Mutter und durch meine Arbeit mit Kevin einen ziemlich guten Einblick in die familiären Verhältnisse hatte, ich werde nicht gefragt. Ich bekomme meine Anweisungen und wenn ich es zehnmal besser weiß, wenn ich mich nicht anpasse und brav bei diesem Unsinn weiter mitmache, bin ich meinen Job los. Ich habe versucht zu kämpfen und mich für Kevin und seine Familie einzusetzen. Alles, was ich erreicht habe, ist dass man versuchte, mir jeden Einfluss auf das Gesamtgeschehen zu nehmen.

Ich glaube, das Schlimmste und der Hintergrund für all diese Katastrophen ist der immer bedrohlicher werdende Sparzwang und Spardruck, dem die Jugendhilfe überall ausgeliefert zu sein scheint. Auch fast alles, was hier im Fall Kevin schiefgelaufen ist, hängt letztlich mit dem Versuch zusammen, für dieses Kind und seine Familie möglichst wenig Geld auszugeben:

Trotz massiver familiärer Probleme nur die Einzelfallhilfe einzuleiten, dann zögerlich eine Familienhilfe mit viel zu wenig Stunden zu genehmigen und damit weder einen angemessenen Beziehungsaufbau, noch die Einleitung wirklicher Entwicklungsprozesse, noch notwendige Kooperationen mit anderen Einrichtungen zu ermöglichen.

Das wahnwitzige Verbot des fachlichen Austausches zwischen mir als Einzelhelferin und der Familienhelferin, das eigentlich nur einen Grund gehabt haben konnte: die Angst, ich könne mich mit meinen kritischen Vorstellungen in die Familienhilfe einmischen und zum Beispiel mehr Stunden fordern.

Dann die Beendigung der Familienhilfe nach sechs Monaten, ohne, dass sich an der Familienstruktur etwas geändert hatte, festgemacht an rein formalen Kriterien, also wieder eine Entscheidung, die nicht getragen von der Absicht wurde, der Familie wirklich weiterzuhelfen, sondern davon, die Kosten einzustellen, nachdem man seine Pflicht, wenigstens irgendwas gemacht zu haben, erfüllt zu haben meinte.

Ja, und schließlich jetzt auch mein »Rauswurf«, die Nicht-Verlängerung der Einzelfallhilfe, begründet mit der Aussage, dass die Eltern die erhöhte Zuzahlung nicht leisten können, die seit Jahresbeginn gefordert wird, und es deshalb eben nicht möglich sei, ihnen weiter Hilfe zukommen zu lassen. Vor nicht allzu langer Zeit gab es für rein pädagogische Leistungen überhaupt keine Zuzahlung für die Eltern. Hier werden Menschen für ihre Armut bestraft, statt dass man ihre soziale Benachteiligung auszugleichen versucht.

All das sind Entscheidungen, die wegen Geldmangel, wegen Sparabsichten, wegen der unverzichtbaren Kostengünstigkeit und keineswegs aus fachlichen Gründen gefällt wurden. Da soll mir noch jemand bezweifeln, dass in der Jugendhilfe das Geld regiert und dass unsere Fachlichkeit mit Füßen getreten wird. Es wird vielmehr der letzte fachliche Unsinn durchgezogen, wenn man sich von ihm irgendeine fiskalische Erleichterung verspricht.

Und nun? Für die Familie ist jede Hilfe zu Ende. Dabei könnte man sehr wohl mit der Mutter arbeiten. Ich weiß das aus den ersten Monaten, als die Familienhilfe noch nicht existierte und ich außer mit Kevin auch noch mit den Eltern und Geschwistern Kontakt hatte. Statt alle Hilfen zu beenden, müsste jetzt erst recht und endlich eine angemessen ausgestattete Sozialpädagogische Familienhilfe her, die allerdings mehr sein sollte als bloßes Fallmanagement, eine Hilfe nämlich, in der die Helferin die Familie akzeptiert und ihr Vertrauen entgegenbringt, ihr etwas zutraut und eine Beziehung zu ihr aufbaut, die es zulässt, dass die Familie bereit werden kann, sich zu verändern, dazuzulernen. Es wäre auch jetzt noch viel zu erreichen. Das allerdings ist mit vier Stunden nicht zu schaffen. Aber der Hahn ist zugedreht.

Wieder einmal bleibt ein dringendes, menschliches und soziales Problem einfach unbearbeitet liegen und die Menschen werden damit alleine gelassen. Vielleicht passiert ja irgendwann was Schlimmes und dann schreien alle, das Jugendamt hätte nicht gehandelt. Und die werden dann ihre großartige Familienhilfe ins Feld führen und mich mit der Einzelfallhilfe obendrein, deren Einsatz leider beendet werden musste, weil man keinen Finanzierungsweg mehr finden konnte.

Wenn ich solche Sachen erlebe, dann möchte ich diesen Beruf am liebsten an den Nagel hängen! Ich glaube, jede Raumpflegerin bekommt mehr Anerkennung und mehr Unterstützung für ihre Arbeit. Wozu habe ich eigentlich acht Semester studiert? Wozu habe ich gelernt, verantwortlich mit meinem fachlichen Wissen umzugehen? Wozu sind wir Sozialarbeiterinnen und Sozialarbeiter eigentlich ausgebildet? Uns werden nur Steine in den Weg gelegt, wenn wir den Anspruch haben, Menschen wirklich helfen, wirklich unterstützen zu wollen.

Scheinbar ist das gar nicht mehr die Aufgabe Sozialer Arbeit. Aber was ist sie dann?

Ich schäme mich vor der Familie von Kevin, denn ich hatte ihnen allen Hoffnung gemacht, hatte ihnen Mut zugesprochen, ihr Vertrauen geweckt in das Jugendamt, das ihnen sicher helfen würde.

Das ist nun ganz anders gekommen. Ich hatte offenbar die Rechnung ohne den Wirt gemacht.

»Und was wird aus Marie?«

Die Einzelfallhilfe läuft gut – aber jetzt will sie das Jugendamt nicht mehr bezahlen

Unser Träger beschäftigt ungefähr 20 Festangestellte und 40 Honorar- oder 400 Euro-Kräfte[87]. Wir leisten alle Einzelfallhilfe und betreutes Wohnen mit jugendlichen oder erwachsenen Menschen mit Behinderung in einer mittleren deutschen Großstadt.

Ich erzähle diese Geschichte, weil ich gerade erleben muss, dass angesichts bestehender bürokratischer Regelungen der Verwaltung all meine Arbeit mit meiner Klientin Marie, die ich in den vergangenen zwei Jahren geleistet habe, einfach ins Leere fällt und alles möglicherweise für die Katz gewesen ist. Und das macht mich stinksauer.

87 »400-, seit 01.01.2013 450-Euro-Job«, bzw. »geringfügige Beschäftigung« – Dieses prekäre Arbeitsverhältnis umfasst z.B. keine Krankenversicherungsleistung durch den Arbeitgeber.

Marie ist 20 Jahre alt, geistig behindert, sitzt im Rollstuhl wegen Spasmen am ganzen Körper. Marie lebt mit einer Reihe von imaginären Figuren in einer eigenen emotionalen Welt, zu der man schwer Zutritt bekommt, die sie aber vermutlich als Schutz braucht und als Möglichkeit zur Kommunikation.

Sie braucht ganz besonders dringend Unterstützung beim Toilettengang, ein großes Problem, denn das macht sie abhängig. Ansonsten kann sie durchaus einiges, was sie für ein selbstständiges Leben braucht: sie kann normal sprechen, kann schreiben, lesen, kann mich ohne Weiteres verstehen und sie arbeitet jeden Tag in einer Fördergruppe.

Das Ziel meiner Arbeit ist es, sie vom Elternhaus (Pflegeeltern) abzulösen und sie in eine betreute Einzelwohnung umzusiedeln.

In den letzten zwei Jahren haben wir viel getan und so manches auch erreicht: Wir haben ihre alten Kontakte aufgefrischt und neue gewonnen, wir haben Wegetraining gemacht und viele lebenspraktische Dinge draußen außerhalb der Wohnung geübt.

Nun, nach zwei Jahren, steht die Frage der Verlängerung an. Marie und ich sind auf alle Fälle dafür, dass die Arbeit weitergeht. Wir sind auf einem guten Weg, aber wir brauchen noch Zeit. Auch die Pflegemutter war dieser Meinung. Und die Musiktherapeutin, zu der Marie auch schon länger geht, hält eine Verlängerung für unbedingt erforderlich.

Das Jugendamt hatte nach Ablauf der zwei Jahre die Jugendhilfemaßnahme nach vielen Diskussionen und aufgrund der Argumentation aller Seiten zumindest mündlich bis zum Jahresende verlängert, weil Marie zwischendurch wegen eines Krankenhausaufenthaltes die Betreuung nicht wahrnehmen konnte. Nun aber stellt sich die Frage einer wirklichen Verlängerung. Und das Jugendamt sagt schlicht: Nein, nicht mit uns. Wir haben kein Geld. Und sie ist ja auch schon über 18 Jahre alt[88]. Als Lösung wird stattdessen eine Übergabe des Falls ans Sozialamt und damit eine Finanzierung über Sozialhilfe diskutiert. Das Sozialamt ist bereit dazu. Aber: Das Sozialamt zahlt Marie den Fahrdienst und die Fördergruppe. Die Musiktherapie wird nicht übernommen. So etwas ist nicht anerkannt als notwendige Hilfemaßnahme für erwachsene Menschen mit Behinderung. Und wenn das Sozialamt die Einzelhilfe, die ich mache, wirklich übernehmen würde, bekäme ich dann vom Sozialamt gerade mal 8,50 Euro, müsste bei meinem jetzigen Träger aufhören und verlöre damit meinen derzeitigen Vertrag. Und das Schlimmste: Die Pflegemutter müsste dann mit einem Abzug von 300 Euro von ihrem Pflegegeld rechnen. Natürlich ist die Mutter entsetzt.

Und wenn die Mutter zu dem Verzicht nicht bereit ist und wenn ich nicht akzeptiere, dass das Ganze zu meinen Lasten geht – dann passiert eben einfach nichts mehr. Dann ist alle Arbeit umsonst gewesen und Marie fällt schlicht ins Wasser …

Man empfahl mir vom Jugendamt, deutschlandweit einen Präzedenzfall zu suchen, der ähnlich gelagert ist und bei dem das Jugendamt trotzdem weitergezahlt hat. Aber irgendwas an diesem Vorschlag scheint mir oberfaul zu sein. Wieso eigentlich muss ich den Präzedenzfall finden?

Und wie immer stehe ich vor dem Entscheidungs-Dilemma: Für die Klientin oder für mich? Und weil Sozialarbeitende sich dann immer für die Klienten aufzuopfern pflegen, weil sie das schlechte Gewissen nicht loswerden können, deshalb kann man es offenbar mit uns immer so machen und rechnet mit der Opferbereitschaft unserer Berufsgruppe.

Und doch: Was wird aus Marie?

88 Laut Gesetz besteht kein Grund, diese Hilfe mit dem 18. Lebensjahr zu beenden. »Nach § 41 Abs. 1 Satz 1 SGB VIII soll einem jungen Volljährigen Hilfe für die Persönlichkeitsentwicklung und zu einer eigenverantwortlichen Lebensführung gewährt werden, wenn und solange die Hilfe aufgrund der individuellen Situation des jungen Menschen notwendig ist. § 41 Abs. 4 SGB VIII legt fest, dass der junge Volljährige auch nach Beendigung der Hilfe bei der Verselbstständigung im notwendigen Umfang unterstützt werden soll. Während nach dem Jugendwohlfahrtsgesetz nur die Fortführung einer bereits eingeleiteten Hilfe über den Zeitpunkt des Erreichens der Volljährigkeit hinaus unter gewissen Voraussetzungen (eingeleitete Maßnahme zur schulischen oder beruflichen Bildung einschließlich der Berufsvorbereitung) möglich war, können ab 01.01.1991 auch junge Volljährige Hilfe erhalten, die bis zum 18. Lebensjahr noch keine Leistungen der Jugendhilfe erhalten haben. Ebenfalls können ab 01.01.1991 junge Volljährige Leistungen nach § 41 SGB VIII bekommen, die Hilfe nach § 6 Abs. 3 bzw. 75a JWG erhalten, diese Hilfe aber aus persönlichen Gründen abgebrochen haben. Dieser Abbruch steht künftig der Neugewährung von Jugendhilfeleistungen nicht entgegen.« (AMS VI 1/7219/3/90 vom 4. 1. 1991)

»War das im KJHG so gemeint?«

Soziale Gruppenarbeit als kostengünstiger Ersatz für Einzelfallhilfe

Ich bin in einem sozialen Brennpunkt unserer Stadt tätig, in dem sehr viele Familien leben, die ihren Kids nicht die hinreichende Förderung und oft auch keine konstruktive Erziehung bieten können. Viele der Kinder sind so sehr gestört und auffällig, dass sie massive Unterstützung brauchen würden. Hier ist also Erziehungshilfe nötig.

Das Jugendamt fragte also bei meinem Träger an, ob er für acht Jungen aus dem Viertel, die unbedingt Erziehungshilfe bräuchten, eine Sozialpädagogische Gruppe nach § 29[89] anbieten könne. Der Träger sagte zu, vereinbarte aber mit dem Jugendamt, dass die Gruppe angesichts der massiven Problematik der Jungen nur sechs, statt der sonst üblichen acht Plätze bereitstellen würde. Immerhin.

Zusammen mit einem Kollegen biete ich diese Gruppe nun an. Wir haben insgesamt zwölf Stunden die Woche zur Verfügung, um mit den Jungen zu arbeiten, regelmäßige Elterngespräche zu führen und so weiter. Dreimal die Woche kommen die Jungen zu uns in unsere Räume, die um 13.30 Uhr, also direkt nach der Schule, bis gegen 16.00 Uhr geöffnet sind. Wir beschäftigen die Kids mit Hausaufgabenbetreuung, gemeinsamem Essen und Freizeitangeboten. Das klingt so weit alles ganz o.k. Aber da sind viele Haken, die das Angebot fragwürdig machen:

Einige der Jungen sind derartig gestört, dass sie eigentlich in der Jugendpsychiatrie behandelt werden müssten, mindestens aber in eine Sozialpädagogische Tagesgruppe[90] gehören würden, wo deutlich mehr

89 Sozialpädagogische Gruppenarbeit (§ 29) ist eine der im KJHG aufgeführten Hilfen zur Erziehung.

90 Die Sozialpädagogische Tagesgruppe ist eine teilstationäre Hilfe zur Erziehung, bei der die Kinder weiter bei ihren Eltern leben, einen großen Teil ihres Nachmittags allerdings in einer Einrichtung verbringen, wo über Gruppenangebote, aber auch über individuelle Förderung, Begleitung und Therapie mit den Kindern gearbeitet wird. Elternarbeit ist dabei ein weiteres wichtiges Element.

Zeit zur Verfügung steht und auch Einzelförderung möglich ist. Die Indikation für die Hilfemaßnahme »Soziale Gruppenarbeit« stimmte hinten und vorne nicht:

In einem Fall wurde das Kind in unsere Gruppe vermittelt, weil die Eltern eine Familienhilfe abgelehnt hatten, das Jugendamt aber irgendwas machen wollte, damit es diese Familie wenigstens im Auge behalten und auf diese Weise Kontrolle ausüben konnte.

Ein anderer Junge in der Gruppe war aus der Heimunterbringung zurückgeführt worden. Die Familienhelfermaßnahme, die seine Heimrückführung begleiten sollte, wurde schon nach drei Wochen beendet, weil man – vermutlich aus Spargründen – der Meinung war, dass die Gruppenarbeit das auch hinkriegen könnte. Dieser Junge ist inzwischen wieder im Heim untergebracht, denn mit seinen Eltern wurde nicht gearbeitet und seine Reintegration in die Familie scheiterte. Kein Wunder, denn unsere Möglichkeiten sind verdammt begrenzt und wir konnten unmöglich leisten, was eine Familienhilfe oder auch ein Familienrat hätten leisten sollen.

Die Fälle sind also für unser Angebot oft gar nicht richtig. Sie sind viel zu schwer und es ist abzusehen, dass unsere Arbeit kaum mehr sein wird als ein Tropfen auf den heißen Stein. Kurioserweise werden wir aber trotzdem gerade vom Jugendamt angehalten, nach außen das Image der Gruppe zu verbessern, wie man sich ausdrückte. Es sei nämlich inzwischen allgemein bekannt, welche »Kracher« uns für diese Gruppe zugewiesen wurden, und das schrecke andere Eltern ab. Wir müssen also so tun, als seien die Kinder gar nicht so »schlimm«, damit Eltern ermutigt werden, ihre Kinder bei uns anzumelden. Ich finde das schlicht verantwortungslos.

Von den sechs vorgesehenen Kindern sind letztlich nur drei wirklich in der Gruppe angemeldet worden. Offenbar war es dem Jugendamt nicht gelungen, die Familien, die sie im Auge hatten, zur Mitarbeit zu bewegen. Die Gruppe ist also nicht voll und damit viel zu teuer. Wir sind deshalb neuerdings auch angehalten zu sparen. Elterngespräche dürfen ab sofort nur noch von einem Mitarbeiter alleine geführt werden. Das ist ein fachlicher Einschnitt, den ich für unsinnig und ineffektiv halte, weil die Gespräche zu zweit wesentlich mehr bringen.

Und da sind noch mehr Kuriositäten: Zum Beispiel wird die Gruppe nach dem schon erwähnten § 29 bezahlt. Hier gilt, dass nur ein vereinfachter Hilfeplan[91] für die Kinder geschrieben werden muss. Da pro Monat aber noch drei Stunden aus dem Topf für Familienhilfe dazu fließen (sonst hätte die Finanzierung nicht geklappt), müssen wir, nur um den formalen Regelungen zu genügen, außer dem vereinfachten auch noch den großen Hilfeplan mit allen Dokumentationen[92] und Formularen erarbeiten, so als handele es sich eigentlich um Familienhilfe. Wahrscheinlich wird die Arbeit dann in der Statistik auch als Familienhilfe auftauchen. Absurd, denn genau diese Hilfe wäre bei den meisten der Kinder nötig gewesen, wird aber aus Kostengründen oder weil man die Eltern nicht dazu bewegen konnte, nicht bereitgestellt.

Nichts gegen einen guten Hilfeplan! Würde das Jugendamt den jedoch wirklich ernst nehmen, wäre in keinem der Fälle die Sozialpädagogische Gruppe die hinreichende und richtige Hilfe!

Haben solche Berichte und Dokumentationen eigentlich überhaupt eine Bedeutung, außer dass sich alle die Hände in Unschuld waschen können, weil die Vorschriften brav erfüllt wurden?

Ich mag den Beruf, ich mag diese Jungen, aber es ist traurig, dass sie zwischen die Räder der Bürokratie geraten und Opfer der Sparpolitik werden, statt dass man ihren Anspruch auf Hilfe wirklich fachlich ernst nimmt.

91 Der Hilfeplan ist ein wichtiges Instrument zur gemeinsamen Planung von Hilfen zur Erziehung und zur Mitwirkung der Betroffenen. Heute steht aber vor allem seine Dokumentationsfunktion im Vordergrund. Deshalb ist für die Mitarbeiterinnen und Mitarbeiter wichtig, ob sie den vereinfachten oder den großen Hilfeplan schreiben müssen.

92 Der große Hilfeplan umfasst viele Seiten der Dokumentation und seine Erarbeitung nimmt sehr viel Zeit in Anspruch. Dass er im Wesentlichen für die eigene Absicherung und für das Kontrollieren-Können der Mitarbeiterinnen und Mitarbeiter genutzt wird, lässt daran zweifeln, ob es fachlich sinnvoll ist, so viel Zeit von der Arbeit mit den Klientinnen und Klienten für reine Dokumentationsfragen abzuziehen.

Informationen und Anmerkungen

1990 wurde in Deutschland das Kinder- und Jugendhilfegesetz (KJHG) verabschiedet. Diesem Tag war eine beinahe 30-jährige Diskussion um die Ablösung des Jugendwohlfahrtsgesetzes (JWG) und eine Reform des Jugendhilferechtes vorausgegangen. Die Soziale Arbeit im Allgemeinen und die Kinder- und Jugendhilfe im Besonderen hatten sich während dieser Zeit mit dem Konzept der Lebensweltorientierung, das im 8. Jugendhilfebericht 1988 auch zur maßgeblichen konzeptionellen Orientierung wurde und ein völlig neues Verständnis von Partizipation und Fachlichkeit beinhaltete, differenziert und weiterentwickelt. Dieser, gegen Ende der 1980er-Jahre in der Praxis – zumindest in den Städten der alten Bundesländer – erreichte Entwicklungsstand wurde in das Kinder- und Jugendhilfegesetz aufgenommen.

In den neuen Bundesländern stellte das KJHG eine besondere Herausforderung dar, denn es forderte dazu auf, in kürzester Zeit eine an die alten Bundesländer angelehnte Jugendhilfelandschaft zu etablieren.

Kritisiert wurde am KJHG zu dieser Zeit beispielsweise eine Elternlastigkeit, weil vor allem die Rechte von Eltern und nicht im Wesentlichen die Rechte der Minderjährigen gestärkt worden waren.

Heute erscheint dieses Gesetz als das letzte Bollwerk einer Sozialgesetzgebung, die vom Menschen ausgeht und die seine Recht und seine Lebenschancen in den Blick nimmt. Im KHJG werden sowohl Rechte von Klientinnen und Klienten als auch Pflichten des Staates formuliert: Pflichten sind zum Beispiel all die »Sollaufgaben« der Jugendhilfe, die unter Einbeziehung von freien Trägern zu leisten sind. Dazu gehört beispielsweise die Jugendarbeit. Heute wird von Politik und Verwaltung die »Soll-Aufgabe« Jugendarbeit einfach als »Kann-Aufgabe« umdefiniert und nach Haushaltslage zusammengestrichen. Dies ist eine Art kollektiver Rechtsbruch.

Das Gesetz definiert außerdem direkte individuelle Rechtsansprüche, insbesondere das Recht auf Hilfen zur Erziehung nach § 27. Wird von sozialpädagogischen Fachkräften bestätigt, dass im konkreten Fall ein Bedarf an Hilfe vorliegt und diese Hilfe »notwendig und angemessen« ist, so ist dieser Rechtsanspruch für die Verwaltung bindend und er kann nicht – auch nicht mit fiskalischen Argumenten – zurückgewiesen werden.

Auch hier wird seit Jahr und Tag versucht, dieses Recht mehr oder weniger zu umgehen, es einzuschränken, es auszuschalten oder auch es nicht in allen Aspekten bekannt zu machen, wohl zu dem Zweck, dass die Bürger und andere Fachkräfte die Möglichkeiten einer rechtlichen Durchsetzung dieses Rechts nicht überblicken.

Mit dem Argument knapper oder gar leerer Kassen wird das Budget für Hilfen zur Erziehung in der Praxis – teils mit schriftlicher Dienstanweisung der Leitung und der Verwaltung – gedeckelt und vom Gesetz her nicht abzuleitende Einschränkungen dazu definiert, wann eine Hilfe gewährt werden kann. In der alltäglichen Praxis des Jugendamtes werden schwerwiegende Fälle verharmlost und die Hilfe als nicht notwendig dargestellt. Billigere, kleinere, weniger intensive und manchmal auch kontraindizierte Hilfen werden vorgezogen und es wird sogar versucht, die Schwelle für diese Hilfen zu erhöhen, damit Klientinnen und Klienten daran scheitern.

Bei Hilfen, die im konkreten Fall die richtigen sind, werden notwendige Ressourcen entzogen oder von vorneherein nicht gewährt, die es ermöglichen würden, im Rahmen dieser Hilfeform wirklich angemessen zu arbeiten und wirksam zu werden. Dieses Vorgehen betrifft vor allem drei Aspekte:

Die vorhandenen Zeitressourcen reichen für eine sozialpädagogische Arbeit so gut wie nie aus und was übrig bleibt ist bestenfalls Fallmanagement. Die anspruchsvollen Aufgaben der Erziehungshilfe werden nicht selten unausgebildeten oder ungenügend ausgebildeten Kräften anvertraut. Und schließlich hat man die Dauer der Hilfen immer mehr gekürzt und liegt heute meist bei einer Maßnahmedauer, die für wirklich nachhaltige Veränderungen in Familien oder bei einzelnen Jugendlichen nachgewiesenermaßen nicht ausreicht.

Darüber hinaus wird versucht, das Recht, wie es im KJHG formuliert ist, zum Beispiel bei jungen Erwachsenen »unter dem Deckel zu halten«. Das betrifft sowohl die Verlängerung als auch eine neu beantragte Hilfe zur Erziehung bei Menschen über 18 Jahren. In den oben angeführten Texten zu diesem Thema zeigt sich, dass die Sozialarbeitenden, die das Jugendamt zu einer Maßnahme für junge Erwachsene bewegen wollten, selbst gar nicht wussten, dass hier sehr wohl und entgegen den Aussagen der Jugendamtsmitarbeiterinnen und -mitarbeiter ein Rechtsanspruch besteht. Und mitunter kann man auch daran zweifeln, dass die Mitarbeiter des Jugendamts selbst über alle diese rechtlichen Aspekte zugunsten der Klientel informiert waren.

In den letzten Jahren wird nun erneut von einer »Umsteuerung der Hilfen zur Erziehung« gesprochen. Gemeint ist, dass man – da man den Rechtsanspruch nur gegen heftigen Widerstand und gegen juristische Einwände infrage stellen könnte – stattdessen nun versucht, den Anspruch auf Hilfe zur Erziehung umzudeuten. Statt dringend nötige Familien- oder Einzelhilfen zu gewähren, werden die Klienten im Rahmen von sozialraumorientierten Angeboten, Gruppenangeboten oder offenen Kontaktzentren im Stadtgebiet oder durch Sozialarbeit an Schulen abgespeist.

Aus Kostengründen und im Kontext der Umsteuerungsabsichten werden weiterhin – entgegen rechtlicher Vorgaben und entgegen fachlicher Entscheidungskriterien – nötige Hilfen verweigert, indem man sie nicht verlängert, zu früh beendet, ablehnt, weil der Fall angeblich zu harmlos sei oder unter formalen Vorwänden nicht bewilligt. Oder es werden, siehe auch oben, nicht geeignete oder nicht ausreichende Hilfen eingesetzt.

Dass die Kosten der Hilfen zur Erziehung in den letzten Jahren trotzdem nicht gesunken, sondern weiter angestiegen sind, gilt der Politik als Rechtfertigung für ein noch radikaleres Vorgehen.

Dass die Kosten steigen, weil die Probleme in dieser Gesellschaft zugenommen haben, weil die vielen verkürzten Alibihilfen nur zur Problemverschiebung beitragen können und weil die Tendenz, Hilfen zu spät zu leisten oder gar ganz zu verweigern, die Wahrscheinlichkeit der Verschärfung dieser Problemlagen in sich birgt, wird übersehen oder bewusst geleugnet.

Wir haben es hier mit einem kollektiven, eklatanten Rechtsbruch zu tun, der aber in der Praxis kaum beklagt wird und von daher allgemeine Zustimmung erfährt.

Mit der Umgehung des KJHG wird zudem ein Gesetz im Rahmen des SGB VIII gebeugt, das sich von den anderen Gesetzbüchern wohltuend dadurch unterscheidet, dass es noch Rechte für die Betroffenen formuliert und diese nicht von Gegenleistungen abhängig macht, wie es zum Beispiel im SGB II der Fall ist.

So wie es heute in der Praxis aussieht, kann man den Tag voraussagen, an dem das KJHG in dieser Hinsicht dem SGB II angepasst werden wird, mit der Begründung, es passe ja gar nicht mehr zur »gängigen Praxis«.

7. Menschen werden entwürdigt, ausgegrenzt und entwertet – und die Soziale Arbeit muss dabei mitmachen?

»Sind das denn keine Menschen?«

Erfahrungen einer angehenden Sozialarbeiterin mit der Ausländerbehörde

Mein Praktikum als werdende Sozialarbeiterin habe ich in einer Einrichtung für Frauen geleistet, die Opfer von Gewalt und Ausbeutung geworden sind. Dabei habe ich Erfahrungen gemacht, die mich mit Ohnmacht, Wut und Unverständnis erfüllt haben. Eine Erfahrung aus meinem Praktikum, die ich hier schildern möchte, hat mich lange verfolgt:

Die Kollegin, die mich anleitete, war im Urlaub und in dieser Zeit sollte ich eine ihrer Klientinnen mitbetreuen. Diese Klientin, eine Frau, Anfang 30 aus Ghana, mittellos, hochschwanger und mit einem einjährigen Kind, lebte zu diesem Zeitpunkt in einem Wohnheim und hatte keinen geregelten Aufenthaltsstatus. Frau P. war erst seit Kurzem in Deutschland und völlig auf sich allein gestellt. Von ihr und ihrer Hebamme bekam ich eines Montagmorgens auf dem Anrufbeantworter die Nachricht, dass sie am Wochenende ihr Kind bekommen habe und heute wahrscheinlich noch aus dem Krankenhaus entlassen würde.

Nun überschlugen sich die Ereignisse für Frau P. Durch die Geburt ihres Kindes gab es viel zu tun und sie musste zur Ausländerbehörde, da ihre aktuelle Aufenthaltsbescheinigung ablief und sie außerdem melden musste, dass ihr Kind zur Welt gekommen war. Im Moment war sie noch vor einer Umverteilung in ein anderes Bundesland geschützt, doch in drei Monaten könnte ihr dies möglicherweise bevorstehen. Nach § 15a »Verteilung unerlaubt eingereister Ausländer« des Aufenthaltsgesetzes werden alle Migrantinnen und Migranten, die unerlaubt eingereist sind, jedoch nicht sofort abgeschoben oder zurückgeschoben werden können, auf die Bundesländer verteilt, bis über die Erteilung einer Aussetzung der Abschiebung oder eines Aufenthaltstitels entschieden wird. Da Frau P. angegeben hatte, dass ihr Neugeborenes einen deutschen Vater habe, konnte sie erst einmal nicht abgeschoben werden, da sie als Mutter eines deutschen Kindes in Deutschland bleiben dürfe. Drei Monate nach der Geburt ihres Kindes würde sie jedoch umverteilt werden. Bis dahin bestand eine Schutzfrist, da Frauen vom sechsten Schwangerschaftsmonat bis zum dritten Monat nach der Geburt des Kindes als besonders schutzbedürftig gelten.

Mit diesem Grundwissen ausgestattet und in der Annahme, dass sie nur eine neue Aufenthaltsbescheinigung für sich und ihre Kinder bekommen würde, begleitete ich sie zur Ausländerbehörde. Pünktlich um acht Uhr waren wir vor dem Gebäude der Ausländerbehörde verabredet. Als wir in den Wartesaal kamen und unsere Wartenummer zogen, war dieser schon mit vielen wartenden Menschen gefüllt. Wir setzten uns auf die wenigen freien Plätze und warteten. Es dauerte etwa dreißig Minuten, bis wir aufgerufen wurden. Ich war erleichtert, doch es stellte sich heraus, dass wir zunächst nur alle Papiere an der Anmeldung abgeben und dort kurz sagen mussten, um was es sich handelte – um uns dann wieder zu den Wartenden zu begeben. Die Frau an der Anmeldung sah natürlich, dass Frau P. mit einem Neugeborenen und einem einjährigen Kind in der Ausländerbehörde erschienen war, ihr kam jedoch nicht der Gedanke, dass man uns vielleicht aufgrund dieser Umstände vorlassen könne. Also warteten wir. Nachdem wir fast zwei Stunden in dem Warteraum verbracht hatten, wies ich die Frau an der Anmeldung darauf hin, dass Frau P. ein gerade erst einige Tage altes Baby habe, das noch viel Ruhe benötige, und bat sie, uns doch bitte endlich dranzunehmen. Sie sagte mir, dass wir eine der Nächsten seien. Doch es passierte nichts!! Wir warteten weiter.

In der Wartezeit beobachtete ich einige Mitarbeiter der Ausländerbehörde sowie einen Sozialarbeiter. Ihr größtenteils unfreundliches und herablassendes Verhalten den ausländischen Menschen gegenüber erschreckte mich sehr. Eine ältere Frau, die sichtlich überfordert war und nach dem Nummernschalter fragte, wurde mit äußerst unfreundlichem Ton darauf hingewiesen, dass dieser da und da sei. Und das von einem Sozialarbeiter, der in der Ausländerbehörde doch gerade dafür eingestellt sein sollte, den Menschen zu helfen. Ich hätte von ihm erwartet, dass er der Frau den Weg zeigen und mit ihr eine Nummer lösen würde. Aber das Klima hier schien auch auf ihn abzufärben.

Die Atmosphäre, die die Wartenden in der Ausländerbehörde erwartet, ist unfreundlich und abweisend, man merkt den Wartenden an, dass sie Angst davor haben, was passiert, wenn sie aufgerufen werden. Und sie warten und bangen stundenlang. So auch ich mit meiner Klientin, deren einjährigem Sohn und dem Neugeborenen. Das Baby war nach Aussage der Klientin auch noch erkältet und sie wollte möglichst heute noch mit dem Kind zum Arzt.

Ich fragte noch einmal bei der Frau von der Anmeldung nach und machte Druck dahingehend, dass wir nun wirklich nicht mehr länger warten könnten, da es für das Neugeborene eine extreme Belastung sei. Sie sagte wieder, wir wären gleich dran.

Nach insgesamt vier Wartestunden, in einem kleinen Warteraum mit vielen Menschen, wurde Frau P. endlich von einem Mitarbeiter aus einer Tür heraus aufgerufen. Wir gingen, die Klientin P. mit dem Neugeborenen und dem einjährigen Sohn etwas vor mir, auf ihn zu. Der Mitarbeiter winkte die Klientin zu sich und sagte zu mir: »Sie können ja inzwischen draußen auf den Kleinen aufpassen.« Ich protestierte, sagte, dass ich die Sozialarbeiterin der Klientin sei, sie betreuen würde und mit ihr kommen wolle. Doch der Mitarbeiter schlug einfach hinter sich und Frau P. seine Bürotür zu, die von außen auch nicht mehr zu öffnen war. Ratlos stand ich vor der Tür und fragte mich: Hätte ich noch bestimmter vorgehen sollen? Hätte ich schneller sein müssen? Hätte ich mehr erreicht, wenn die Situation nicht so chaotisch gewesen wäre? Kommt die Klientin nun ohne mich zurecht? Versteht sie alles, was ihr gesagt wird?

Nach nur fünf Minuten kam Frau P. wieder mit Papieren in der Hand heraus und erzählte, sie hätte etwas unterschreiben sollen, das jedoch nur auf Deutsch dagestanden und das sie nicht verstanden hätte. Außerdem hätte sie diese Papiere hier bekommen, auch alles auf Deutsch, und sie wüsste nicht, was darauf stehen würde. Warum macht man sich nicht die Mühe, so fragte ich mich, wichtige Papiere in der jeweiligen Sprache auszudrucken oder wenigstens einen Dolmetscher kommen zu lassen?

Ich ließ mir die Papiere geben und stellte entsetzt fest, dass es sich um einen Umverteilungsbescheid handelte, in dem Frau P. aufgefordert wurde, sich am nächsten Tag bei der ZAA, der Zentralen Aufnahmestelle für Asylbewerber, zu melden, um dann sofort in einen kleinen Ort in Mecklenburg-Vorpommern umverteilt zu werden. Das bedeutete, dass Frau P. am nächsten Tag alleine mit einem Einjährigen sowie einem kranken Säugling von Berlin nach Mecklenburg-Vorpommern fahren sollte, um sich dort bei der Ausländerbehörde zu melden.

Wie stellten die sich das vor? Frau P. war gerade erst in Deutschland angekommen, sprach kein Deutsch, kannte sich noch nicht mit dem Bahnsystem aus und war alleine mit ihren zwei Kindern sichtlich überfordert. Ich konnte diese Entscheidung nicht verstehen und nicht akzeptieren.

Da Frau P. mit ihrem gerade erst geborenen Kind ja eigentlich noch drei Monate geschützt sein sollte, rief ich eine Kollegin im Büro an und bat um Rat. Sie meinte, ich solle versuchen, noch einmal mit dem Sachbearbeiter zu reden und ihm die Lage zu erklären.

Da die Türen aber, wie gesagt, verschlossen waren und man von außen nicht reinkam, blieb mir nur die Möglichkeit, mit der Frau von der Anmeldung zu reden. Ich schilderte die Lage und bat darum, noch einmal mit dem zuständigen Sachbearbeiter zu sprechen. Die Frau erwiderte daraufhin in einem sehr unfreundlichen Ton, dass ich den Sachbearbeiter jetzt nicht mehr sprechen könne, dass auch andere Frauen mit fünf oder mehr Kindern umverteilt würden und dass sie halt nicht alle von »denen« hier in der Stadt haben wollten.

Mit »denen« meinte sie offensichtlich Asylbewerberinnen und Asylbewerber. Ich war so vor den Kopf gestoßen und merkte, wie die Wut in mir aufstieg, dass ich mich ohne ein weiteres Wort umdrehte und den Raum verließ.

Ich konnte es nicht glauben, was die Frau gerade gesagt hatte. Wie kann man solch ein Maß an Unverständnis zeigen? Wie kann man in der Ausländerbehörde arbeiten und eine so offensichtlich rassistische Aussage treffen? Wie kann man Menschen nur aufgrund ihrer Herkunft oder Hautfarbe verurteilen? Ich kam mir ohnmächtig vor. Was sollte ich tun?

Ich fühlte mich hilflos und das Unrecht schnürte mir die Kehle zu, trotzdem musste ich nun meine schlechten Gefühle herunterschlucken und der Klientin Frau P. zur Seite stehen. Nachdem ich ihr die Situation erklärt hatte, war sie sehr aufgewühlt, traurig und ängstlich. Ich versuchte, ihr etwas Hoffnung zu geben, indem ich ihr erklärte, dass wir morgen bei der Zentralen Aufnahmestelle für Asylbewerber versuchen würden, ihre Situation zu erklären und dass, wenn sie wirklich umverteilt werden müsse, jemand aus unserer Beratungsstelle sie zu ihrem neuen Wohnort begleiten würde.

Aufgrund des psychischen Zustandes von Frau P. konnte ich es ihr nicht zumuten, allein mit den zwei Kindern zurück zum Wohnheim zu fahren. Auf dem Rückweg weinte Frau P. immer wieder und telefonierte mit ihrer Mutter in Ghana. Es war sehr schwer sie zu beruhigen. Sie war verzweifelt und sagte immer wieder, dass sie alleine sei, mit den zwei kleinen Kindern keinen Umzug in einen ihr unbekannten Ort schaffen würde und sich doch gerade erst in ihrem Wohnheim eingerichtet habe.

Ich konnte ihre Gefühle gut nachvollziehen und wurde wieder von einem Gefühl der Hilflosigkeit und Ohnmacht überwältigt. Ich, als angehende Sozialarbeiterin, war machtlos gegenüber der Ausländerbehörde!!? Und diese handelte mit keinem Bezug zu den Menschen, interessierte sich nicht für deren Schicksale und ignorierte von Menschenrechtsorganisationen und NGOs lang erkämpfte Regelungen.

Wie kann man Menschen nur so abwertend und geringschätzig behandeln?

Im Wohnheim angekommen war Frau P. immer noch sehr aufgelöst und weinte, erst nach längerem guten Zureden gelang es mir schließlich, sie etwas zu beruhigen. Am Nachmittag hatte sich zusätzlich die Hebamme von Frau P. angekündigt, die den gesundheitlichen Zustand der Mutter sowie des Neugeborenen überprüfen wollte. Ich hoffte, dass sie auch eine Aussage über den Gesundheitszustand des Neugeborenen machen könnte, da dieses sichtlich kränkelte und wir nach der sehr langen Wartezeit in der Ausländerbehörde nicht mehr die Möglichkeit gehabt hatten, einen Arzt aufzusuchen. Vielleicht könnte die Hebamme ja eine Art Reiseunfähigkeitsbescheinigung aufgrund gesundheitlicher Probleme für Frau P. und ihr Neugeborenes ausstellen. Nach Rücksprache mit meiner Kollegin und mit der Hebamme erklärte diese sich tatsächlich bereit, eine Art Reiseunfähigkeitsbescheinigung auszustellen. Dies schien mir als kleiner Hoffnungsschimmer für Frau P. Doch es würde ja erst am nächsten Tag durch die Mitarbeiter der Zentralen Aufnahmestelle entschieden werden, wie es weitergehen sollte. Nachdem ich weiterhin mit aller Kraft versucht hatte, Frau P. wenigstens etwas Hoffnung auf einen guten Ausgang ihrer misslichen Lage zu geben, verließ ich sie abends in sehr ängstlicher und deprimierter Verfassung.

Mein Arbeitstag war jetzt rum, ich konnte in meine Wohnung gehen und hatte dort alle Annehmlichkeiten, die man braucht. Frau P. hatte es viel schwerer, allein in einem fremden Land, ohne genügend Sprachkenntnisse, alleinerziehend mit zwei kleinen Kindern und vermutlich mit einer schweren traumatisierenden Vergangenheit.

Ich kann nicht verstehen, warum man es ihr noch schwerer machen musste, anstatt ihr zu helfen. Der Eindruck, dass manche Mitarbeiter in der Ausländerbehörde arbeiten, um möglichst viele Asylbewerberinnen und -bewerber durch die restriktiven Gesetze wieder abschieben zu können, lässt mich nicht los. Wie kann man einen Menschen so abwertend behandeln, wie die Frau an der Anmeldung es tat, nur weil er eine andere Herkunft hat? Ich dachte an Frau P. und, dass sie jetzt bestimmt nicht schlafen könne, und auch ich lag noch lange wach, hin und her gerissen zwischen Traurigkeit, Ohnmacht und Wut.

Fordern oder Fördern? Die Wirklichkeit im Jobcenter

So werden Menschen entmündigt und gefügig gemacht

Ich bin Beraterin in der Wohnungslosenhilfe. Eine Erfahrung, die ich in meiner Arbeit häufig mache, ist, wie entwürdigend die Behörden mit den Wohnungslosen umgehen. Immer wieder kann ich es kaum fassen, was meine Klientinnen und Klienten im Jobcenter erleben.

Heute war ich wieder mal mit einem Klienten dort, einem 34-jährigen Mann, der bislang gearbeitet hatte, nun aber seit längerer Zeit schwer erkrankt ist und mehrere Male, zuletzt für zwei Monate, ins Krankenhaus gekommen war. Durch die Erkrankung und den Jobverlust hatte er seine Miete nicht mehr zahlen können.

Noch während seines Krankenhausaufenthaltes war ein Räumungsvergleich und damit eine Frist, seine Wohnung zu verlassen, vereinbart worden. In seiner schwierigen Situation hatte der Klient es nicht geschafft, sich gegen die Räumung zu wehren oder eine Fristverlängerung zu erkämpfen.

Nach der Entlassung aus der Klinik war ihm letztlich nur noch eine Woche geblieben, um die Wohnung zu verlassen. Er ging direkt in die Obdachlosigkeit. Nun muss er also wieder von vorne anfangen und heute bin ich mit ihm zum Jobcenter mitgegangen. Das ist immer wieder nötig, weil die Vorgänge in dieser Behörde so kompliziert ablaufen, dass ein normaler Mensch, der nicht speziell vom Fach ist, daran unweigerlich verzweifeln muss.

Wieder einmal habe ich erlebt, wie die Dame in der Eingangszone mit den Wohnungslosen umgeht. Sie hat den jungen Mann regelrecht vollgeschnauzt und ihm Vorwürfe gemacht, dass er die Sache mit der Räumung verbaselt habe, er sei doch 34 Jahre alt und da müsse man doch …

Dabei saß sie hinter diesem viel zu hohen Tresen, der den Klienten keinen Sichtkontakt auf Augenhöhe ermöglicht. Sie sagte nicht »Guten Tag«, sondern: »Was wollen Sie hier?« Sie verhielt sich so, als hätte sie die Machtbefugnis, darüber zu entscheiden, wer hier überhaupt eingelassen würde.

Was ich hier mit meinem Klienten erlebte, dessen weitere Geschichte ich mal beiseitelasse, ist beileibe kein Einzelfall.

Die Leute, die ins Jobcenter gehen müssen, fühlen sich schlecht. Man sieht es, wie sie in der Schlange warten: verängstigt, ganz klein gemacht, still, ausgeliefert. Und dafür gibt es gute Gründe. Im Jobcenter wird ihnen nur eins vermittelt: Sie sind selbst schuld an ihrer Situation, sie haben alles falsch gemacht. Und jetzt hätten sie sich deshalb, verdammt noch mal, auch zusammenzureißen.

Selbst wenn ich als professionelle Sozialarbeiterin dabei bin, maßen sich die Mitarbeiterinnen und Mitarbeiter im Jobcenter oft an, die Wohnungslosen zu beschimpfen, zurechtzuweisen, zu strafen und erziehen zu wollen wie kleine Kinder. Niemand hat hier Interesse an den Menschen. Die Lage des Einzelfalls – wie es in den Vorschriften heißt – scheint nur ganz wenigen Sachbearbeitern nicht egal zu sein.

Und ständig passieren Dinge, die man nur als Schikane bezeichnen kann. Einmal wurde der Arbeitslosengeld-II-Antrag eines meiner Klienten wochenlang nicht bearbeitet, weil er angeblich eine Kostenübernahmebescheinigung für die Betreuung durch mich vorweisen müsse. Reine Schikane. So etwas gibt es nämlich gar nicht. Aber durch ein solches Vorgehen liegt der Antrag dann in der Warteschleife und die Klienten haben wochenlang kaum Geld zum Leben und sind gezwungen, noch mehr Schulden zu machen. Hier hat niemand Rechte. Die Wohnungslosen sind bloß Bittsteller.

Und auch organisiert ist das Ganze unglaublich katastrophal: Die Ämter arbeiten nicht zusammen. Am krassesten zeigt sich dieser Wahnsinn für mich, wenn die Wohnungssuchenden Auszubildende oder Studenten sind. Dann wird es richtig kompliziert. Es wäre so viel einfacher, wenn es für alle Leistungen der Agentur für Arbeit nur einen Topf gäbe. Stattdessen wird der eine Leistungsantrag bei einer Behörde erst bearbeitet, wenn ein bestimmter Bescheid einer anderen Behörde vorliegt. Da alle unterschiedlich schnell arbeiten, heißt das für die Menschen, dass sie im schlimmsten Fall monatelang keine oder zu wenig Gelder beziehen. Die Anmietung einer Wohnung ist so nicht möglich. Falls schon eine Wohnung angemietet worden ist, heißt das, dass die Betroffenen aufgrund der langen Bearbeitungszeiten Mietschulden machen müssen oder auch gleich wieder gekündigt werden. Die Leute sind einer totalen Bürokratie ausgeliefert, einer widersprüchlichen, offenbar willkürlichen Bürokratie.

Manchmal denke ich, da steckt doch noch was anderes dahinter! Strukturell scheint mir der ganze Laden darauf angelegt, dass die Leute diese Prozesse nicht durchhalten, dass sie zerrieben werden und aufgeben. Tja, was wird dann aus ihnen? Frauen fliehen in Zweckbeziehungen, Männer leben auf der Straße, viele schnorren, werden kriminell, leben von illegalen Geschäften, treiben alles Mögliche, um ihr Überleben zu sichern.

Viele würden auch aufgeben, wenn es uns nicht gäbe. Ohne Beratung ist es heute kaum mehr möglich, diese Geschichte erfolgreich durchzuziehen.

Wir in der Wohnungslosenhilfe betreuen Leute, die uns ganz dringend brauchen. Natürlich bringen diese Leute auch viele Probleme mit. Der Betreuungsbedarf wäre aber insgesamt deutlich geringer, wenn die Leute zu Ämtern wie dem Jobcenter hinkämen und man ihnen dort sagen würde: »Sehen Sie, so und so ist ihr Anspruch. Füllen Sie das hier doch bitte aus. Der Ablauf ist so und so. Wir bearbeiten das zügig und schließen uns, wenn nötig, mit den anderen Beteiligten kurz. Einen schönen Tag noch. Sie hören dann von uns.«

Die gängige Praxis aber ist das Gegenteil: Der Betreuungsbedarf wird bei vielen Klienten erst durch das System selbst massiv verstärkt. Es würden auch deutlich weniger Menschen in der Obdachlosigkeit landen, wenn das System anders strukturiert wäre.

Klar, dass auch eigentlich ganz normale Leute irgendwann durch diese Behandlung und diese irren Vorgänge Schaden nehmen, Probleme bekommen, als Persönlichkeiten zerstört werden. Sie werden entmündigt und behandelt wie Menschen zweiter Klasse. Durch Disziplinierung und Sanktionierung wird erreicht, dass die Menschen schließlich bereit sind, in ausbeuterischen Arbeitsverhältnissen zu arbeiten oder einfach wegtreten und keine Ansprüche mehr erheben.

Nein, es geht hier mitnichten um Förderung oder Integration! Es geht um das aktive Aufteilen der Gesellschaft in Produktive und Unproduktive, in wertvolle und nicht wertvolle Menschen. Denn, das ist die Botschaft an die Verlierer: »Wir entscheiden, ob du es verdient hast, einen neuen Kühlschrank zu bekommen, nicht etwa du.«

Diesen Menschen zu helfen, wird immer schwieriger

Vermittlungsversuche zwischen kranken Menschen und einer kranken Gesellschaft in der psychiatrischen Einzelfallhilfe

Ich mache diese Arbeit – Einzelfallhilfe für Menschen mit psychischen Erkrankungen nach §§ 53, 54 SGB XII[93] – nun seit mehr als zwölf Jahren in verschiedenen Bezirken. Einzelfallhilfe, das ist aufsuchende »1 zu 1-Sozialarbeit« mit Menschen, die aufgrund seelischer Leiden wirklich am Rande der Gesellschaft stehen, die aber in die Gesellschaft integriert werden sollen – zumindest auf dem Papier.

Natürlich stellt sich immer sofort die Frage: Ist Integration ein einseitiger oder ein offener Prozess, der dann auch die Gesellschaft offener macht? Soziale Rechte zu bekommen wird ja permanent und systematisch erschwert. Gleichzeitig wird so getan, als sei alles paletti und als würden wir wirklich noch in einem »Sozialen Staat« leben.

Wir Einzelfallhelferinnen und -helfer jedenfalls sind die Vertreter dieser Gesellschaft, die diesen Anspruch auf Integration umsetzen sollen, zumindest lässt man uns ab und an die Möglichkeit dazu. Das ist aber immer schwieriger geworden, weil soziale Rechte nicht primär als Menschenrechte der Individuen gehandhabt werden, sondern sozusagen als Marktprodukte. Und diesen Markt beherrschen dann natürlich andere Kräfte als die Schwächsten in der Gesellschaft.

Deshalb muss man sich fragen: Was ist denn nun wirklich die Grundlage unserer Gesellschaft? Inklusion oder Exklusion ? Wir Einzelhelfer jedenfalls stehen, was die Integration unserer Klientel betrifft, mit beiden Beinen in einer Zwickmühle: Sollen wir einen mehr oder weniger autori-

93 Ambulante Eingliederungsmaßnahme für Menschen mit einer psychischen Erkrankung bzw. mit einer seelischen, körperlichen und/oder geistigen Behinderung

tären Auftrag zur Anpassung an die Menschen weitergeben, oder sollten wir nicht die Gesellschaft alarmieren, dass es so nicht weitergeht? Wenn aber die Gesellschaft dazu schweigt, oder wenn beides nichts bringt, sollten wir dann nicht einfach den Beruf aufgeben?

Integration wird außerdem gesellschaftlich und amtlich fast durchgehend ausschließlich als Arbeitsfähigkeit verstanden. Die Arbeitswelt aber ist so stressig und ausbeutend geworden, dass sie die Menschen psychisch krank macht, und dass Menschen, die bereits krank sind, darin meist überhaupt nicht mehr zurechtkommen. Und Integration durch Konsum? Wie soll das funktionieren mit einem Einkommen, das oft schon nicht reicht, um den Strom zu bezahlen? Die Sozialkonzerne, die hier Hilfen bereitstellen, bieten daher »Integration« in ihren eigenen Räumen (Betreutes Wohnen, Therapeutische Wohngemeinschaft, Heime und Behindertenwerkstätten), was Klienten oft wie ein Ghetto empfinden.

In der Einzelfallhilfe ist der Kontakt im Unterschied dazu intensiver, wir haben mehr Zeit für den Klientenkontakt und Möglichkeiten für Beziehungsarbeit, wir betreuen nicht nur, wir begleiten die Menschen durch ihren schwierigen Alltag. Und eigentlich könnte bei uns ein wirklich emanzipatorischer Ansatz in vielen Fällen Prozesse der Salutogenese, also Gesundung ermöglichen. Dies wird aber, seit ich als Einzelfallhelferin arbeite, zunehmend durch die Ökonomisierung aller Bereiche, also durch zu eng auf Profit ausgerichtete Entwicklungen, enorm erschwert.

Ich habe Menschen erlebt, die sich von den Wellen des sukzessiven Sozialabbaus buchstäblich aus der Existenz gedrängt sahen. In meiner Zeit als Einzelfallhelferin habe ich direkt mit zwei realisierten Selbstmorden und vier Versuchen zum Suizid zu tun gehabt. Meist wurden diese auf Grundlage der bestehenden Depression ausgelöst, aber immer getriggert durch soziale Umstände, die zu vermeiden gewesen wären. Solche Situationen entstanden vor allem immer dann, wenn die Ämter wieder einmal politische Vorgaben umsetzen sollten, die zu einer weiteren Drehung in Richtung autoritärer statt sozialer Staat führten, die also für die Menschen neue Einschränkungen bedeuteten. Dadurch entstanden massive Verzögerungen, die Ämter blockten. Die Klienten verstanden die Welt nicht mehr. Aktuell entstehen ähnliche Effekte auch durch den sparbedingten Personalabbau in den Ämtern.

Ein Beispiel dafür ist die »Drehung«, die bei der Einführung der SGB-Reform um Hartz IV herum geschah. Damals wurden ja auch alle anderen Sozialgesetze strukturell mit einbezogen und die Sozialämter waren sehr lange gar nicht erreichbar für Hilfebedürftige, die dies vordem durchaus so gekannt hatten.

Eine Klientin kam beispielsweise mit einer Krise aus dem Ausland. Das Sozialamt war nicht wie früher ansprechbar für diese Frau. Die Klientin hatte Hunger und sie hatte ihre Psychose ... und Mundraub war nur eine Notlösung, denn die Frau sah keine andere Möglichkeit. Aber dann wurde sie, die voller psychotischer Ängste steckte, wegen dieses Mundraubes mit drohenden, vorladenden Papieren aus der Forensik konfrontiert. Es war zu spät. Sie sprang vom Balkon, als ihre Verwandten ins Ausland zum Arbeiten gefahren waren.

Oder ich denke an Heinrich L. aus O. Bei ihm waren Schulden für Rundfunkgebühren aufgelaufen, während er im Krankenhaus lag. Vorher lebte er von Grundsicherung, dann kam sein Antrag auf Erwerbsunfähigkeits-Rente durch, das sind ganze 4-5 Euro mehr als Grundsicherung oder Hartz IV. Aber niemand hatte ihn darüber informiert, dass er nun die Rundfunkgebühren selbst bezahlen musste. Er hatte geglaubt, auch weiterhin von den Gebühren befreit zu sein. Er meinte also, von einem Sozialrecht ausgehen zu können, denn real hatte er nicht mehr als vorher. Die GEZ, an die er hätte zahlen sollen, hat die Schulden bald an eine Inkasso-Gesellschaft verkauft. Von der wird er nun regelrecht verfolgt. Er hat kaum das Geld für die Stromrechnung, soll aber jetzt durch den Inkassovertrag quasi bis ans Lebensende monatlich 10 Euro für rechtlich auf sehr fragwürdige Weise entstandene Schulden zusätzlich zu den Rundfunkgebühren zahlen.

Eigentlich, so denke ich, müsste man einen Rechtsstreit ums Prinzip führen (Ungleichbehandlung) und zwar bis zu den obersten Instanzen. Aber unsere Klientinnen und Klienten halten das kaum durch und haben hierfür die Energie und die Mittel nicht. Und schließlich gibt es die, die daran verdienen, dass der Mensch jedes Monatsende eine existenzielle Verschlimmerung seiner Depression erleidet. Denn: die Schulden werden nie weniger, es werden nur die Zinsen abgezahlt.

Und so geht es fort: Ich habe Klienten, die über viele Jahre hinweg eine Medikation erhalten haben, die überhaupt nicht geholfen, stattdessen aber eine körperliche Folgeerkrankung ausgelöst hat. Die Kosten dafür werden nicht infrage gestellt, obwohl sie oft enorm sind. Wer verdient an so etwas?

Genauso wenig wird meist infrage gestellt, dass Psychopharmaka in hohen Dosen den existenziellen Status als Kranke sichern, aber süchtig machen. Ihre Süchte sollen die Klienten gefälligst bearbeiten, aber wehe, wenn sie ihre Psychopharmaka reduzieren wollen. Sucht gilt hier als Tabu. Oft fragt man sich dann: wer oder was ist hier eigentlich verrückt? Es sind eben die stärkeren Interessen, die hier das Sagen haben.

Am deutlichsten wird dies, wenn man den Widerspruch betrachtet, dass diese Menschen ja offiziell in ihr Lebensumfeld integriert werden sollen, nun aber einfach zugelassen wird, dass sie durch Mietsteigerungen aus diesem verdrängt werden. Die Klienten ticken aus, weil sich schließlich ihr ganzes Leben in ihrem Kiez abgespielt hat. Wenn dann noch Kinder im Spiel sind, ist das Ganze für sie nicht mehr tragbar. Aber es ist vielfache Realität. Wenn das dann so weitergeht und zum Beispiel auch noch der Strom abgestellt wird, kann das der fatale Auslöser sein, der zu tragischen Handlungen führt.

Und wir Einzelfallhelfer sollen das dann richten. In den Ämtern kriegt man den Auftrag, die Klienten doch »realitätsgerecht« zu coachen, ihnen endlich klarzumachen, dass sie ihre Wohngegend bald werden verlassen müssen. Und wir fragen uns: Helfen wir den Menschen, ihr Recht durchzukämpfen, oder helfen wir ihnen – gegen ihren Willen – umzuziehen? Andere wiederum müssten dringend umziehen, weil sie Gewalt ausgesetzt sind, können dies aber nicht zahlen, weil die Mieten zu hoch sind. Die Notunterkünfte sind voll.
Das kann töten.

Statt um die Integration und die Würde unserer Klientinnen und Klienten geht es offenbar darum, dass sich andere an deren Elend bereichern können: Zum einen sind da die Mietspekulanten. Und verdienen kann besonders auch die Pharmaindustrie.

Die menschlichen Hilfeformen gelten immer weniger und die aufsuchenden Hilfen geraten immer mehr unter Druck. Aus dieser Logik heraus wird auch das Recht auf aufsuchende Hilfen zunehmend ausgehöhlt. Schon jetzt berichten Klienten, dass ihre Bekannten im Betreuten Wohnen von den dortigen Helfern keine Hilfen mehr erhalten wie zum Beispiel eine Begleitung zum Einkauf. »Dafür bin ich nicht zuständig«, sagt der Helfer, der im Betreuten Wohnen arbeitet. Für so etwas hat er keine Zeit.

Konzernartige Träger im Sozialbereich verdienen besonders dann, wenn sie Menschen mehr verwalten als begleiten. Die Arbeitsverdichtung in den Hilfeangeboten der Sozialkonzerne hat in den letzten Jahren enorm zugenommen.

Und solange die Politik auch die Wohnungsmarktsituation nicht entschärft, werden es die Sozialkonzerne sein, die in Immobilien investieren und schließlich als Einzige Wohnungen für sozial Schwache in bestimmten Bezirken vorhalten – natürlich gegen die von ihnen diktierten Entgelte. Das ist ein Horrorszenario. Aber es ist durchaus realistisch. Es soll ja schließlich auch in Nordrhein-Westfalen schon passiert sein, dass Landkreise die Gesamtversorgung dieser Menschen an Firmen aus der Pharmaindustrie übergeben haben.

Einzelfallhilfe ist eine sehr anstrengende und mitunter frustrierende Arbeit geworden, da man über die Jahre mitkriegt, wie immer mehr Freiräume eingeengt oder abgeschafft werden. Belastend ist sie insbesondere, wenn man seine Arbeit wirklich ernst nimmt und versucht, seelisch Leidende wirklich in ihrem eigenen Sinne und nach ihrem Vermögen in diese Gesellschaft zu integrieren. Sie werden als »psychiatrisch Kranke« deutlich ausgegrenzt. Man schwimmt sozusagen gegen den Strom, wenn man versucht, ihnen in unserer zunehmend durch Leistungszwänge bestimmten Gesellschaft zu helfen, sich einen Platz zu erobern, wo sie wirklich leben können, klarkommen und auch noch von der Gesellschaft geduldet werden.

»Geduldet werden«, so muss man heute leider sagen. Emanzipatorisches Arbeiten, was auch diesen Personen eine gesellschaftliche Stimme und damit einen Sinn gibt, war lange Zeit gewünscht und wurde als fortschrittlich angesehen. Heute ist so etwas kaum noch umzusetzen, weil Kostendruck und Profitinteressen solche Möglichkeiten zunehmend verdrängen.

Diese Entwicklung gegen die Interessen der von uns Betreuten ist das eine, was diesen Beruf manchmal unerträglich macht. Das andere ist unser eigener Status und die unglaublich prekäre Bezahlung, von der wir schließlich leben sollen.

Letztes Jahr hat man uns Einzelfallhelferinnen und -helfern in vielen Bezirken einfach mal eine Senkung unserer schon vorher zu geringen Honorare reingedrückt. Das können sie nur, weil wir keine Lobby haben. Das hat einige von uns krank gemacht. Wenn wir vorher in diesen Bezirken auch schon mal 16 bis 19 Euro Honorarsatz pro Stunde erhielten, sollen wir nun durchgehend auch bei sehr schweren Fällen mit 13 Euro unsere Existenz sichern und unsere Sozialversicherung leisten, was unmöglich ist, weil dann unser Einkommen auf einen Stundensatz von 4 bis 5 Euro Netto hinausläuft.

Die Arbeitssituation als Einzelfallhelfer ist auch deshalb sehr schwierig, weil wir meist ziemlich intensiv um Verlängerungen der Kostenbewilligungen für die Klienten kämpfen müssen. Ob uns das gelingt, hat ja nicht nur für die Klienten, sondern auch für uns eine Bedeutung. Wir arbeiten weiter, auch wenn das Geld nicht kommt. Wir können ja unsere Klienten nicht im Stich lassen. Aber wenn die Gelder nicht gezahlt werden, weil Mitarbeiter gewechselt haben, weil irgendwas dem Amt nicht gefällt, dann wartet man auch schon mal monatelang auf sein Geld. Wir können dann ja nicht einfach aufhören. Die Probleme unserer Klienten legen dann keine Pause ein. Wir müssen an ihrer Seite bleiben. Offenbar verlässt man sich darauf.

Wir kriegen den Leidensdruck unserer Klientinnen und Klienten hautnah mit und stehen oft zwischen den kranken Menschen auf der einen und den Vertretern einer kranken Gesellschaft, also Leuten in den Ämtern, die geradezu sozialdarwinistisch zu denken scheinen, auf der anderen Seite. Dort müssen wir dann versuchen zu vermitteln.

Und statt dass die Gesellschaft uns dankt, dass wir sozusagen ihre Ehre als demokratische und humanistisch ausgerichtete Gesellschaft zu retten versuchen, sind wir selber die letzten Ärsche, schlecht bezahlt, müssen um die eigene Existenz kämpfen und werden von Staatssekretären mit Missachtung und Abwertung bedacht.

Da stimmt was nicht und man fragt sich immer wieder neu, wie das noch weitergehen soll.

»Wir haben noch lange keinen normalen Umgang mit Migrantinnen und Migranten!«

Die bürokratischen Mühlen im Jugendamt haben angefangen zu mahlen – nicht zum Wohl des Kindes

Ich arbeite als Sozialarbeiterin im Jugendamt. In den Behörden, also in der öffentlichen Verwaltung in Deutschland, haben wir noch lange keinen normalen Umgang mit Migranten und kulturellen Unterschieden. Kaum jemand hat die notwendige Kultursensibilität und bemüht sich in diesen Fragen um Vernetzung zwischen den Helfern. Da läuft meines Erachtens vieles so, wie es nicht laufen sollte. Auch entspricht die Teamzusammensetzung, wie auch hier im Jugendamt, in der Regel absolut nicht der Bevölkerungszusammensetzung. Qualifizierte interkulturelle Teams wären aber in diesem Arbeitsgebiet dringend angezeigt.

In der Behörde begegne ich immer wieder Fällen, bei denen es große Vorbehalte gegenüber fremden Kulturen gibt. Die Hilfen für Migrantinnen und Migranten verlaufen dann ganz anders, die Wege entwickeln sich anders, die Weichen werden anders gestellt als bei der Mehrheitsbevölkerung. Ich meine mit dem Begriff »Mehrheitsbevölkerung« nicht nur deutsche Familien, sondern ebenso ausländische Familien, die aber eine »anerkannte« Herkunft haben, wie zum Beispiel Engländer oder Franzosen. Da läuft das offensichtlich ganz anders als bei Migranten zweiter Klasse wie Türken, Arabern oder auch Sinti/Roma. Es gibt bestimmte Bevölkerungsgruppen, die gleich mehrfach diskriminiert werden. Solchen Migranten wird leicht alles negativ ausgelegt. Und die meisten Fachkräfte glauben zu wissen, was diese Menschen anderer Kulturen brauchen. Da werden ihnen schnell eigene Vorstellungen und das eigene Mittelschichtsdenken übergestülpt. Und da merkt man dann schon, dass es sehr hilfreich ist, wenn man selbst einen Migrationshintergrund hat und differenzieren kann, was fachlich begründet und was Ausdruck mangelnder Kultursensibilität ist. Ich bin froh, eine Minderheit in der

Behörde zu vertreten und hier und da auf solche Missstände hinweisen zu können. Ich glaube, dass es Menschen Hoffnung und Zuversicht gibt, zu wissen, dass jemand aus ihrem Kulturkreis in der für sie fremden Behörde (mit ihren für sie nicht nachvollziehbaren bürokratischen Hürden) vertreten ist.

So wie ich das im Fall einer jungen Roma aus Bulgarien versucht habe. Allerdings konnte ich gegen die Vorurteile und die Bürokratie nichts erreichen. So etwas bringt mich dann oft zur Verzweiflung.

Die junge Frau lebte hier mit einer Freizügigkeitsbescheinigung. Sie war als Untermieterin bei einem Landsmann untergekommen und ging einer Arbeit nach, für die sie gar keine Arbeitserlaubnis hatte. Dieser Frau wurde nach der Geburt das Kind vom Krisendienst in Obhut genommen. Jemand hatte eine anonyme Meldung gemacht, dass die junge Frau verschiedene Leute angesprochen und ihnen ihr Kind angeboten habe. Ohne dass es hierfür weitere konkrete Hinweise gab, wurde der jungen Frau in der Folge unterstellt, dass sie ihr Kind habe verkaufen wollen.

Tatsächlich hatte sich die junge Frau im Krankenhaus im Wochenbett mit einer anderen Frau in ihrer Sprache unterhalten. Offenbar war dabei von Betreuungs- und Aufenthaltsmöglichkeiten für das Kind die Rede gewesen, die die Mutter suchte, damit sie weiter arbeiten gehen könne. Auf die Idee, dass es im Kulturkreis der Roma völlig normal sein könnte, dass andere Clan- oder Familienmitglieder die Kinder aufziehen, kam keiner. Stattdessen wurden gegenüber der jungen Frau von allen Seiten sofort sämtliche Klischees herangezogen: ›Das ist eine Prostituierte, die verkaufen ihre Kinder, Ausländer machen so was‹ usw.

Als ich die Betreuung der jungen Frau übernahm, versuchten meine Team-Kolleginnen und ich, das Kind wieder in den Haushalt der Mutter zurückzugeben, denn ich sah keinerlei Anlass für eine Fremdplatzierung. Eine Gefährdung des Kindeswohls konnten wir ebenso wenig erkennen: die Mutter zeigte großes Interesse an dem Kind, hielt alle Besuchskontakte ein und machte auch in keiner Weise den Eindruck, als wolle sie ihr Kind entführen oder weggeben.

Da die junge Mutter aber keine Krankenversicherung, keine Arbeitserlaubnis für eine angestellte Arbeit und keine eigenen Mittel hatte, musste das Kind in Obhut des Jugendamtes bleiben. Sie selbst steht bis heute völlig mittellos da, weil sie keine Hilfen für sich selber beantragen kann. Sie bekommt kein Arbeitslosengeld II, keine Sozialhilfe und kein Wohngeld. Sie könnte ihre Miete nicht bezahlen, wenn sie nicht weiter schwarzarbeiten gehen würde. Andererseits kann sie das Kind nicht betreuen, wenn sie arbeiten gehen muss.

Die Fremdplatzierung musste aus Sicht der Jugendbehörde und des Familiengerichts aufrechterhalten werden. Aber das heißt: Das Kind wurde von der Mutter allein deshalb weiterhin getrennt, weil diese in schwierigen rechtlichen und wirtschaftlichen Verhältnissen lebte: Das Jugendamt konnte ja nicht erlauben, dass sie mit ihrem Kind völlig mittellos in der Wohnung zur Untermiete leben würde.

Es gab und gibt in unserer Stadt keine Mutter-Kind-Einrichtung, bei der die Mitarbeiterinnen und Mitarbeiter in der Lage wären, diese Mutter und ihr Kind sprachlich zu begleiten und die die notwendige Kulturkompetenz hätten, um die Mutter angemessen zu unterstützen. Als Alternative dazu blieb uns nur übrig, das Kind in eine Pflegefamilie zu geben. Das war allerdings keine gute Lösung, denn die haben ziemliche Berührungsängste mit Migrantinnen und Migranten. Das kann man an ihrem Sprachgebrauch erkennen. Für sie sind Roma eben Zigeuner. Die Mutter kann das Kind in der Pflegefamilie nur zweimal die Woche besuchen, das ist alles.

Wenn es die Inobhutnahme nicht gegeben hätte, wäre alles wohl so gelaufen, wie die junge Frau es sich vorgestellt hatte, und es hätte kaum jemand – auch das Jugendamt vermutlich nicht – daran Anstoß genommen. Aber durch die Inobhutnahme ist nun die Gerichtsbarkeit eingeschaltet, es gibt eine Verfahrenspflegerin, da sind jetzt Schienen gelegt, aus denen man so leicht nicht wieder herauskommt. Die bürokratischen Mühlen haben angefangen zu mahlen. Nicht zum Wohl des Kindes, wie ich denke.

Die Situation der Mutter ist verzweifelt. Sie versteht die deutsche Sprache nicht und sie versteht auch das ganze System nicht. Aus ihrer Sicht gibt sie sich Mühe, und das tut sie wirklich. Aber die Fachleute sagen: »Wenn du arbeitest, wer betreut dein Kind?« Und wenn sie einen Kindertagespflegeplatz beantragen will, braucht sie einen Arbeitsvertrag. Da sie nur selbstständig arbeiten könnte, aber nicht angestellt, und keine selbstständige Arbeit auftun kann, bleibt ihr in ihrer Situation nur schwarz zu arbeiten. Das dreht sich im Kreis. Und dazu begegnen ihr auf vielen Ebenen immer wieder Diskriminierungen. Die Richterin ist, sagen wir mal, so ganz offen, aber die Verfahrenspflegerin hat ganz viele Bedenken und sie bedient all die üblichen Klischees: ›Die Mutter hat keine Arbeit, sie lebt bei einem alleinstehenden Mann in einer beengten Wohnung‹, usw.

Ich frage mich immer: Wie würde diese Frau bei sich zu Hause leben, wenn es das Jugendamt nicht gäbe und nicht die Vorstellungen der Mehrheitsbevölkerung hier, wie man zu leben hat? Wahrscheinlich wären sie dort mit acht Personen in einem Raum. Aber dort nähme keiner Anstoß daran und niemand würde eingreifen.

Dadurch, dass gute Möglichkeiten fehlen, Mutter und Kind ausreichend und angemessen zu unterstützen, tragen wir als Jugendamt in solchen Fällen selbst dazu bei, dass das Kind der eigenen Muttersprache und dem eigenen Kulturkreis entfremdet wird. Ich halte das außerdem für eine Form von Kindeswohlgefährdung, wenn bei einem zwei, drei Monate alten Säugling ein Kontakt zwischen Mutter und Kind gerade mal zweimal die Woche für zwei Stunden zugelassen wird.

Natürlich machen wir so was nicht, weil wir nicht genügend motiviert sind, sondern weil es einfach nicht die geeigneten flexiblen Hilfen gibt. Außerdem fehlt es an einer guten Vernetzung zwischen Behörden, Einrichtungen und Initiativen, und es fehlt auch grundsätzlich der Impuls »Wie kriegen wir gemeinsam eine gute Hilfe gebastelt, damit auch diesen Menschen Gerechtigkeit widerfahren kann und sie mit ihren Kindern zusammenleben können?«. Vielmehr wird meistens gleich in Richtung Pflegefamilie oder Jugendhilfeeinrichtung gedacht, weil das leichter ist, als mit der Familie direkt zu arbeiten. Und dabei wird billigend in Kauf genommen, dass Eltern und Kinder in ihren Rechten beschnitten werden. Keiner der Fachleute ist bereit, die kleine Familie so zu betrachten und zu bewerten, wie es ihrer eigenen Kultur entspricht. Es ist zum Verzweifeln und ich kann der Frau keine Hoffnung machen. Für sie ist die Welt zugenagelt. Neulich habe ich geträumt, dass ich der Mutter geraten habe, das Kind zu entführen und mit ihm so weit weg zu gehen, wie sie nur könne.

Ach, da fällt mir ein, sie hat ja auch noch einen Makel: Sie hat schon in Bulgarien ein Kind geboren und hat es beim Vater gelassen, weil sie meint, es sei dort besser aufgehoben. Wenn bei uns ein Paar entscheidet, dass einer weggeht und das Kind dann bei dem anderen Elternteil bleibt, dann wird darüber nicht diskutiert, dann hält man das Paar für verantwortungsbewusst. Aber bei dieser Mutter wurde das natürlich sofort als Beleg für ihre Erziehungsunfähigkeit und als Scheitern gewertet.

Das sind so Sachen, wo ich zunehmend mehr merke: Es gibt einen institutionellen Rassismus, der nicht sichtbar, aber – wenn man in der institutionellen Maschinerie drin ist – sehr wohl spürbar ist. Und der trägt dazu bei, dass hier bei uns für solche Menschen Entscheidungen gefällt werden können oder auch werden, die zum Nachteil von Eltern und ihren Kindern sind. Damit kann und will ich mich nicht abfinden.

Die Ämter arbeiten wie Maschinen

... und die Menschen haben wie Maschinen zu funktionieren

Ich arbeite bei einem freien Träger in der aufsuchenden Berufsberatung, also nach einem ganz niedrigschwelligen Ansatz. Die Aufträge für meinen Träger kommen vom Jobcenter.

Manchmal macht die Arbeit Freude. Stolz gemacht hat mich vor Kurzem die gut funktionierende Zusammenarbeit mit einem Schulprojekt in der Nähe unserer Einrichtung. Ein junges Mädchen, das durch uns in das Schulprojekt gekommen war, war seit ein paar Tagen dort nicht mehr erschienen, und der Leiter des Schulprojektes bat mich, sie zu Hause aufzusuchen, um nach der Ursache zu fragen. Ich fuhr noch am selben Abend hin, traf das Mädchen an und konnte das Problem mit ihr klären und aus der Welt schaffen. Am nächsten Tag ging sie wieder zur Schule. So sollte die Zusammenarbeit funktionieren, ohne Konkurrenz und ohne finanzielle Hintergedanken, also nur und ganz klar zum Wohl der Jugendlichen und mit dem Ziel des schnellstmöglichen Erfolges für die Klientinnen und Klienten.

Aber so etwas sind Lichtblicke, das sind Highlights, die leider nicht allzu oft vorkommen. Viel öfter muss ich mich über die Arbeit der Behörde, für die ich tätig bin, ärgern.

Wütend macht es mich, wenn gedacht wird, Jugendliche würden einfach so funktionieren, wie die Gesetze es vorsehen. Bei Angestellten von Ämtern erlebe ich oft Starrheit, Dogmatismus und Unverständnis den Jugendlichen gegenüber. Sie gehen nicht auf die Jugendlichen ein und haben an sie den Anspruch, dass sie funktionieren müssen. Aber genau das sorgt mit dafür, dass es gerade nicht funktioniert.

Um ein typisches Beispiel zu nennen: Ein junger Mann, ich nenne ihn mal K., 21 Jahre alt, alkoholabhängig, war aufgrund seines Alkoholkonsums zu Hause rausgeflogen. Erst konnte er vorübergehend bei einem Kumpel wohnen, was ihm allerdings bei der Alkoholproblematik nicht weiterhalf. Fest stand, er musste in eine Therapie und bis dahin in eine betreute Wohngruppe.

Ich wurde vom Jobcenter beauftragt, ihn bei der Suche nach einem Platz im Betreuten Wohnen zu unterstützen, beziehungsweise die dafür notwendigen Behördengänge zu erledigen.

Es gab dann auch bald ein Angebot und K. hatte in diesem Zusammenhang einen Termin beim Sozialamt, zu dem ich ihn begleitete.

Die zuständige Bearbeiterin belehrte ihn erst einmal darüber, warum es falsch sei, Alkohol zu trinken. Nachdem sie ihre moralische Standpauke gehalten hatte, fragte sie mich, warum ich den jungen Mann eigentlich unterstützen würde. Ich sagte, ich würde befürchten, dass K. alleine und ohne Unterstützung nicht in der Wohngruppe, die wir gefunden hatten, zurechtkommen würde. Obwohl er eigentlich sehr scheu sei, so erklärte ich ihr, habe K. eine sehr gute Beziehung zu mir aufgebaut. Und genau darin liege für ihn eine gute Chance, es doch zu schaffen.

Die Bearbeiterin wies mich kühl darauf hin, dass ich doch gar nicht mehr zuständig sei, da für K. der Platz im Betreuten Wohnen ja nun gefunden worden sei.

Ich war schockiert und mir blieb nur noch ein Kopfschütteln: Die Ämter sehen oft keine komplexen Zusammenhänge und meinen, die verschiedenen Institutionen könnten getrennt und nacheinander ihre Aufgaben erfüllen. Wieder einmal war da offensichtlicher Bedarf, aber das Amt entschied nur nach Formalien.

Und wie befürchtet: Eine Woche später war klar, dass der junge Mann nicht im Betreuten Wohnen zurechtkam. Stattdessen sprang er im Suff beinahe von einer Brücke, kam dann ins Krankenhaus und wartete dort Stunden auf mich, wollte nur mit mir sprechen, weil er zu mir Vertrauen gefasst hatte.

Laut Amt war ich ja nicht mehr zuständig. Ich war versucht, mich wirklich danach zu verhalten und alles laufen zu lassen. Um dem Amt zu zeigen, was ihre Methoden für Folgen haben, müsste man sich schlicht verweigern und dürfte jetzt keinen Finger mehr rühren, dachte ich. Aber das kann man ja irgendwie auch nicht verantworten. Also griff ich doch wieder helfend ein. So läuft das immer wieder. Das alles macht mich oft wütend und bedrückt mich.

Ein anderer Fall: Bei jungen Müttern gibt es einen großen Bedarf an Teilzeitausbildungen. Aber es gibt viel zu wenig Angebote.

Ich habe durch meine Arbeit eine junge Mutter kennengelernt, die alleinerziehend war und auch keine familiäre Unterstützung hatte. Sie sollte eine berufsvorbereitende Maßnahme in Vollzeit machen und zwar am anderen Ende der Stadt, wo sie jeweils eineinhalb Stunden hin und zurück hätte fahren müssen. Ist doch klar, dass das nicht klappte, beziehungsweise sie sich zwischen Beruf und Kind und zwar für ihr Kind entschied. Was sie gebraucht hätte, wäre eine Teilzeitmaßnahme in Wohnortnähe gewesen. Das aber schien im Jobcenter und im Amt niemandem klar zu sein. Wie kann das sein?

Soziale Arbeit hat laut ihrem professionellen Selbstverständnis den Auftrag, auf Missstände in den Strukturen hinzuweisen, den Bedarf festzustellen und mitzuteilen und auf die Verwirklichung der notwendigen Hilfen zu drängen. Ich frage mich: Tun wir das genug? Ich frage mich, warum stellt man uns und den Klientinnen und Klienten solche Barrieren in den Weg?

Auch durch meine finanzielle Situation fühle ich mich massiv eingeschränkt: wir werden nur je Einzelfall vom Jobcenter bezahlt und haben dadurch dann oft zwischendurch gar keine Finanzierung. Ich sehe uns als Bindeglied, ich will die Jugendlichen nicht über Gebühr betreuen, sondern sie aus ihrer ausweglosen Situation in eine passende Hilfe vermitteln. Um das gut zu machen, bräuchte ich eine pauschale, kontinuierliche Bezahlung. Ich fürchte aber, das scheitert schon daran, dass man letztlich unsere Arbeit nicht für notwendig hält und nicht wirklich anerkennt.

»Unmöglichen Zuständen müssen wir tatenlos zusehen.«

»Das alles lähmt meine Kräfte, die ich doch in der Flüchtlingshilfe für diese Menschen so dringend brauche.«

Ich bin in einem Beratungszentrum für Flüchtlinge tätig. Die Grenzen meiner Arbeit sind vor allem strukturell bedingt, das bedeutet, ich bin abhängig vom gesetzlichen Rahmen. Ich kann die Gesetze nicht ändern und muss ihre Anwendung unterstützen. Das ist für mich oft ganz schrecklich: Die deutsche und europäische Migrationspolitik ist sehr restriktiv. Das sogenannte »Dublin II«-Verfahren hat die Problematik der Abschiebungen an den Rand Europas noch weiter verschärft. Nach diesen neuen Regelungen ist das erste europäische Land, in dem ein Flüchtling mit der »erkennungsdienstlichen Behandlung« als registriert gilt, zuständig für sein Asylverfahren. Der Flüchtling muss sich dort aufhalten. Schafft es ein Flüchtling weiter nach Deutschland, wird er also meist entweder in dieses Einreiseland oder direkt in sein Herkunftsland abgeschoben. Das Bemühen um einen Aufenthaltstitel in Deutschland ist damit erschwert.

Sorgen macht mir auch der Gesundheitszustand vieler Familien: Was wäre eigentlich die notwendige Voraussetzung für eine Gesundung? Für diese Menschen ist sehr oft weder ein sicherer Wohnort, noch ein sicherer Rahmen, noch eine gute medizinische oder psychotherapeutische Versorgung gegeben. Und auch im leistungsrechtlichen Bereich gibt es massive Einschränkungen.

Heute hatte ich mal wieder ein Beratungsgespräch mit einer tschetschenischen, muslimischen Frau, die ich schon länger betreue. Was ihre Familie ertragen musste, ist ein typisches Beispiel für so vieles, was mir bei meiner Arbeit hier im Beratungszentrum seit Langem Kopfschmerzen bereitet und was mich oft auch furchtbar wütend macht: Die Nicht-Verantwortungsübernahme von Leistungsträgern, die Art, wie die Ausländerbehörde mit Flüchtlingen umgeht, und das unmenschliche Handeln der Ausländerbehörde, die hier zum Beispiel eine schwer traumatisierte Frau in einer Zelle übernachten lässt.

Die Familie, ein Ehepaar mit vier Kindern, war im Februar dieses Jahres das erste Mal zu uns in die Beratung gekommen. Sie waren nach Deutschland gekommen, um Asyl zu beantragen und sind über Polen eingereist. Das bedeutet, dass der Asylantrag eigentlich nicht in Deutschland durchgeführt werden konnte, sondern, dass die Familie nach Polen zurück musste. Ursprünglich hatten sie sich in Leipzig registrieren lassen, mussten sich dann aufgrund des »Easy-Verfahrens«[94] in der Stadt B. melden und sind dann von dort aus weiter in ein kleines Städtchen in Ostdeutschland umverteilt worden. Der Vater war aufgrund seiner Hepatitis-Erkrankung wieder nach Leipzig gereist, um dort seine medizinische Behandlung fortzusetzen, weil er laut seiner Aussage in B. keine hatte erhalten können. Während er sich in Leipzig aufhielt, wurden seine Frau und die vier Kinder abgeschoben und in Polen in ein geschlossenes Lager gebracht. Da die Mutter psychisch sehr labil war, klappte sie völlig zusammen. Sie wurde dann aufgrund ihrer labilen Psyche aus dem polnischen Lager entlassen und fuhr sofort nach Leipzig, um bei ihrem Mann zu sein.

94 Verfahren, mit dem Asylsuchenden eine Ersthilfe-Einrichtung zugeordnet wird

In Leipzig unternahm sie einen Suizid-Versuch und befand sich daraufhin sechs Wochen in stationärer Behandlung in der Psychiatrie. Die Kinder brachte man in dieser Zeit in einem Kinderheim unter. Der Mann musste zu seinem offiziellen Registrierplatz in die Kleinstadt B. zurückkehren.

Nachdem die Frau aus dem Krankenhaus entlassen worden war, konnte von den Behörden die Zuständigkeit für ihr Asylverfahren nicht geklärt werden. Ungeklärt war damit auch, wo die Familie nun gemeinsam wohnen könne. Eigentlich wäre die Erstaufnahmeeinrichtung der Ort gewesen. Weil nun aber das Asylverfahren ungeklärt war, bestritt die Einrichtung ihre Zuständigkeit. Gleichzeitig weigerten sich die Bezirksämter, die Kosten für ein Wohnheim zu übernehmen. Damit war völlig unklar, wo die Frau nach der Entlassung wohnen könnte.

Obwohl sie zuvor schon dreimal erkennungsdienstlich behandelt worden war und die Entlassungspapiere aus der Psychiatrie eine Posttraumatische Belastungsstörung und Suizidalität diagnostizierten, wurde sie direkt aus dem Krankenhaus abgeholt, bei der Ausländerbehörde vorgeführt und dort erkennungsdienstlich behandelt. Diese erkennungsdienstliche Behandlung war für sie extrem demütigend. Sie musste sich zweimal ausziehen, aus Versehen, so sagte die Polizei, wurden ihre Sachen dabei kaputt gemacht. Trotz ihres sehr labilen Zustands wurde sie in einem geschlossenen Polizeiwagen mit einer bewaffneten Polizistin in die Polizeistation gebracht und musste dort eine Nacht in einer Zelle übernachten.

Das alles macht mich wütend und ich fühle mich machtlos. Ich finde diesen Zustand ganz schwer auszuhalten, insbesondere weil ich immer noch und nach alldem keine gute Lösung sehe. Aber ich bin auch trotzig, ich denke wir bleiben dran, wir geben nicht auf.

Ich habe mit unseren Sozialarbeitern und dem Sozialdienst der Klinik sowie mit der Rechtsanwältin eine Art Helferkonferenz gestartet. Wir versuchen nun, die asylrechtliche und ausländerrechtliche Ausgangssituation der Frau zu klären.

Es wäre thematisch so viel an diesem Fall zu skandalisieren: das ganze Dublin-Verfahren, der inakzeptable Umgang mit Traumatisierten, die schlechte Versorgung, auch die schlechte medizinische Versorgung für den Mann, das Asylbewerberleistungsgesetz mit seinen Beschränkungen, die räumlichen Beschränkungen, auch der strukturelle Rassismus der Polizei im Umgang mit dieser muslimischen Frau.

Dieses Beispiel zeigt auch, wie viele Probleme und Hindernisse es gibt, mit denen wir uns als Organisation auseinandersetzen müssen. Wir tun unser Bestes. Wir begleiten die Frau zu den Behördengesprächen, wir versuchen zu unterstützen und zu helfen, wo immer nötig. Aber diesen ganzen unmöglichen Zuständen und diesen Umgangsweisen mit solchen Menschen müssen wir tatenlos und schweigend zusehen. Das ist oft sehr schwer.

Die Aufgaben, die wir offiziell als Sozialarbeiterinnen und -arbeiter in der Flüchtlingsarbeit übernehmen sollen, sind Stabilisierung in Form von Case Management und die Weitervermittlung von Informationen an die zuständigen Verantwortlichen. Aber eigentlich ist ein ganz wichtiger und notwendiger Schwerpunkt unserer Arbeit das Halten, Tragen, Begleiten der Familien, das Sich-Kümmern darum, was die Familie braucht. Hier aber mangelt es uns an zeitlichen Ressourcen. Eigentlich bräuchte es für jede dieser Familien einen Einzelfallhelfer oder einen Familienhelfer. Ich, die ich am Tag bis zu zehn Menschen beraten muss, kann das, was an psychosozialer Versorgung gebraucht wird, nicht abdecken.

Das alles ist für mich erschreckend und lähmt meine Kraft, die ich doch brauche, um diesen Menschen wenigstens etwas Menschlichkeit geben zu können. Es kann nicht sein, dass wir letztlich nur noch dazu da sind, als Alibi-Helfer dort eingesetzt zu werden, wo es sich unsere Gesellschaft erlaubt, gegen fremde Menschen dermaßen bürokratisch und letztlich unmenschlich vorzugehen.

»Sie sind einfach nicht erwünscht.«

Ausgegrenzte Jugendliche bekommen keine Chance

Heute bin ich in der Kinderschutzarbeit auf leitender Ebene tätig, habe mich sozusagen langsam hochgearbeitet. Und dabei beobachtet man über die Jahre hinweg vieles.

Von Haus aus war ich Lehrerin in der DDR. Nach der Wende musste ich feststellen, dass das Soziale in der Schule keine Rolle mehr spielte. Das aber war immer schon für mich wichtig gewesen und das brachte mich auf die Idee, Soziale Arbeit zu studieren.

Ich fing noch vor meinem Studium an, in der Kinderschutzstelle unserer Stadt zu arbeiten und war begeistert von dieser Aufgabe. Aber als ich nach absolviertem Studium zurückkam, stellte ich überrascht fest, dass sich inzwischen so einiges geändert hatte.

Mit den ersten Privatisierungen im Kinderschutzbereich, das wird hier so um 1995 herum gewesen sein, hatte eine marktwirtschaftlich organisierte Jugendhilfe eingesetzt. Für uns konkret hieß das zum Beispiel: Bisher hatten wir für unsere Jugendlichen immer genügend Plätze gehabt, um sie unterzubringen und zu schützen. Jetzt auf einmal waren die Plätze knapp. Damit einher ging eine weitere Entwicklung: Mit der permanenten Überbelegung der Plätze wurde ein Mangel geschaffen. Und der erlaubte es den Anbietern nun, sich ihre Fälle passgerecht auszusuchen. Was aber sollten wir mit dem »Rest« der Jugendlichen machen?

Allmählich bekamen wir auch mit, mit welch unmöglichen Arbeitszeiten die Mitarbeiterinnen und Mitarbeiter bei den freien Trägern arbeiten mussten und welche unglaublichen Verträge sie bekamen! Trotzdem priesen all diese Träger ihre Arbeit und ihre »Produkte« in Hochglanzbroschüren an. Die Oberfläche, die wird super bedient. Die Gelder fließen in die Fassade, nicht in die Arbeit selbst. Die Jugendlichen, die bei den Trägern aufgenommen werden, erhalten das vorgeschriebene Taschengeld und einen organisatorischen Rahmen. Aber es fehlt ganz grundsätzlich an Beziehungsangeboten. Das liegt daran, dass die Ressourcen zu knapp sind, um wirklich sozialpädagogisch tätig sein zu können. Aber wenn nicht diese Menschen, wer sonst müsste vor allem lernen, tragfähige Beziehungen einzugehen?

Trotz dieser gravierenden Mängel und trotz dieses formalen Verständnisses von Kinderschutz breiteten sich etliche dieser Sozialfirmen explosionsartig aus, kauften Massen an Immobilien und man dachte sich zu Recht: da bleibt also das viele Geld. Denn die Mitarbeiterinnen und Mitarbeiter haben es nicht bekommen.

Aber nur, wenn ich die gut ausstatte, dann gibt es auch mehr Chancen auf Beziehungsarbeit. Eigentlich ist die Leistung der Betreuerinnen und Betreuer in solchen Einrichtungen ja überhaupt nicht bezahlbar. Aber sie müssten mindestens so gut bezahlt werden, dass sie ein sorgenfreies Leben führen können und eine hinreichende fachliche und supervisorische Unterstützung erhalten. Aber davon kann bei diesen Sozialfirmen überhaupt nicht die Rede sein.

Unsere Jugendlichen würden eine gute Beziehungsarbeit so dringend brauchen! Wenn sie zu uns in den Kindernotdienst kommen, sind sie bereits gesellschaftlich so und dermaßen oft ausgegrenzt worden in ihrem bisherigen Leben, dass man gar nicht weiß, wo man anfangen soll! Die Ausgrenzung ging in der Regel im Kindergarten los, setzte sich in der Schule fort und ebenso in der Ausbildung, wenn es denn je eine gab. Sie hatten in all diesen Institutionen massive Integrationsprobleme aufgrund ihres Sozialverhaltens, ihrer Lernbehinderung (die ja keineswegs notwendig einen geistigen Mangel anzeigt, sondern oft Folge von familiärer Deprivation und gesellschaftlicher Ausgrenzung ist). Bei Jugendlichen mit Migrationshintergrund kommen dann auch noch die sprachlichen Probleme hinzu. Zum Teil können diese Jugendlichen sich nicht einmal mehr daran erinnern, wann sie zuletzt in der Schule waren. Es gibt Jugendliche bei uns, die kennen aus eigener Anschauung schon neun, zehn Jugendhilfeeinrichtungen. Sie sind zu oft aufgefallen. Sie leben ohne Chance, sich wieder zu rehabilitieren. Sie schreiben sich längst selbst ab, haben keine Vision mehr für das eigene Leben. Da gibt es nichts mehr für sie. Sie sind nicht erwünscht. Also schlagen sie sich dann eben so durchs Leben durch – mitunter im wörtlichen Sinne.

»Du bist erwünscht. Du kriegst eine Chance, ohne Bedingungen. Wir sehen dich als Chance!« – solche Informationen würden diese Jugendlichen von unserer Gesellschaft brauchen!

Aber selbst die Soziale Arbeit hat den Blick für solche Botschaften verloren!

Tatsächlich läuft es in der Jugendhilfe nicht anders. Wo findet man denn unter Vertretern unterschiedlicher Aufgabenbereiche der Jugendhilfe noch eine Haltung, die das gemeinsame Interesse und die gemeinsame

Zielsetzung: »Wie können wir zusammen dafür sorgen, dass Kinder gut groß werden?« konsequent zum Ausdruck bringt?

Und die Schuld für die problematischen Situationen wird den Jugendlichen und ihren Familien selbst angelastet, beziehungsweise erwartet man, dass sie ihre Probleme einfach alleine lösen können.

So wird von 15-jährigen Menschen, die von einer Schule verwiesen wurden, erwartet, dass sie sich selber einen neuen Schulplatz suchen.

Das Recht auf Beteiligung und Mitwirkung wird nur noch zur Mitwirkungspflicht: So wurde neulich einer psychisch kranken Mutter die Hilfe für ihr Kind verweigert, weil sie ihrer Mitwirkungspflicht nicht nachkam, das heißt zum Beispiel irgendwelche vom Amt geforderten Unterlagen nicht termingerecht eingereicht hatte. Die Akte wurde zugemacht.

Nicht selten stellen wir fest, dass Jugendliche zu uns kommen, deren Eltern selbst durch die Jugendhilfe kaputt gemacht worden sind. Und nun haben wir es mit den Folgeschäden an ihren Kindern zu tun!

In was für eine Gesellschaft sind wir da geraten? Auf was lassen wir uns da immer wieder ein?

Informationen und Anmerkungen

Etwa bis 1985 war es der Sozialen Arbeit im Rahmen einer noch anderen politischen Definition von Sozialstaat sehr wohl möglich, der Aufgabe, insbesondere sozial benachteiligte Menschen zu stützen, angemessen nachzukommen. Das jedoch hat sich in Zeiten des Neoliberalismus radikal geändert.

Heute ist innerhalb der Gesellschaft eine letztlich rassistische und sozialdarwinistische Haltung bestimmten Gruppen und Menschen gegenüber häufig nicht nur akzeptiert und toleriert, sondern auch strukturell verankert. Das zeigt sich auf den unterschiedlichsten Ebenen und hat verschiedene Hintergründe.

Im Rahmen der Ökonomisierung geraten insbesondere solche Menschen ins Aus, die von der wirtschaftlichen Seite aus betrachtet als unnütz erscheinen. Diese Menschen seien nicht effizient und deshalb wäre ihre Unterstützung nicht bezahlbar[95]. Soziale Investitionen unterscheiden sich also, je nachdem, welche gesellschaftlichen Zielgruppen sie betreffen. Investiert wird in erster Linie in die, für die es sich »lohnt« und die vermeintlich entsprechende Effekte zeigen werden. Im Umgang mit Menschen, die nicht »erfolgreich« sind und weniger Ressourcen aufweisen als andere, erweist sich diese gezielte Investitionspolitik des aktivierenden Staates als ein Faktor, der die schon vorhandene Ungleichheit weiter verstärkt[96].

Die Menschen werden damit in produktive und unproduktive Gruppen der Gesellschaft eingeteilt. Mit den Umsetzungen der noch gewährten Hilfen betraut, gerät auch die Soziale Arbeit durch diese investive Politik in die Lage, eine Zwei-Klassen-Soziale Arbeit zu werden.

Ein weiterer Aspekt dieser Entwicklungen ist es, dass die Menschen, die die Ungleichheit unserer Gesellschaft am härtesten trifft, zunehmend Unverständnis, Entfremdung und Ausgrenzung erleben.

Eine abwertende, demütigende Haltung gegenüber Menschen ist vor allem in jenen gesellschaftlichen Bereichen zu beobachten, die explizit

95 Vgl. z.B. Volker 2005, S. 77. In: Seithe 2012

96 So äußerte sich z.B. der spätere Wirtschaftsminister Clement im Jahre 2003 folgendermaßen: »Soziale Gerechtigkeit muss für uns heißen, eine Politik für jene zu machen, die etwas für die Zukunft unseres Landes tun. Um sie – und nur um sie – muss sich Politik kümmern.« (Die Zeit, 17.12.2003)

mit Bevölkerungsgruppen zu tun haben, auf die sich der alltägliche Rassismus[97] ausrichten kann, wie zum Beispiel Flüchtlinge, Langzeitarbeitslose, psychisch Kranke oder Jugendliche mit Jugendhilfekarrieren.

Auffällig ist in diesem Zusammenhang auch der entwürdigende Umgang von Behörden mit ausgegrenzten und am Rande der Gesellschaft stehenden Menschen: Gegenüber Migrantinnen und Migranten, Wohnungslosen oder auch gegenüber Menschen mit Suchtproblematik zeigt sich hier sehr oft ein unfreundliches, herablassendes, demütigendes Verhalten. Diese Haltung drückt sich nicht nur im direkten Umgang mit den Betroffenen aus, sondern auch in der räumlichen Gestaltung, wenn zum Beispiel der etwas zu hohe Tresen beim Jobcenter keinen Kontakt auf Augenhöhe zulässt. Und selbst normale Verhaltensregeln, wie eine angemessene Form der Begrüßung, haben den betroffenen Menschen gegenüber offenbar keine Gültigkeit mehr.

In Feldern wie zum Beispiel der Flüchtlingsarbeit, der Arbeit mit Wohnungslosen oder mit Suchtkranken sind flankierend, stützend und begleitend oft hochengagierte Sozialarbeitende tätig, die darum bemüht sind, sich für ihre Klientel einzusetzen, gerade weil diese tendenziell gesellschaftlich diskriminiert ist. Diese Sozialarbeiterinnen und -arbeiter stehen jedoch häufig mehr oder weniger ohnmächtig vor den Behörden und gesellschaftlichen Instanzen, die eine Entwertung forcieren und ihren Rassismus ohne Scham und schlechtes Gewissen praktizieren. Das Ertragen der Ohnmachtsgefühle der betroffenen Klientinnen und Klienten und das gleichzeitige Erleben, dass man selbst völlig machtlos gegenüber diesen gesellschaftlichen Strukturen ist, ist äußerst nervenaufreibend und stressfördernd. Hinzu kommt, dass in solchen Zusammenhängen den betreuenden Sozialarbeiterinnen und -arbeitern selbst Barrieren in den Weg gestellt werden: von den Behörden werden komplexe Zusammenhänge nicht gesehen, nötige Hilfen verweigert und es wird nur nach Formalien entschieden.

97 Mit dem Begriff Rassismus werden Einstellungen und Handlungen beschrieben, durch die Menschen aufgrund ihres Aussehens, ihrer kulturellen Besonderheiten (bzw. der Zuschreibungen derselben) oder ihrer ethnischen, nationalen oder religiösen Zugehörigkeit abgewertet werden. Fremdenfeindliche Haltungen resultieren aus einem Bedrohungsgefühl von Teilen der sog. »Mehrheitsgesellschaft«, eine Rolle spielt dabei die materielle Konkurrenz um Ressourcen wie z.B. um Arbeitsplätze. (vgl. Fritsche et al 2011)

Offensichtlich leben wir in einer Gesellschaft, in der es inzwischen (wieder) normal, akzeptiert und in gewissem Sinne erwünscht zu sein scheint, dass Menschengruppen abgewertet, ausgegrenzt, ja gedemütigt, gequält und geradezu unmenschlich behandelt werden können. Dabei gelten rassistische, und hier insbesondere kulturrassistische und sozialrassistische[98] Tendenzen, nicht nur für bestimmte Bereiche der Gesellschaft, sondern gehen durch die Mitte der Gesellschaft. Nur so ist es auch erklärlich, dass die beschriebenen Unmenschlichkeiten offizieller Stellen von der Bevölkerung einfach als gegeben hingenommen werden.

Offenbar ist die Gesellschaft heute vor dem Hintergrund der Nützlichkeitsideologie wieder bereit, zwischen Menschen mit unterschiedlicher Wertigkeit zu unterscheiden.

Von diesen Entwicklungen ist auch die Soziale Arbeit nicht ausgenommen. Auch hier generalisiert sich in weiten Teilen die Haltung, dass sich der Einsatz für Klientinnen und Klienten nur dann lohnt, wenn er schnell und möglichst unaufwendig zum Erfolg führt. Der schon erwähnte lange Atem einer Sozialen Arbeit für solche Menschen, bei denen Lernprozesse länger dauern und die einfach mehr Chancen und mehr Anläufe benötigen, geht ihr langsam aus[99]. Es besteht die erklärte Neigung einer marktorientierten Sozialen Arbeit, möglichst wenig Geld und auch möglichst wenig Anstrengungen in Menschen zu investieren, die der Gesellschaft ohnehin nichts einbringen werden. Ein marktförmiges Verhältnis zwischen den Dienstleistern und ihren Kunden-Klienten und ein an Effizienz orientiertes Selbstverständnis der eigenen Arbeit lassen ein sozialpädagogisches Engagement für »ineffektive« Klienten eben nicht mehr zu. Klientinnen und Klienten, die die Mühe und das eingesetzte Geld nicht wert scheinen, werden also inzwischen auch in der Sozialen Arbeit selbst zunehmend verschoben, ausgeschlossen, weggeschickt und in andere (»Hilfe«)-Systeme überwiesen, wenn diese überhaupt noch existieren.

Marktwirtschaftlich organisierte Hilfen führen also dazu, dass Klientinnen und Klienten auf der Strecke bleiben, keine Unterstützung bekommen, mangels Hilfemöglichkeiten fallen gelassen werden und letztlich keine Chance bekommen, sich zu rehabilitieren. Die Schuld daran wird

98 Kunstreich (2012) spricht von einem »Rassismus ohne Rassen« als ideologische Basisstruktur des neoliberalen Sozialstaates, der die Nützlichen von den Unnützen trennt. (S. 65)

99 Vgl. Messmer 2007, S.158; Dörner 2008, S. 329. In: Seithe 2012

ihnen selbst angelastet, obwohl tatsächlich die gesellschaftliche Verantwortung fehlt.

Es setzt sich also auch innerhalb der Sozialen Arbeit selbst infolge der ihr aufgezwungenen neoliberalen, ideologischen und ökonomischen Denkweisen immer mehr eine Haltung durch, der Klientel nicht mehr mit Respekt zu begegnen und für ihre Würde einzutreten, sondern zwischen sich und der Klientel eine große Distanz aufzubauen.

Mit dem Verlust der Grundorientierung auf soziale Gerechtigkeit in der Gesellschaft aber kann Soziale Arbeit nicht mehr antreten, um die Situation sozial benachteiligter und ausgegrenzter Menschen aufzubrechen und diese in die Gesellschaft zu integrieren, sondern wird bestenfalls dazu eingesetzt, die Betroffenen über ihre verzweifelte Notlage hinwegzutrösten, während sich diese weiter verschärft.

Damit befindet sich die Soziale Arbeit aktuell in einer Zwickmühle zwischen »es irgendwie richten und Klienten irgendwie integrieren« und »Alarm schlagen und mit dafür sorgen, dass es so nicht weitergeht«.

Literatur

11. Jugendbericht der Bundesregierung (2002): Bericht über Bestrebungen und Leistungen der Jugendhilfe. Berlin.

Albert, M. (2008): Hier das Geld – und dort die Liebe? Soziale Arbeit und Ökonomie – (De-) Professionalisierungstendenzen zwischen Armutsbekämpfung und »freiem« Markt. In: Sozialmagazin 78, S. 37ff.

Bütow, B.; Chassé, K.-A.; Hirt, R. (2008) (Hg.): Soziale Arbeit nach dem Sozialpädagogischen Jahrhundert. Positionsbestimmungen Sozialer Arbeit im Post-Wohlfahrtsstaat. Opladen.

Dörner, K. (2008): Chancen der Ökonomisierung. Zehn Thesen. In: Vierteljahreszeitschrift für Heilpädagogik und ihre Nachbargebiete (VHN) Jahrgang 77, Heft 4, S. 329ff.

Fritsche, M.; Höfling-Engels, N.; Lorenz, F.; Schreier, M. (2011): Gegen Diskriminierung im Stadtteil wirken. Situations- und Ressourcenanalyse zu menschenfeindlichen Haltungen und Diskriminierung in den Bremer Stadtteilen Findorff, Mitte und Östliche Vorstadt. Hg.: BISA+E, Bremen.

Gragert, N.; Peucker, Ch.; Pluto, L.; Seckinger, M. (2008): Ergebnisse einer bundesweiten Befragung bei Kindertagesstätten (DJI). München.

Kunstreich, T. (2012): Grundstrukturen Sozialer Arbeit in Zeiten des Neo-Liberalismus: Neo-Sozialhygiene als Rassismus ohne Rassen. In: Anhorn, R.; Bettinger, F.; Horlacher, C.; Rathgeb, K. (Hg.) (2012): Kritik der Sozialen Arbeit – kritische Soziale Arbeit. Wiesbaden.

Messmer, H. (2007): Jugendhilfe zwischen Qualität und Kosteneffizienz. Wiesbaden.

Nodes, W. (2012): Beschäftigung und Soziale Arbeit zwischen Prekarisierung und wachsendem Bedarf. http://einmischen.info/joomla2.5/index.php/themen/prekarisierung-in-der-sozialen-arbeit/192-beschaeftigung-und-soziale-arbeit-zwischen-prekarisierung-und-wachsendem-bedarf

Rauschenbach, Th.; Schilling, M. (2005): Kinder- und Jugendhilfereport 2: Analysen, Befunde und Perspektiven. Weinheim.

Seithe, M. (2012): Schwarzbuch Soziale Arbeit. Wiesbaden.

Thiersch, H. (2009): Lebensweltorientierte Soziale Arbeit. Weinheim.

Völker, W. (2005): Aktivierende Arbeitsmarktpolitik. Auf dem Wege zu mehr Zwang und Existenzdruck. In: Dahme, H.-J.; Wohlfahrt, N.: (Hg.): Aktivierende Sozialarbeit. Theorie – Handlungsfelder – Praxis. Hohengehren. S. 70ff.

Wohlfahrt, N. (2007): Entwicklung der Beschäftigungsverhältnisse in der sozialen Arbeit auf dem Weg zum Niedriglohnberuf? In: Enggruber, R.; Mergner, U. (Hg.): Lohndumping und neue Beschäftigungsbedingungen in der sozialen Arbeit. Berlin.

Züchner, I. (2008): Zur Zukunft der Professionalität in der Sozialen Arbeit. In: Bütow, B.; Chassé, K.A.; Hirt, R. (Hg.): Soziale Arbeit nach dem Sozialpädagogischen Jahrhundert. Positionsbestimmungen Sozialer Arbeit im Post-Wohlfahrtsstaat. Opladen. S. 209ff.